［過去問］

2024
立教小学校 入試問題集

・問題内容についてはできる限り正確な調査分析をしていますが、入試を実際に受けたお子さんの記憶に基づいていますので、多少不明瞭な点はご了承ください。

Shinga-kai

立教小学校

過去15年間の入試問題分析
出題傾向とその対策

2023年傾向

例年通り、２日間の日程で個別テスト、集団テスト、運動テストが行われました。１日目は個別テストと集団テストで話の記憶、２日目は個別テストで推理・思考と数量、集団テストでは歌・ダンスなど、運動テストではかけっこと、出題傾向に大きな変化はなく、子どもの主体性やしっかりと指示を聞き考える姿勢、落ち着いて待つ態度が見られる内容でした。

傾　向

考査は、生年月日順に受験番号が決まり、２日間の日程で行われます。考査内容は、個別テスト、集団テスト、運動テスト、ほかに考査日前の指定日時に保護者面接が実施されます。その年により２日間それぞれの所要時間や内容は異なっていますが、絵本などの読み聞かせの課題は毎年出題されています。プロジェクターの映写を見ながらテスターに絵本を読んでもらったり、ＤＶＤを観たりした後、個別や集団でお話について聞かれるという形式は、立教小学校の特徴ともいえる課題です。最近は、チップやパターンブロック、碁石、パズルなどを使って解答する構成や数量、推理・思考がよく出題されています。集団テストの中では、指示を聞いたり解答したりするときの態度、待ち方などの生活習慣を見る機会が多くあります。また、模倣体操やダンスも毎年出題されています。運動テストではかけっこが行われ、走る速さだけではなく、体力や気力、ルールを守って最後まであきらめずに走り抜く姿勢や待つときの態度なども見られているようです。面接時の資料は2020年度までは当日に記入していましたが、2021年度以降はＷｅｂ出願後に保護者自身がプリントアウトした入学試験面談資料を事前に記入し、面接当日に持参する形となっています。記入内容は、保護者のプロフィール、同居家族などのほか、立教小学校に期待すること、家庭での育児で気をつけていることなどです。最近の面接では、志望理由、両親の仕事内容や職歴、学生時代に打ち込んでいたこと、子どもの名前の由来などについて聞かれています。立教小学校の入試は、この年齢の男の子のことを熟知していると感じさせる課題が多く出されています。その上で、ルールを守れるか、静かに待っていられるかという点についてもよく見られています。また運動テストでは、指示された場所で待ち、前の人がスタートしたら自分で判断して次の場所に移動するなど、そのときどきの状況をきちんと判断して正しい行動をとる力を持っていることも重要なポイントです。

対　策

入試の対策としては、長いお話を集中して聞くことができるように、まずは絵本の読み聞かせなどで楽しく物語や昔話にふれる機会を多くして、「お話は楽しい、聞きたい」という意欲を持たせることが大切です。お話に興味が出てきたら、だんだんと長いものに挑戦して長時間集中できるようにしましょう。そして読み聞かせの後にはお話の内容をテーマに、ぜひ親子でさまざまな会話を楽しんでください。そこから、お話に興味を持って楽しみながら聞く姿勢を育んでいきましょう。数量は対応や数の進み方など、問題での考え方やルールをしっかり理解できるよう、聞く力をつけておくことが大切です。日常でもすごろくやオセロなどを通じ、ルールや法則をゲームの中で理解できるようにしましょう。構成はパターンブロックや積み木、ブロックスなどを使った構成遊びを積極的に取り入れ、工夫して形を作る体験をしながら、空間認知力を高めていきましょう。そこから徐々に判断力を磨き、スピードアップしていきましょう。個別テストでは条件ややり方の説明がありますので、落ち着いてしっかり指示を聞き、理解することが重要です。そのうえで、試行錯誤しながらあきらめずに取り組む姿勢が必要です。男の子はまだ甘えの強い子も多い年齢なので、生活習慣を中心に自立心を高め、自分の力でできることの大切さを意識させていくことが肝心です。自分で状況判断をして自らやり抜こうとする子と、お家の方に頼る子とでは、手先の器用さ、判断力、機敏性などで大きな差がついてきます。また、男子校ですから、体力・気力も軽視できません。「健全な精神は健全な肉体に宿る」と考え、日ごろから体を鍛えておきましょう。特に、何事もすぐあきらめてしまうような子は要注意です。「できない」とあきらめたり、飽きっぽくて集中できなかったりする子は幼く見られてしまいます。何でも最後まで頑張る粘り強さを育むためにも、認め、励ますことを普段から意識していきましょう。また、男の子は、時として目的意識が明確でないままに行動する傾向があります。日ごろからけじめをつけることや場をわきまえることなどを話し聞かせ、最低限のしつけは心掛けておきましょう。立教小学校の入試は２日間にわたって実施されますが、男の子は１日目に緊張していても２日目には慣れて、会ったばかりの相手と必要以上に親しくなってしまう傾向があります。１日目は緊張をほぐしてあげることを心掛け、逆に２日目はあまり羽目を外さないように、引きしめの声をかけてあげましょう。そのほか、最近は話の記憶で、登場人物の気持ちや自分だったらどうするかなどが問われ、口頭で答えることもあります。自分の考えを言葉で表現できるよう、日常でも親子できちんと向き合って対話する時間をつくってください。

年度別入試問題分析表

【立教小学校】

	2023	2022	2021	2020	2019	2018	2017	2016	2015	2014
ペーパーテスト										
話										
数量										
観察力										
言語										
推理・思考										
構成力										
記憶										
常識										
位置・置換										
模写										
巧緻性										
絵画・表現										
系列完成										
個別テスト										
話	○	○	○	○	○	○	○	○	○	○
数量	○	○	○	○		○	○		○	○
観察力										
言語										
推理・思考	○		○	○	○	○	○	○		
構成力		○		○	○	○		○	○	
記憶										○
常識										
位置・置換										○
巧緻性										
絵画・表現										
系列完成										
制作										
行動観察										
生活習慣										
集団テスト										
話	○	○	○	○	○	○	○	○	○	○
観察力										
言語										
常識										
巧緻性										
絵画・表現										
制作										
行動観察										
課題・自由遊び										
運動・ゲーム	○	○	○	○	○	○	○	○	○	○
生活習慣										
運動テスト										
基礎運動	○	○	○	○	○	○	○	○	○	○
指示行動										
模倣体操										
リズム運動										
ボール運動										
跳躍運動										
バランス運動										
連続運動										
面接										
親子面接										
保護者(両親)面接	○	○	○	○	○	○	○	○	○	○
本人面接										

※この表の入試データは 10 年分のみとなっています。

※伸芽会教育研究所調査データ

小学校受験Check Sheet

お子さんの受験を控えて、何かと不安を抱える保護者も多いかと思います。受験対策はしっかりやっていても、すべてをクリアしているとは思えないのが実状ではないでしょうか。そこで、このチェックシートをご用意しました。１つずつチェックをしながら、受験に向かっていってください。

✱ ペーパーテスト編

①お子さんは長い時間座っていることができますか。

②お子さんは長い話を根気よく聞くことができますか。

③お子さんはスムーズにプリントをめくったり、印をつけたりできますか。

④お子さんは机の上を散らかさずに作業ができますか。

✱ 個別テスト編

①お子さんは長時間立っていることができますか。

②お子さんはハキハキと大きい声で話せますか。

③お子さんは初対面の大人と話せますか。

④お子さんは自信を持ってテキパキと作業ができますか。

✱ 絵画、制作編

①お子さんは絵を描くのが好きですか。

②お家にお子さんの絵を飾っていますか。

③お子さんははさみやセロハンテープなどを使いこなせますか。

④お子さんはお家で空き箱や牛乳パックなどで制作をしたことがありますか。

✱ 行動観察編

①お子さんは初めて会ったお友達と話せますか。

②お子さんは集団の中でほかの子とかかわって遊べますか。

③お子さんは何もおもちゃがない状況で遊べますか。

④お子さんは順番を守れますか。

✱ 運動テスト編

①お子さんは運動をするときに意欲的ですか。

②お子さんは長い距離を歩いたことがありますか。

③お子さんはリズム感がありますか。

④お子さんはボール遊びが好きですか。

✱ 面接対策・子ども編

①お子さんは、ある程度の時間、きちんと座っていられますか。

②お子さんは返事が素直にできますか。

③お子さんはお父さま、お母さまと３人で行動することに慣れていますか。

④お子さんは単語でなく、文で話せますか。

✱ 面接対策・保護者（両親）編

①最近、ご家族での楽しい思い出がありますか。

②ご両親の教育方針は一致していますか。

③お父さまは、お子さんのお家での生活や幼稚園・保育園での生活をどれくらいご存じですか。

④最近タイムリーな話題、または昨今の子どもを取り巻く環境についてご両親で話をしていますか。

section
2023 立教小学校入試問題

選抜方法

考査は２日間で、生年月日の年長者からの受験番号順に、１日目は２人ずつの個別テスト、集団テストを行う。２日目は２、３人１組の個別テストと約30人で集団テスト、運動テストを行う。所要時間は１日目が約100分、２日目が約70分。考査日前の指定日時に保護者面接がある。

考査：１日目

個別テスト

机がなく、いすのみが並べられている部屋で集団で話を聞いた後、別室に２人１組で誘導され、パーティションで仕切られた机で、着席して課題を行う。

1 話の記憶Ⅰ

「ともだちからともだちへ」（アンソニー・フランス作　ティファニー・ビーク絵　木坂涼訳　理論社刊）を、プロジェクターを使い集団で子どもたちに読み聞かせる。２人１組で誘導された教室の机の上には、両面プリント１枚と黒い碁石２つが入ったトレーが置いてある。課題が終わったら廊下のいすで待っている２人組と交代して座り、静かに待つ。（両面プリントの表面には、赤、黄色、青の丸が並んでいる。黄色の丸の上には碁石を戻すための星がある。正しい答えだと思う色の丸に碁石を置き、解答後は星に碁石を戻す。口頭で答えるときは、後に答える子は先に答える子の声が聞こえないようヘッドホンをして待つ）

A

・クマネズミがしたカヤネズミのお手伝いは何でしたか。屋根の修理だと思ったら赤、お買い物だと思ったら黄色、庭の掃除だと思ったら青の丸に碁石を置きましょう。

・クマネズミはカエルのお手伝いをしましたが、していないことは何ですか。部屋の掃除だと思ったら赤、お買い物だと思ったら黄色、洗濯物をたたむことだと思ったら青の丸に碁石を置きましょう。

・コウモリは手紙をもらってどんな気持ちだったと思いますか。イライラした気持ちだと思ったら赤、うれしい気持ちだと思ったら黄色、悲しい気持ちだと思ったら青に碁石を置きましょう。

・「パジャまんま」とはどういうことですか。起きてすぐに歯を磨くことだと思ったら赤、着替えをして顔も洗い、支度をきちんと終えてお出かけすることだと思ったら黄色、何もせず、ずっとパジャマのままでいることだと思ったら青の丸に碁石を置きましょう。

・コウモリは、どうして「パジャまんま」でクマネズミに「帰ってくれよ！」と言ったのでしょうか。お話ししてください。
・あなたは誰かからしてもらったことで、うれしかったことはありますか。それはどんなことですか。お話ししてください。

B
両面プリントを裏返す。裏面には、並んだ生き物と３色の丸が描かれている。
・クマネズミが出会った生き物が正しい順番に上から線でつながっている四角を選んで、下の３色の丸どれかに碁石を置きましょう。

集団テスト

別室に移動し、全員でＤＶＤを観る。

話の記憶Ⅱ

ＤＶＤ「どろんこハリー」を観た後にテスターからの質問に答える。各自の机の上に赤、青、黄色のシールが貼られたサイコロが置いてある。サイコロを正しいと思う色の面が上になるように机の上に置いて解答する。声は出さない、「やめ」と言われたらサイコロに触ってはいけないというお約束がある。例題を行い、やり方を確認する。

・ハリーはどんなイヌでしたか。黒いぶちのある白いイヌだと思ったら赤、白いイヌだと思ったら青、黒いイヌだと思ったら黄色を上にしましょう。
・ハリーは何が嫌いでしたか。お風呂だと思ったら赤、遊ぶことだと思ったら青、ダンスだと思ったら黄色を上にしましょう。
・ハリーは、ブラシをどこに隠しましたか。屋根の上だと思ったら赤、お風呂の中だと思ったら青、庭に埋めたと思ったら黄色を上にしましょう。
・ハリーは何をして遊びましたか。ジャングルジムだと思ったら赤、すべり台だと思ったら青、ブランコだと思ったら黄色を上にしましょう。
・ハリーはお話の最後にどこで寝ていましたか。机の上だと思ったら赤、布団だと思ったら青、ベッドだと思ったら黄色を上にしましょう。

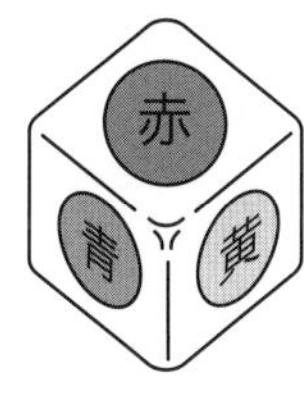

考査：2日目

個別テスト

3人1組で別室に移動して、各自パーティションで仕切られた机で、座って課題を行う。

2 推理・思考

各自の机の上にマス目がかかれたプリントと、木製のチップ6枚が用意されている。チップはどれも表と裏で色が異なり、黒・青、黒・赤、黒・黄色、赤・青、赤・黄色、黄色・青が1枚ずつある。プリントのマス目に黒を表にしてチップが3枚置いてあり、ほかの3枚はお皿に入っている状態から課題を始める。課題が進むにつれ、テスターの指示に従いお皿のチップを1枚ずつ追加し、解答に使用するチップの数が増えていく。

A～C
・マス目に置いてある3枚のチップを使って、お手本と同じになるように置きましょう。

D～F
お皿からチップを1枚取り、赤が上になるように星印のマス目に置く。
・星印に置いたチップも合わせて4枚使って、お手本と同じになるように置きましょう。

G～H
お皿からチップを1枚取り、黄色が上になるように星印のマス目に置く。
・5枚のチップを使って、お手本と同じになるように置きましょう。

I～J
お皿からチップを1枚取り、赤が上になるように星印のマス目に置く。
・全部のチップを使って、お手本と同じになるように置きましょう。

3 数量（進み方）

テスターの机上に出題用のボードがあり、出題のつどめくられる。各自の机にマス目がかかれた解答用の台紙、黒い碁石が用意されている。マス目の中央には星印、マス目の外の上下左右にコウモリ、モグラ、カエル、クマネズミが描かれていて、星印に碁石を置いて課題を始める。お手本は生き物たちのそばにジャンケンの手が描いてあり、お約束通りに碁石を動かしていく。

〈約束〉
・碁石はジャンケンで勝った生き物のいる方向に進む。
・グーで勝ったら1つ、チョキで勝ったら2つ、パーで勝ったら3つマス目を進む。
・勝った生き物が1匹でなく2、3匹いる場合は、勝った生き物ごとに順番にマス目を進む。
・解答後はそのつど碁石を星印に戻す。

A
・カエルとクマネズミがジャンケンをしました。カエルはグーを出し、クマネズミはパーを出しました。お約束の通りに碁石を動かし、最後に着くマス目に置きましょう。

B
・コウモリとモグラがジャンケンをしました。コウモリはチョキを出し、モグラはグーを出しました。お約束通りに碁石を動かし、最後に着くマス目に置きましょう。

C
・３匹でジャンケンをしました。コウモリとクマネズミはパーを、モグラはグーを出しました。お約束通りに碁石を動かし、最後に着くマス目に置きましょう。

D
・全員でジャンケンをしました。コウモリとカエルとモグラはチョキを、クマネズミはパーを出しました。お約束通りに碁石を動かし、最後に着くマス目に置きましょう。

E
お手本のマス目をさし棒（ペンの先に黒い球がついている）でさして出題する。
・モグラとコウモリがジャンケンをして、モグラがチョキで勝ちました。その後また２匹がジャンケンをしてコウモリが勝ったので、今さしているマス目に碁石が進みました。コウモリはジャンケンで何を出しましたか。出したと思う手を、自分の手で作って見せてください。

F
・全員でジャンケンをしました。クマネズミがパーで勝ちました。その後また全員でジャンケンをしてコウモリとカエルが勝ったので、今さしているマス目に碁石が進みました。コウモリとカエルは、ジャンケンで何を出しましたか。出したと思う手を、自分の手で作って見せてください。

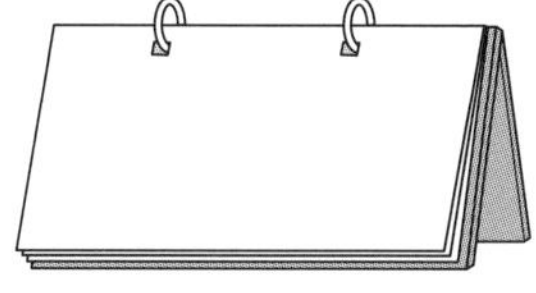
出題のつどめくられる

集団テスト

体育館で行う。

模倣体操・ダンス・歌

・「線路は続くよどこまでも」のピアノ伴奏に合わせてダンスをする。テスターのお手本を見た後、１回目はテスターのまねをして一緒に踊る。２回目は自分の好きなように体を動かす。
・床に座ったまま、ピアノの伴奏に合わせて「アイ・アイ」を歌う。

運動テスト

体育館で行う。

かけっこ

４人のグループでかけっこをする。スタート地点とゴール地点には青、黄色、赤、白のコーンが２つずつ置いてあり、その間を走り抜ける。どの色のコーンの間を走るかは直前に言われる。テスターが笛の合図と同時に旗を振ったらスタートする。走り抜けたら、ゴールの向こう側の床に黒いテープが貼られているので、指示通りにその上に体操座りをして待つ。なお、次に走る人はスタート地点のコーンの手前にあるラインで待つ。

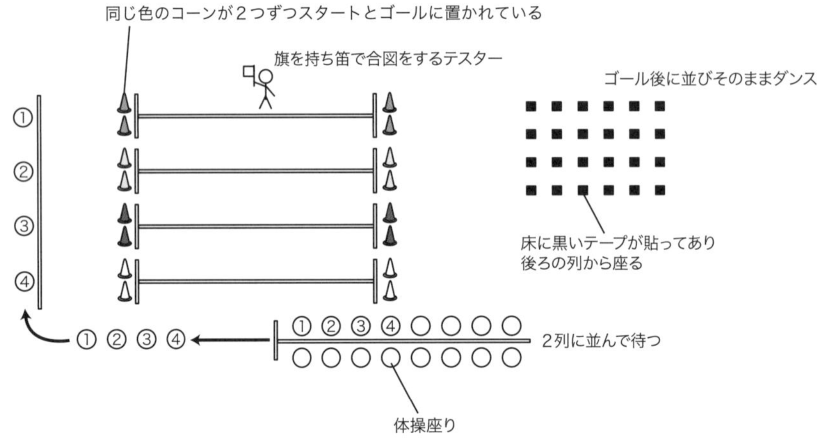

保護者面接

父親

・自己紹介をお願いします。
・出身地を教えてください。
・本校を選んだ理由を教えてください。
・お子さんは本校に合うと思われますか。
・お子さんの名前の由来を教えてください。
・お子さんの性格を教えてください。
・通学時間を教えてください。
・コロナ禍でのお仕事は大変ではありませんか。
・教育について留意している点を教えてください。
・お子さんのここを見て欲しいと思うポイントを教えてください。
・最後に、学校に伝えたいことはありますか。

母 親

・出身地を教えてください。
・受験準備はどのようにされてきましたか。
・最寄り駅を教えてください。
・本校は男子校ですが、抵抗はないですか。
・ご自宅近くにはほかの学校もありますが、なぜ本校を志望されたのですか。
・学校説明会に参加して感じたことは、どのようなことでしたか。
・お子さんは本校に合っていると思いますか。
・来年は校舎の建て替えを行いますが、ご心配なことはありますか。
・入学後１ヵ月の送り迎えは大丈夫ですか。
・急なお迎えには対応できますか。

面接資料／アンケート

Ｗｅｂ出願後に出力した面談資料に記入し、面接当日持参する。

・本人の名前、生年月日、幼稚園（保育園）名 、住所。
・両親の名前、生年月日、伝えたいこと。
・自宅から学校までの所要時間。
・保護者をのぞく同居家族状況。
・立教小学校のどんな点に魅力を感じましたか。
・ご家庭での育児で、特に気をつけているのはどのようなところですか。
・お子さまのことで、学校が留意すべき点はございますか。

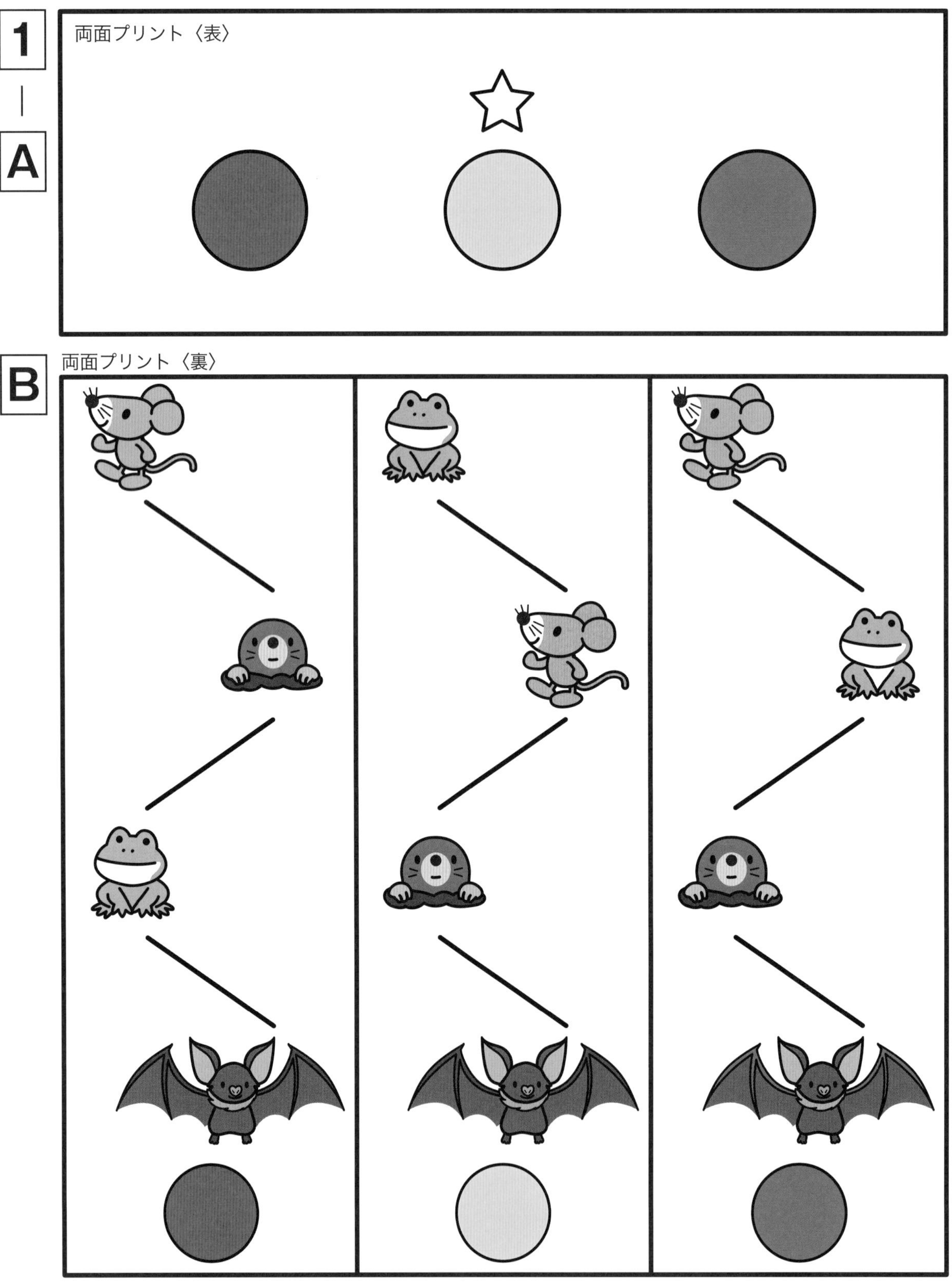
1
—
A
両面プリント〈表〉
B
両面プリント〈裏〉

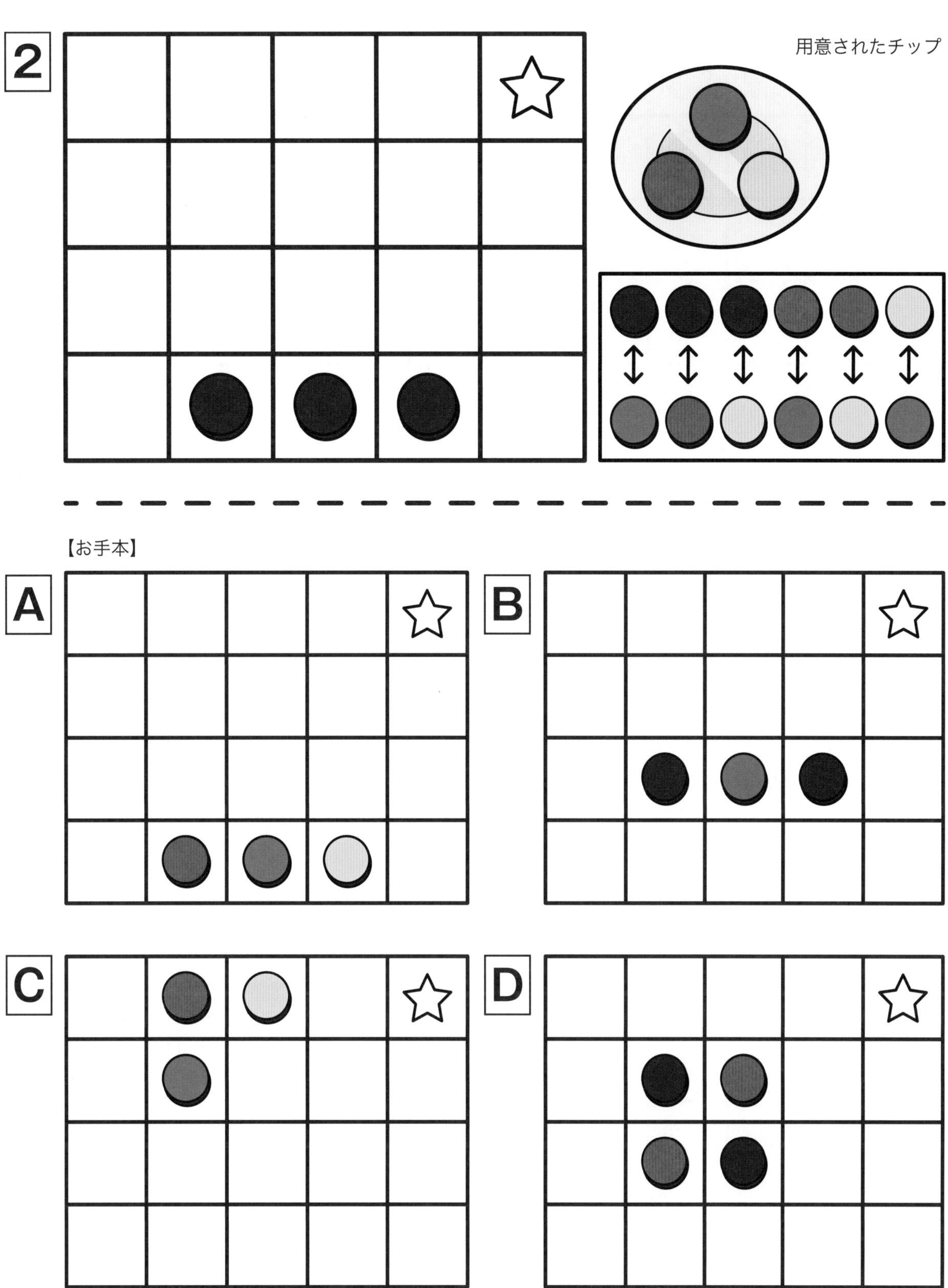
2
用意されたチップ
【お手本】
A
B
C
D

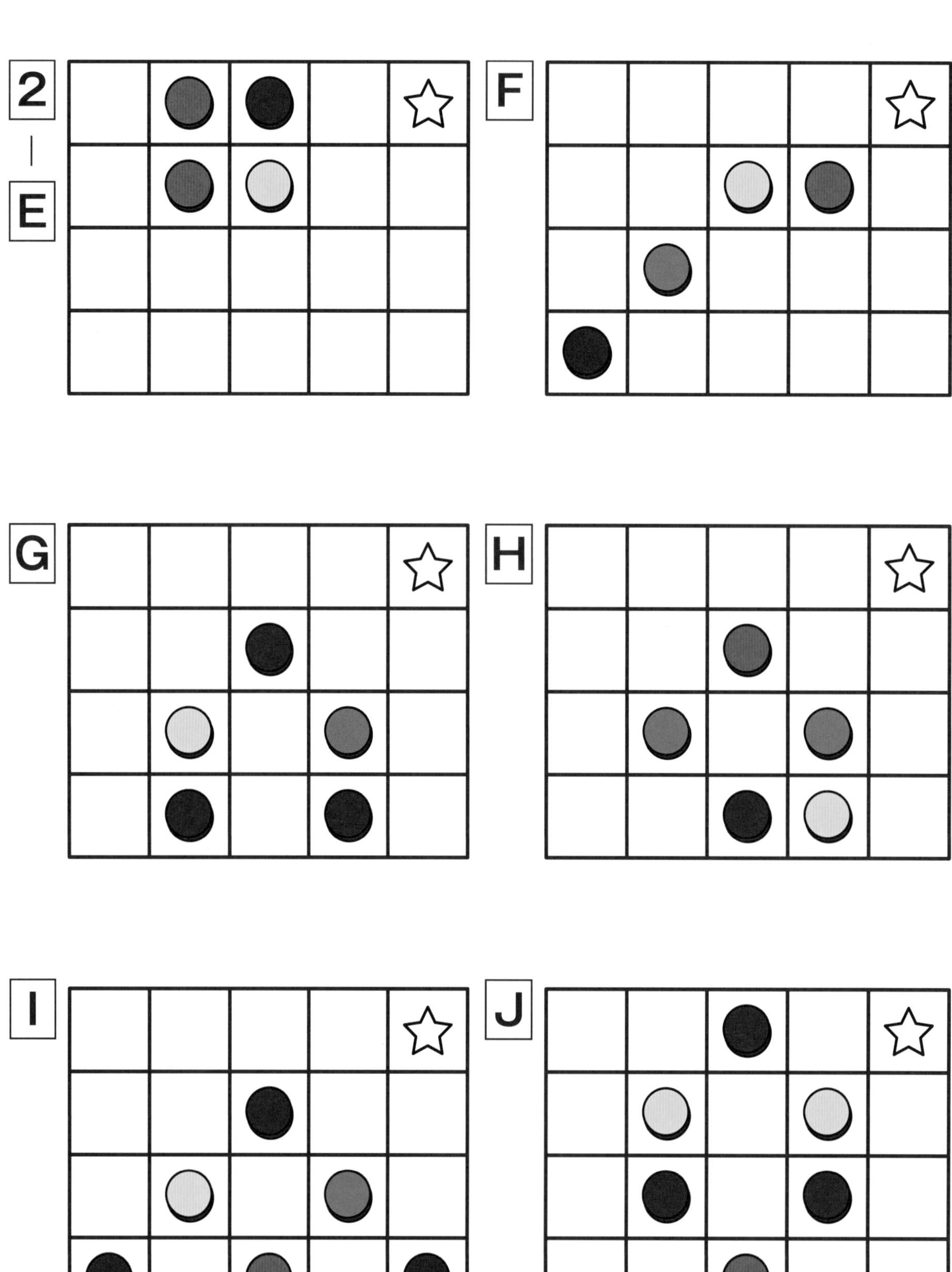
2
E
F
G
H
I
J

3

〈台紙〉

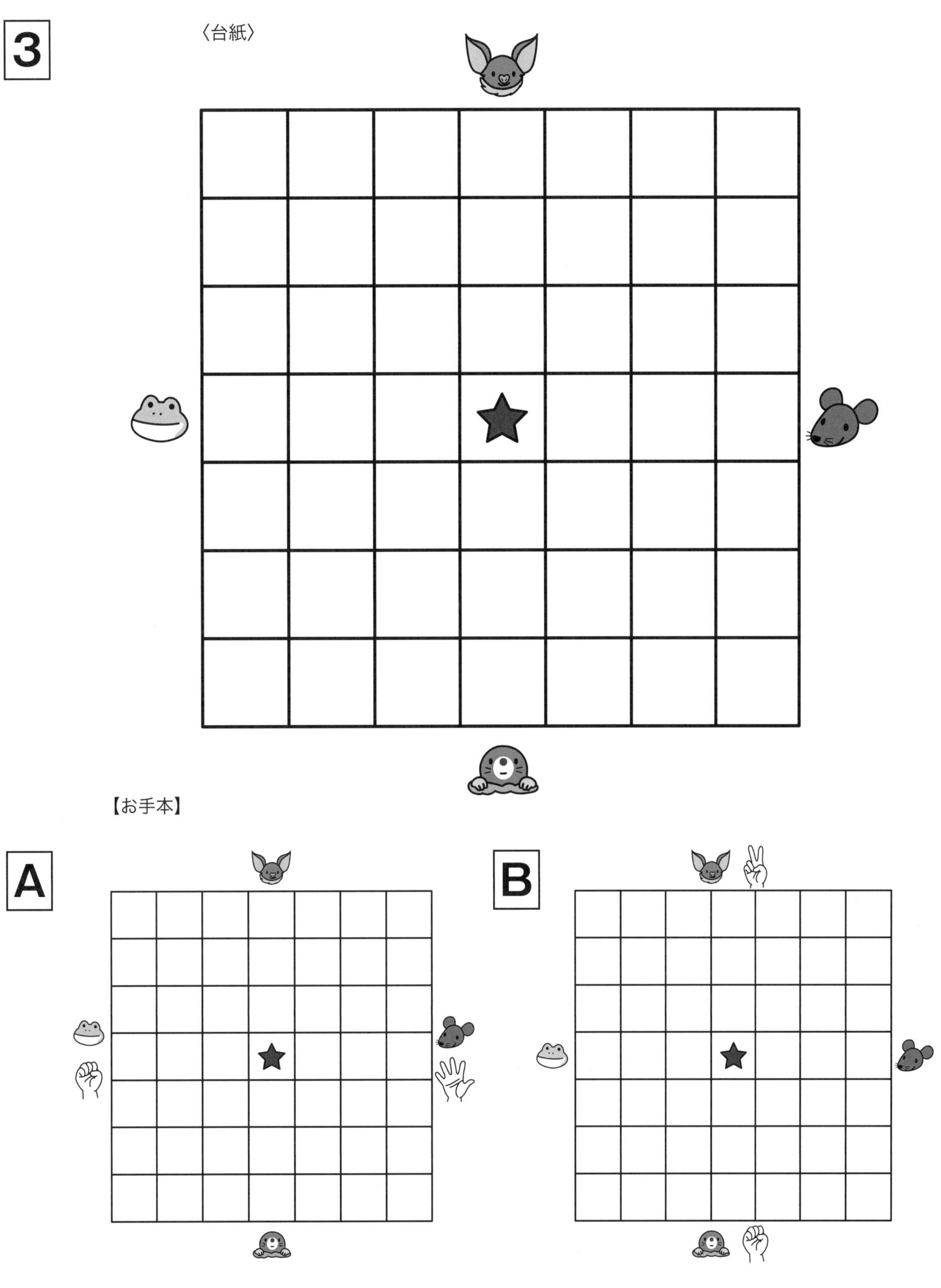

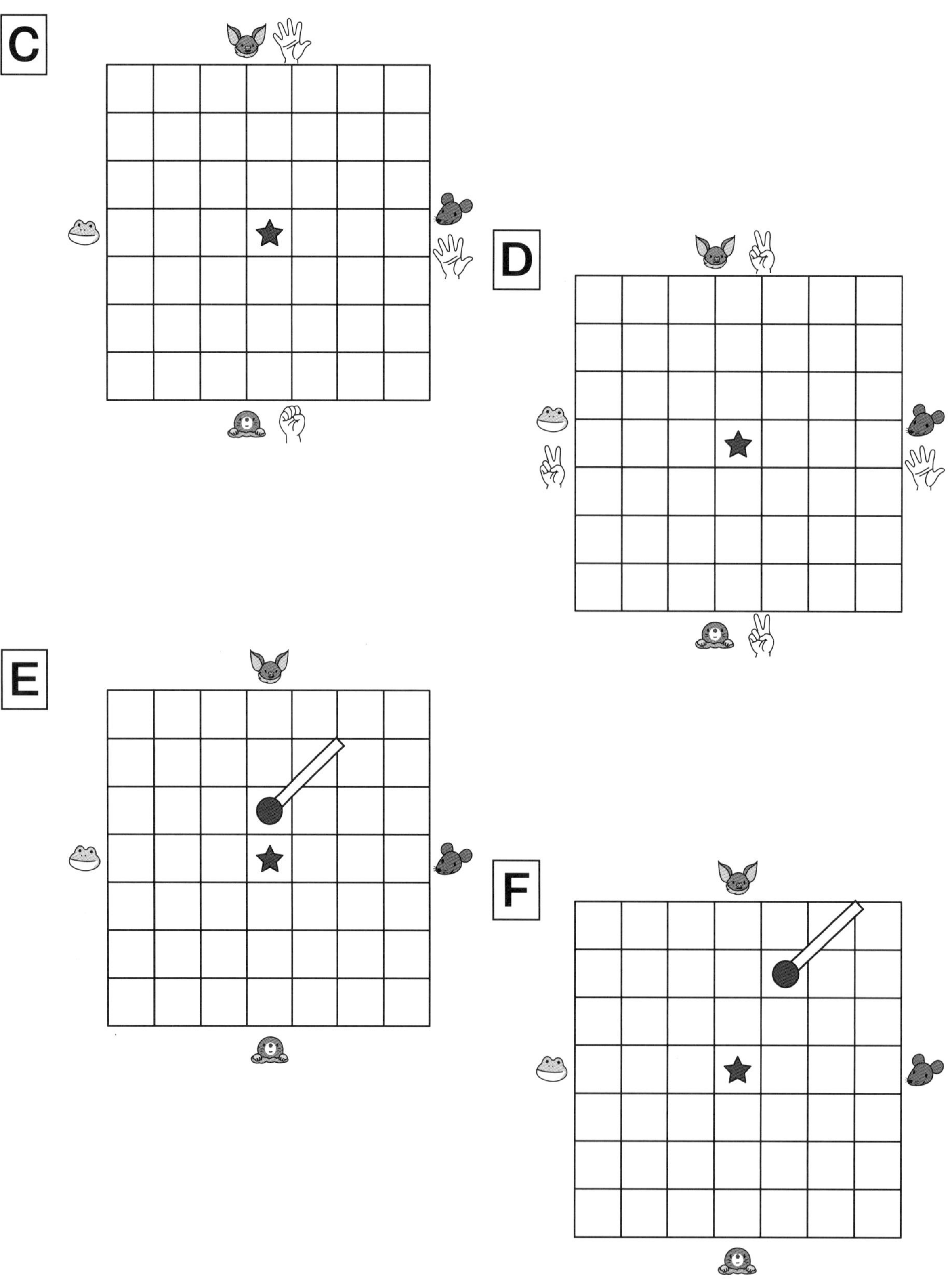
C
D
E
F

section
2022 立教小学校入試問題

選抜方法

考査は２日間で、生年月日の年長者からの受験番号順に、１日目は２人ずつの個別テスト、集団テストを行う。２日目は２、３人１組の個別テストと約30人で集団テスト、運動テストを行う。所要時間は１日目が約100分、２日目が約70分。考査日前の指定日時に保護者面接がある。

考査：１日目

個別テスト

机がなく、いすのみが並べられている部屋で集団で話を聞いた後、別室に２人１組で誘導され、パーティションで仕切られた机で、着席して課題を行う。

1 話の記憶 I

「月へミルクをとりにいったねこ」（アルフレッド・スメードベルイ作　ひしきあきらこ訳　たるいしまこ絵　福音館書店刊）を、プロジェクターを使い集団で子どもたちに読み聞かせる。２人１組で誘導された教室の机の上には、両面プリント１枚と黒い碁石２つが入ったトレーが置いてある。課題が終わったら指定された場所で静かに待つ。
（両面プリントの表面には、赤、黄色、青の丸が並んでいる。黄色の丸の上には碁石を戻すための星がある。正しい答えだと思う色の丸に碁石を置き、解答後は星に碁石を戻す。口頭で答えるときは、後に答える子は先に答える子の声が聞こえないようヘッドホンをして待つ）

A
- 困ったお母さんネコはどこに上って考えていましたか。柵だと思ったら赤、木だと思ったら黄色、犬小屋だと思ったら青の丸に碁石を置きましょう。
- お母さんネコに月までの道を教えてくれたのはどの生き物でしたか。オンドリだと思ったら赤、子ウシだと思ったら黄色、ブタだと思ったら青の丸に碁石を置きましょう。
- お母さんネコが言っていた、欲しいものを手に入れるために大事なこととはどんなことですか。休まないことだと思ったら赤、辛抱強くすることだと思ったら黄色、途中で疲れないことだと思ったら青の丸に碁石を置きましょう。
- お母さんネコが言っていた、「辛抱」とは何ですか。イライラしないことだと思ったら赤、逃げないことだと思ったら黄色、泣かないことだと思ったら青の丸に碁石を置きましょう。
- お母さんネコが４匹の子ネコたちに飲ませたものは何でしたか。水だと思ったら赤、オレンジジュースだと思ったら黄色、ミルクだと思ったら青の丸に碁石を置きましょう。

・イヌは、ミルクがどこにあると言っていましたか。星だと思ったら赤、月だと思ったら黄色、太陽だと思ったら青の丸に碁石を置きましょう。
・牛小屋に飛びこんだ後、中に入ったお母さんネコが「ほらね、やっぱり、わたしの言った通り辛抱したものが勝ちよ」と言ったのはどうしてですか。ミルクがあったからだと思ったら赤、何もなかったからだと思ったら黄色、小屋の中に誰もいなかったからだと思ったら青の丸に碁石を置きましょう。
・ミルクはどこからもらいましたか。ウシからなら赤、おかみさんからなら黄色、月からなら青の丸です。間違っていると思うもの２つに碁石を置きましょう。
・自分がお母さんネコだったら、どんなことをしたいですか。お話ししてください。
・自分がお母さんネコだったら、月にどんなことを言いますか。お話ししてください。
・自分が月だったら、お母さんネコにどんなことを言いますか。お話ししてください。
・あなたが一番大事にしていることは何ですか。お話ししてください。

B
両面プリントを裏返す。裏面には、絵カードを並べるための四角がかかれいる（６つ目の四角にはすでに絵が描かれている）。テスターがクリップで留められた５枚の絵カードを配付する。
・お話の順番になるように、太陽の印から始めてカードを並べましょう。

集団テスト

別室に移動し、全員でＤＶＤを観る。

話の記憶Ⅱ

ＤＶＤ「ごきげんなライオン」を観た後にテスターからの質問に答える。各自の机の上に赤、青、黄色のシールが貼られたサイコロが置いてある。サイコロを正しいと思う色の面が上になるように机の上に置いて解答する。声は出さない、「やめ」と言われたらサイコロに触ってはいけないというお約束がある。例題を行い、やり方を確認する。

・ごきげんなライオンのお友達は誰ですか。ジョニーだと思ったら赤、フランソワだと思ったら青、ゴワンソワだと思ったら黄色を上にしましょう。
・ごきげんなライオンはどこにすんでいましたか。動物園の中のおりに囲まれた大きな岩山のある家だと思ったら赤、富士山の近くの公園だと思ったら青、暑くて危険なアフリカの大草原だと思ったら黄色を上にしましょう。
・ごきげんなライオンは、どうして外に出ることができたのですか。柵が壊れていたからだと思ったら赤、ドアが開いていたからだと思ったら青、フランソワが連れて行ったからだと思ったら黄色を上にしましょう。
・ごきげんなライオンを捕まえようとしてやって来た車の色は、何色でしたか。その色を上にしましょう。

・ごきげんなライオンを捕まえようとしていた人の洋服は、何色でしたか。その色を上にしましょう。

・ごきげんなライオンは、どうして動物園に帰ることができたのですか。赤い車に運ばれていったからだと思ったら赤、ロープの罠に捕まったからだと思ったら青、フランソワと一緒に帰ったからだと思ったら黄色を上にしましょう。

・ごきげんなライオンは、町で誰と会ったときが一番しあわせでしたか。デュポン先生だと思ったら赤、ハンスおばさんだと思ったら青、フランソワだと思ったら黄色を上にしましょう。

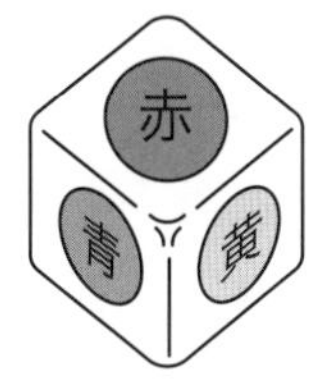

考査：2日目

個別テスト

2、3人1組で別室に移動して、各自パーティションで仕切られた机で、座って課題を行う。

2 構　成

各自の机の上にブロックス（正方形が1～5個つながった形のピース）5種類と、枠7種類が用意されている。問題ごとに使うブロックスのピースを指定され、枠にピッタリ入るように置いていく。使わないブロックスは決められた場所に置いておき、「やめ」の合図があったら手を止めて、使ったブロックスを元に戻す。例題を行い、やり方を確認する。

・星印のところです。1と2と3を使って、机を作りましょう。

・1と2でいす（①）を作りましょう。

・2と3で旗（②）を作りましょう。

・2と3と4でお花（③）を作りましょう。

・1、2、3、5で剣（④）を作りましょう。

・1、2、3、4で鉄砲（⑤）を作りましょう。

・全部使ってロボット（⑥）を作りましょう。

・自分の好きな形を作りましょう。

3 数　量

テスターの机の上に出題用のボードがあり、出題のつどめくられてお約束や問題が示される。各自の机の上に出題用のボードで示されるものと同じ絵が描かれた用紙、丸いお皿に白い碁石６つが用意されている。

・イヌに果物をあげます。（テスターが出題用のボードをめくり、サクランボ、バナナ、ブドウが描かれたお約束を示す）お約束を覚えてください。サクランボは１つで２粒、バナナは１つで３本、ブドウは１つで６粒あります。碁石は、イヌの顔の上にある３つの丸の上に置きます。

A
・イヌにサクランボを１つあげました。今、イヌのお皿にはサクランボが１粒残っています。イヌが食べたサクランボは何粒ですか。その数だけ、その果物の色の丸に碁石を置きましょう。

B
・イヌにバナナを１つあげました。今、イヌのお皿にはバナナが１本残っています。イヌが食べたバナナは何本ですか。その数だけ、その果物の色の丸に碁石を置きましょう。

C
・イヌにブドウを１つあげました。今、イヌのお皿にはブドウが３粒残っています。イヌが食べたブドウは何粒ですか。その数だけ、その果物の色の丸に碁石を置きましょう。

D
・イヌにサクランボとブドウを１つずつあげました。今、イヌのお皿にはサクランボが１粒、ブドウが４粒残っています。イヌが食べたサクランボとブドウは、それぞれ何粒ですか。その数だけ、その果物の色の丸に碁石を置きましょう。

E
例題として行う。

・先ほどと同じように、イヌが食べた果物の数だけ、その果物の色の丸に碁石を置きます。今度は、お皿にクエスチョンマークの箱がありますね。クエスチョンマークの箱には、サクランボ、バナナ、ブドウのうちどれか１粒、または１本が入っています。また箱がいくつかあるときには、それぞれ違う果物が入ります。では、一緒にやってみましょう。イヌにサクランボとバナナを１つずつあげました。今、イヌのお皿には絵のように果物が残り、クエスチョンマークの箱が２つあります。イヌが食べた果物の数だけ、その果物の色の丸に碁石を置きましょう。クエスチョンマークの箱には同じ果物が入らないので、箱にはサクランボ１粒、バナナ１本がそれぞれ入っていることになりますね。お皿にはバナナが１本残っていますから、残った果物はサクランボ１粒とバナナ２本です。そうすると、イヌが食べたのはサクランボ１粒とバナナ１本ですから、赤い丸に碁石を１つ、黄色い丸に碁石を１つ置くということです。やり方はわかりましたか。

F
・イヌにブドウを１つあげました。ブドウが２粒残り、クエスチョンマークの箱が１つあります。イヌが食べた果物の数だけ、その果物の色の丸に碁石を置きましょう。

G
・イヌにサクランボとバナナを１つずつあげました。サクランボが１粒とバナナが１本残り、クエスチョンマークの箱が２つあります。イヌが食べた果物の数だけ、その果物の色の丸に碁石を置きましょう。

H
・イヌにサクランボとバナナとブドウを１つずつあげました。バナナが１本、ブドウが４粒残り、クエスチョンマークの箱は３つあります。イヌが食べた果物の数だけ、その果物の色の丸に碁石を置きましょう。

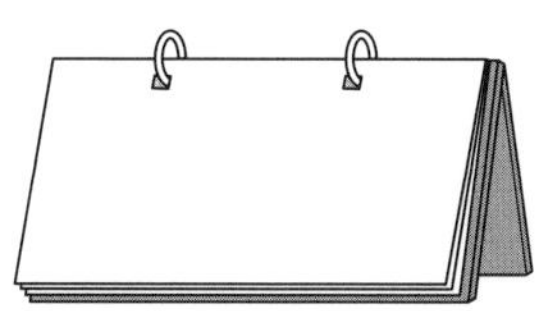
出題のつどめくられる

4 数量（分割）

テスターの机の上に出題用のボードがあり、お手本が示される。各自の机の上に解答用の台紙、白いお皿にアイスの棒のような木のスティックが２本ずつ配られる。テスターから「どうぞ」と言われるまでは触ってはいけない、声も出してはいけないというお約束がある。

A
・桃太郎のお話を知っていますか。あなたは桃太郎です。仲間にきびだんごをあげます。白いきびだんごが入った青、黄色、赤の四角があります。きびだんごをイヌとサルの２匹で仲よく分けられるのは、どの四角ですか。指でさしましょう。考えるときは、スティック２本を使って「３だんご作戦」で考えます。「３だんご作戦」とは、スティックで３個ずつきびだんごを隠して、見えている数で考える作戦です。その数が２匹で分けられる数ならば、仲よく分けることができるということですね。では、やりましょう。

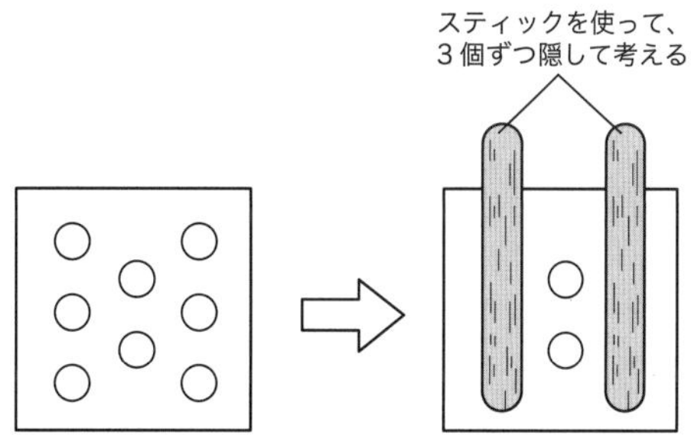
スティックを使って、
３個ずつ隠して考える

B
スティックが１本追加される。
・今度はイヌとサルとキジの３匹で仲よく分けられる四角を探します。先ほどと同じようにスティックを使って考えて、答えを指でさしましょう。

集団テスト

体育館で行う。

模倣体操・ダンス

「おもちゃのチャチャチャ」のピアノ伴奏に合わせてダンスをする。テスターのお手本を見た後、1回目はテスターのまねをして一緒に踊る。2回目は自分の好きなように体を動かす。

運動テスト

体育館で行う。

かけっこ

4人のグループでかけっこをする。スタート地点とゴール地点には青、黄色、赤、白のコーンが2つずつ置いてあり、その間を走り抜ける。どの色のコーンの間を走るかは直前に言われる。テスターが笛の合図と同時に旗を振ったらスタートする。走り抜けたら、ゴールの向こう側の床に黒いテープが貼られているので、指示通りにその上に体操座りをして待つ。なお、次に走る人はスタート地点のコーンの手前にあるラインで待つ。

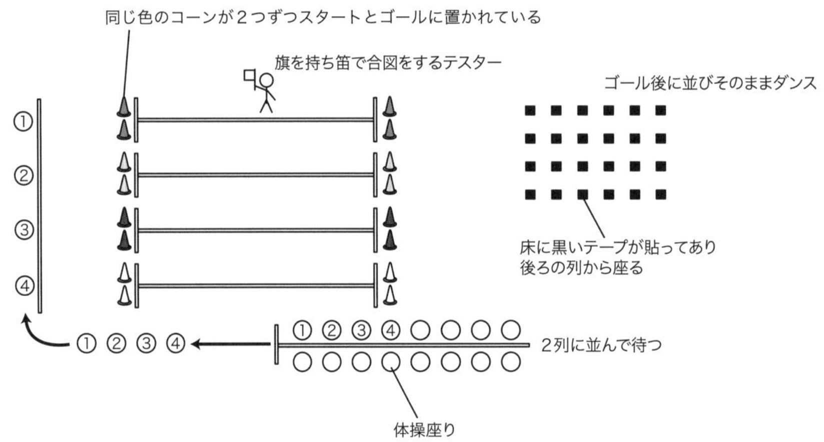

保護者面接

父親

・自己紹介をお願いします。
・志望理由を教えてください。
・出身地、出身校について教えてください。

・学歴、ご職業について教えてください。
・本校を知ったきっかけを教えてください。
・本校はキリスト教の学校ですが、よろしいですか。
・本校は男子校ですが、よろしいですか。
・説明会の動画は見ましたか。何かご感想はありますか。
・コロナウイルス対策としての立教小学校のオンライン授業について、どのように思われますか。
・幼児教室には通っていますか。
・お子さんはきょうだいでけんかをしますか。
・お子さんが夢中になっていることは何ですか。
・お子さんが一番好きなことは何ですか。
・お子さんの長所を教えてください。
・お子さんは、小学校に入ったらどんなことを楽しむと思いますか。
・お子さんがお友達とトラブルを起こしたとしたら、どのように対処しますか。
・休日にはお子さんとどのように過ごしていますか。
・学校行事には参加できますか。
・最後に、学校に伝えたいことはありますか。

母 親

・自己紹介をお願いします。
・出身地、出身校について教えてください。
・学歴、ご職業について教えてください。
・同居しているご家族について教えてください。
・説明会のアンケート、面接資料はどなたがお書きになりましたか。
・本校はキリスト教の学校ですが、よろしいですか。
・本校は男子校ですが、よろしいですか。
・いつから受験を考えましたか。
・なぜ本校がよいと思いましたか。
・お子さんは本校に合うと思われますか。
・お子さんはどのような性格ですか。
・お子さんの名前の由来についてお聞かせください。
・ご家族皆さまで楽しんでいることは何ですか。
・ご家庭ではどのようなことに気をつけていらっしゃいますか。
・急なお迎えには対応できますか。
・しばらく短縮授業となりますが、下校後の対応は大丈夫ですか。

面接資料／アンケート　Ｗｅｂ出願後に出力した面談資料に記入し、面接当日持参する。

・本人の名前、生年月日、幼稚園（保育園）名、住所。
・両親の名前、生年月日、伝えたいこと。
・自宅から学校までの所要時間。
・保護者をのぞく同居家族状況。
・立教小学校に期待しているのはどのようなことですか。
・ご家庭での育児で、特に気をつけているのはどのようなところですか。
・お子さまのことで、学校が留意すべき点はございますか。

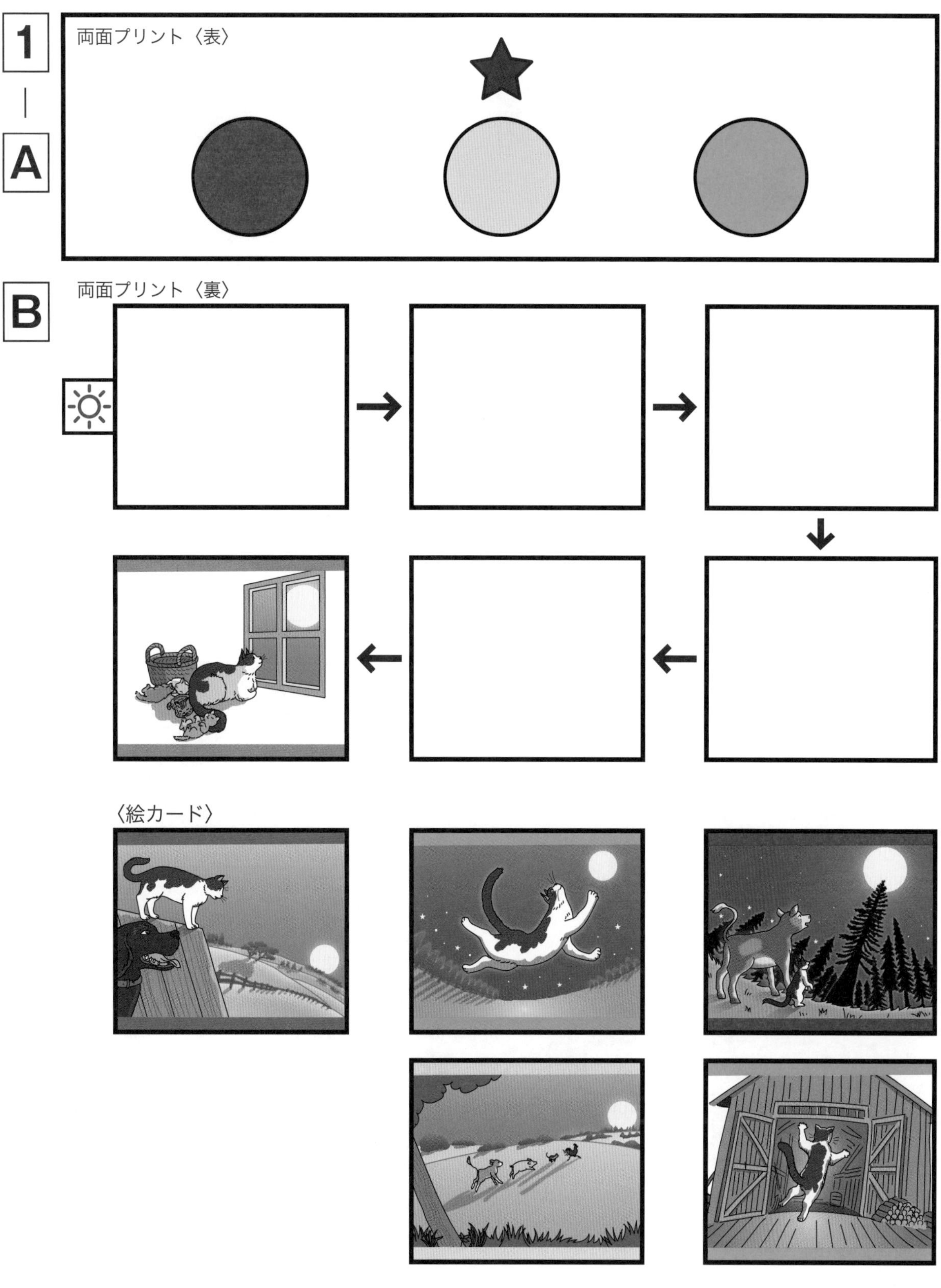
1
A
両面プリント〈表〉
B
両面プリント〈裏〉
〈絵カード〉

2022

2

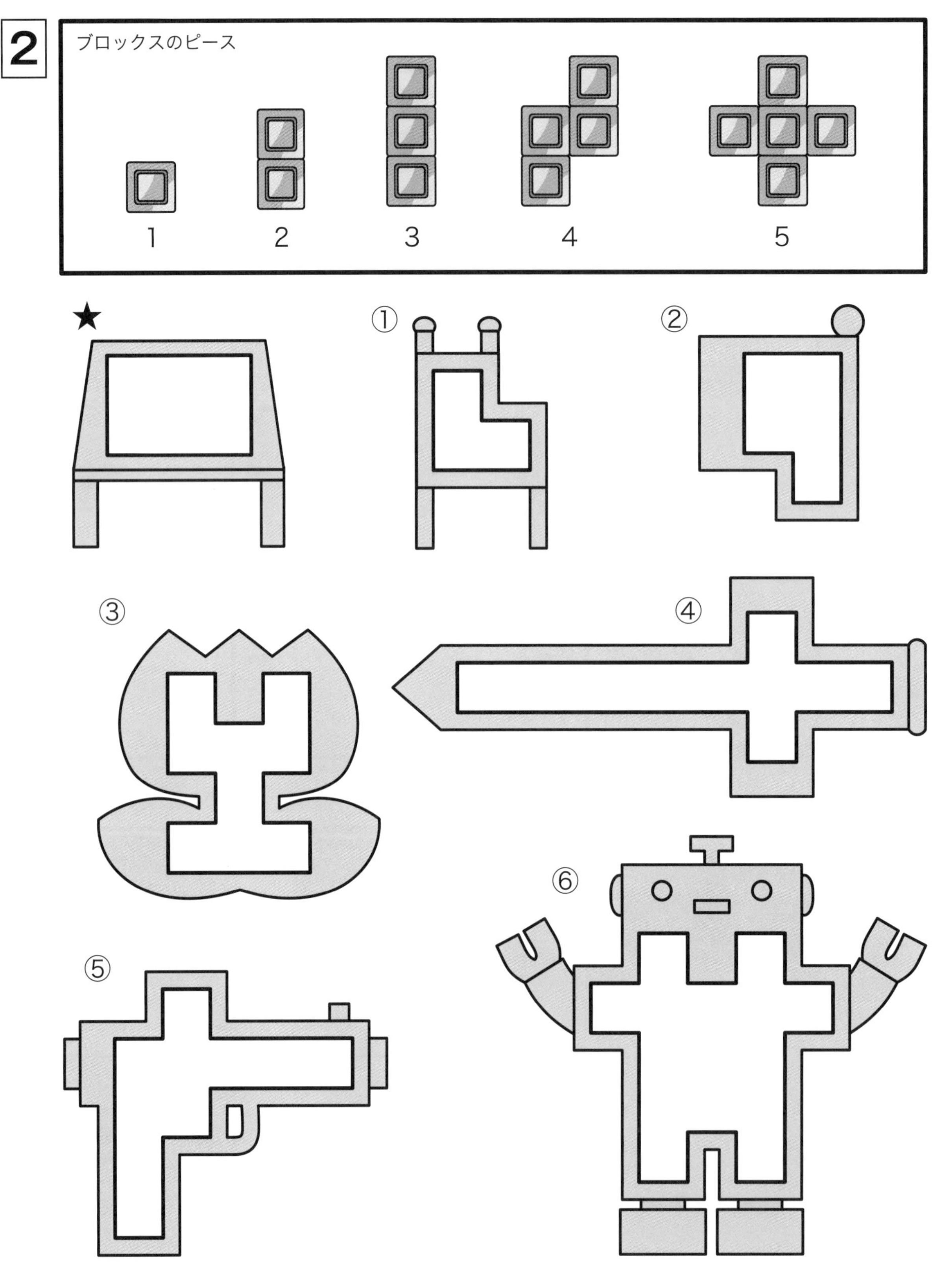

3

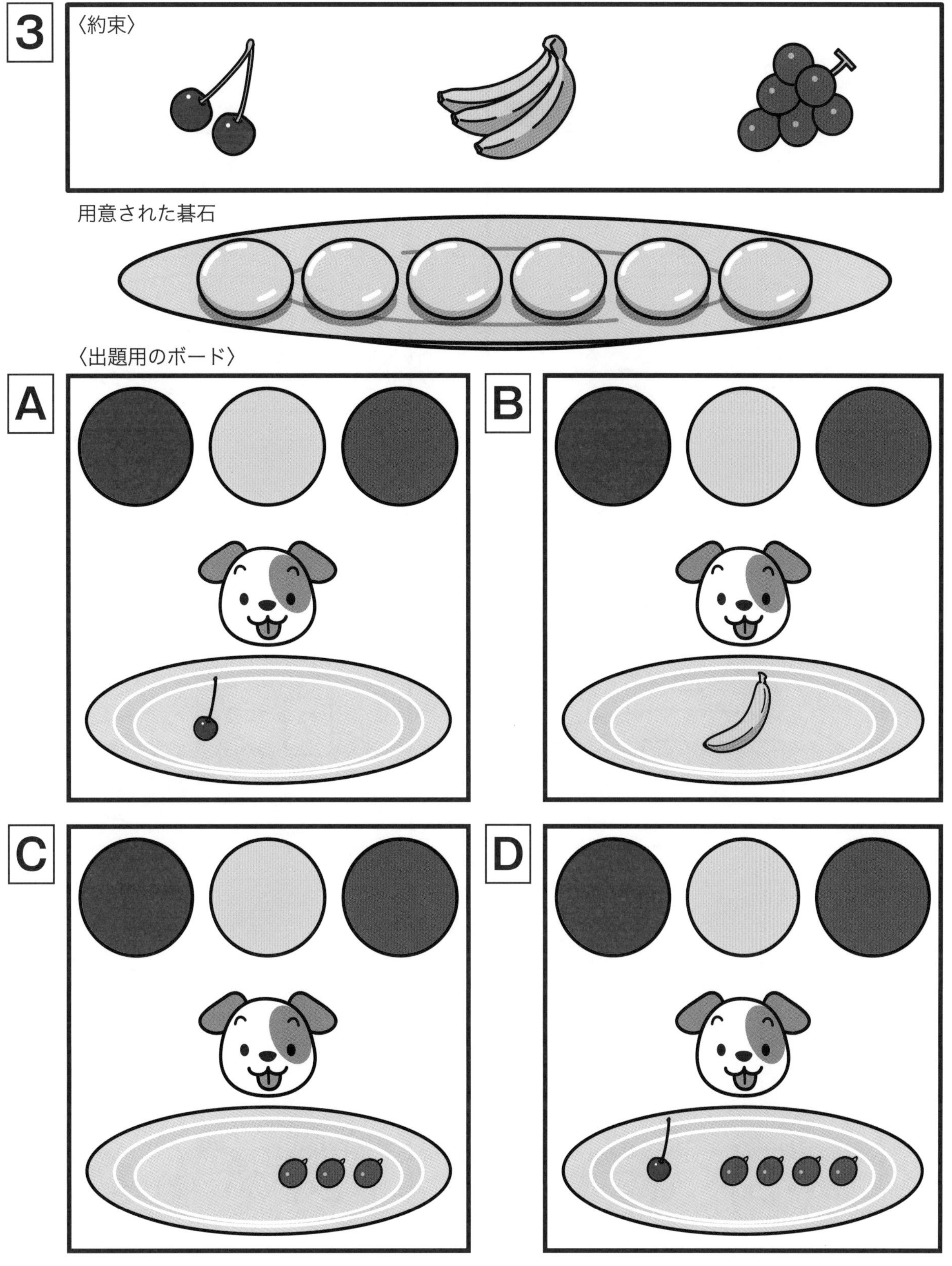

3

—

E

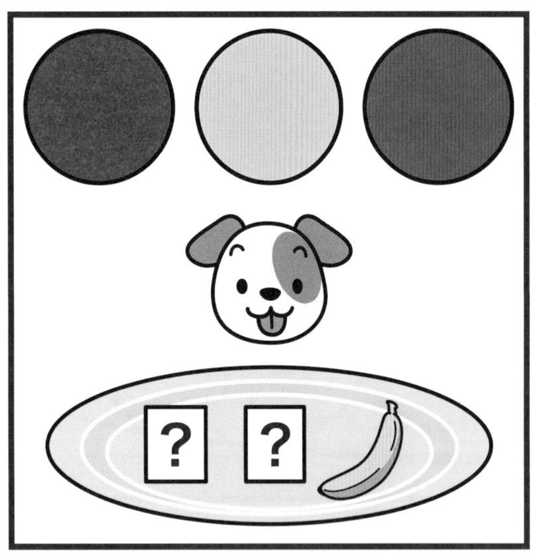

F

G

H

4

—

A

B

section
2021　立教小学校入試問題

選抜方法

考査は２日間で、生年月日の年長者からの受験番号順に、１日目は２人ずつの個別テスト、集団テストを行う。２日目は２、３人１組の個別テストと約30人で集団テスト、運動テストを行う。所要時間は１日目が約100分、２日目が約70分。考査日前の指定日時に保護者面接がある。

考査：１日目

個別テスト

机がなく、いすのみが並べられている部屋で集団で話を聞いた後、別室に２人１組で誘導され、パーティションで仕切られた机の上で課題を行う。

1　話の記憶 I

「小さなピスケのはじめてのともだち」（二木真希子作・絵　ポプラ社刊）を、プロジェクターを使い集団で子どもたちに読み聞かせる。2人１組で誘導された教室の机の上には、両面プリント１枚と碁石２つが入ったトレーが置いてある。課題が終わったら指定された場所で静かに待つ。

（両面プリントの表面には、赤、黄色、青の丸が並んでいる。黄色の丸の上には碁石を戻すための星がある。正しい答えだと思う色の丸に碁石を置き、解答後は星に碁石を戻す。口頭で答えるときは、後に答える子は先に答える子の声が聞こえないようヘッドホンをして待つ）

A

- ピスケがお友達になったのはどんな生き物ですか。ウサギだと思ったら赤、カラスだと思ったら黄色、カメだと思ったら青の丸に碁石を置きましょう。
- ピスケが買いたかったものは何ですか。グラスだと思ったら赤、便せんだと思ったら黄色、ガラスだと思ったら青の丸に碁石を置きましょう。
- ピスケはカラスにいれてあげたお茶に、お砂糖を何杯入れましたか。１杯だと思ったら赤、２杯だと思ったら黄色、３杯だと思ったら青の丸に碁石を置きましょう。
- カラスの巣から落ちたピスケは何に引っ掛かりましたか。枝だと思ったら赤、石だと思ったら黄色、葉っぱだと思ったら青の丸に碁石を置きましょう。
- ピスケはカラスのどこを触ってカラスを怒らせてしまいましたか。羽だと思ったら赤、くちばしだと思ったら黄色、足だと思ったら青の丸に碁石を置きましょう。
- ピスケがカラスの羽を触ったとき、カラスは何をこぼしましたか。お湯なら赤、水なら黄色、紅茶なら青の丸です。間違っていると思うもの２つに碁石を置きましょう。

・ピスケはどこにすんでいましたか。草の中なら赤、木の中なら黄色、公園なら青の丸です。間違っていると思うもの２つに碁石を置きましょう。
・木の実が水びたしになってしまったとき、ピスケはどんな気持ちでしたか。お話ししてください。
・カラスが巣に戻ったとき、ピスケはどんな気持ちになったと思いますか。お話ししてください。
・ガラスを買えなかったときのピスケは、どんな気持ちだったと思いますか。お話ししてください。
・ピスケに必要なのはお金だと思いますか、それともお友達だと思いますか。あなただったらどうですか。お話ししてください。

B
両面プリントを裏返す。裏面には、絵カードを並べるための四角がかかれている。テスターがクリップで留められた６枚の絵カードを配付する。
・お話の順番になるように、太陽の印から始めてカードを並べましょう。

集団テスト

別室に移動し、全員でＤＶＤを観る。

話の記憶Ⅱ

ＤＶＤ「ベッドのまわりはおばけがいっぱい」を観た後にテスターからの質問に答える。各自の机の上に赤、青、黄色のシールが貼られたサイコロが置いてある。サイコロを正しいと思う色の面が上になるように机の上に置いて解答する。声は出さない、「やめ」と言われたらサイコロに触ってはいけないというお約束がある。例題を行い、やり方を確認する。

・窓に映っていた光る目は何でしたか。車のライトだと思ったら赤、ホタルだと思ったら青、月の明かりだと思ったら黄色を上にしましょう。
・コウモリが飛ぶ音は何でしたか。風で本がめくれる音だと思ったら赤、カーテンが揺れる音だと思ったら青、タオルが揺れる音だと思ったら黄色を上にしましょう。
・窓をよじ登ってくるガイコツの音は何でしたか。木の枝が風できしんでいる音だと思ったら赤、窓に風があたる音だと思ったら青、雨の音だと思ったら黄色を上にしましょう。
・ベッドの下のおばけは何でしたか。靴とマフラーと手袋だと思ったら赤、靴とヘアブラシとバスローブだと思ったら青、靴と帽子と洋服だと思ったら黄色を上にしましょう。
・巨人の竹馬の音は何の音でしたか。車の音だと思ったら赤、古時計の音だと思ったら青、自転車の音だと思ったら黄色を上にしましょう。
・大きな鳥が出てきましたが、それは何でしたか。ホタルだと思ったら赤、カラスだと思ったら青、ガだと思ったら黄色を上にしましょう。

・海賊が戦っている音は何でしたか。空き缶を落とした音だと思ったら赤、カナヅチで釘を打つ音だと思ったら青、ネコがゴミ箱の上を跳ねている音だと思ったら黄色を上にしましょう。

・子どもだったおじいちゃんはお化けに捕まったと思いましたが、本当は抱っこをされただけでした。誰に抱っこをされましたか。おじいちゃんのお父さんだと思ったら赤、おじいちゃんのお母さんだと思ったら青、おじいちゃんのおじいちゃんだと思ったら黄色を上にしましょう。

・お話の最後に食べたデザートは何でしたか。プリンだと思ったら赤、アイスクリームだと思ったら青、ケーキだと思ったら黄色を上にしましょう。

考査：2日目

個別テスト

2、3人1組で別室に移動して、各自パーティションで仕切られた机で、座って課題を行う。

2 推理・思考

テスターの机の上に出題用のボードがあり、出題のつどめくられてお手本が示される。各自の机の上に解答用の台紙がある。アヒルのおもちゃ（くちばしが赤、右の羽が青に塗られている）、お皿に入ったチップ4枚（表が赤、裏が青）が用意されている。テスターが示すお手本は、解答用の台紙と違ってマス目のうち1つに点線でアヒルの形がかかれている。やり方を確認してから行う。

・赤いチップのときは、赤いくちばしが向いている方向に1マス進みます。青いチップのときは、青い羽根のある方向（右側）に向きを変えます（実際に時計回りに90度向きを変えることを確認する）。青いチップのときは向きを変えるだけで、マス目を進むことはできません。では、お手本を見てください（お手本Aを示す）。台紙の左下のマス目に、くちばしの向きがお手本と同じになるようにアヒルを置いてください。アヒルが真ん中のマス目まで進むには、チップをどのように出したらよいですか。マス目の上の空いている丸の上に、その色のチップを置きましょう。最初は赤と、もう決まっています。

・（お手本Bを示す）台紙の左下のマス目に、くちばしの向きがお手本と同じになるようにアヒルを置いてください。アヒルがブドウのところまで進むには、チップをどのように出したらよいですか。マス目の上の丸に、その色のチップを置きましょう。

・同じお手本です。台紙の左下のマス目に、くちばしの向きがお手本と同じになるようにアヒルを置いてください。アヒルがバナナのところまで進むには、チップをどのように出したらよいですか。マス目の上の丸に、その色のチップを置きましょう。

・（お手本Ｃを示す）台紙の一番上の真ん中にあるマス目に、くちばしの向きがお手本と同じになるようにアヒルを置いてください。アヒルがブドウのところまで進むには、チップをどのように出したらよいですか。マス目の上の丸に、その色のチップを置きましょう。

・（お手本Ｄを示す）台紙の左上のマス目に、くちばしの向きがお手本と同じになるようにアヒルを置いてください。アヒルがバナナのところまで進むには、チップをどのように出したらよいですか。マス目の上の丸に、その色のチップを置きましょう。

・（お手本Ｅを示す）台紙の左の真ん中のマス目に、くちばしの向きがお手本と同じになるようにアヒルを置いてください。アヒルがリンゴのところまで進むには、チップをどのように出したらよいですか。マス目の上の空いている丸に、その色のチップを置きましょう。最初は青、最後は赤と、もう決まっています。

・（お手本Ｆを示す）台紙の右上のマス目に、くちばしの向きがお手本と同じになるようにアヒルを置きましょう。アヒルがブドウのところまで進むには、チップをどのように出したらよいですか。マス目の上の空いている丸に、その色のチップを置きましょう。２番目は青、３番目は赤と、もう決まっています。

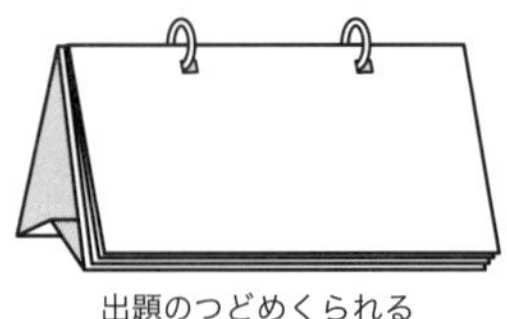

出題のつどめくられる

3 数　量

各自の机の上に両面に印刷された解答用の台紙、白いお皿に赤いチップが12枚用意されている。テスターから「どうぞ」と言われるまでは触ってはいけない、声も出してはいけないというお約束がある。

Ａ

・赤いチップはリンゴです。動物たちに、リンゴを分けてあげましょう。小さな動物には数を少なく、大きな動物には数が多くなるように分けます。台紙を見てください。動物の顔が描いてありますね。体の大きさは、左から順にだんだん大きくなっていきます。ネズミよりネコが大きいので、ネズミよりもネコが多くなるようにリンゴを分けます。動物たちにリンゴをあげるときは、それぞれの顔の上の長四角にあげる数だけ赤いチップを置きます。ただし、どんなに大きな動物も一度に５個までしかリンゴを食べられません。そして、カゴに並べたリンゴは余らないように全部を分けます。では、台紙のカゴの上にチップを5枚並べてください。ネズミとネコに、リンゴをあげましょう。
・台紙のカゴの上にチップを6枚並べてください。ネズミとネコに、さっきと同じお約束でリンゴをあげましょう。
・台紙のカゴの上にチップを6枚並べてください。今度は、ネズミとネコとクマの3匹にさっきと同じお約束でリンゴをあげましょう。
・台紙のカゴの上にチップを全部並べてください。4匹の動物みんなに、さっきと同じお約束でリンゴをあげましょう。

B
台紙を裏返して行う。
・台紙のカゴの上にチップを全部並べてください。5匹の動物みんなにリンゴをあげましょう。今度はネズミが2匹いますね。同じ動物には同じ数だけリンゴをあげてください。そのほかのお約束はさっきと同じです。

台紙は回収され、テスターの机の上の出題用ボードでBと同じお手本を見ながら問題を聞く。
・ここにいるクマとゾウが帰って、左側にネズミがもう1匹やって来ました。今いる動物たちでリンゴを分けましょう。ただし、リンゴは1個余らせてください。さっきプリントの上に置いたように、今度は机の上に左から順に並べましょう。

集団テスト

体育館で行う。

模倣体操・ダンス

「線路は続くよどこまでも」のピアノ伴奏に合わせて、1回目はテスターのまねをして体を動かす。2回目は自分の好きなように体を動かす。

運動テスト

体育館で行う。

かけっこ

4人のグループでかけっこをする。スタート地点とゴール地点には青、黄色、赤、緑のコーンが2つずつ置いてあり、その間を走り抜ける。どの色のコーンの間を走るかは直前に言われる。テスターが笛の合図と同時に旗を振ったらスタートする。走り抜けたら、ゴールの向こう側の床に黒いテープが貼られているので、指示通りにその上に座って待つ。なお、次に走る人はスタート地点のコーンの手前にあるラインで待つ。

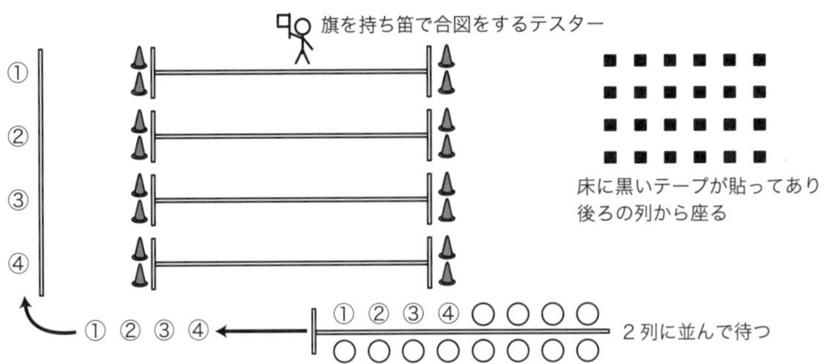

保護者面接

父親

・自己紹介をお願いします。
・志望理由を教えてください。
・出身地について教えてください。
・出身校について教えてください。
・お仕事について教えてください。
・お住まいの地域とのつながりはいかがですか。ボランティア活動などはしていますか。
・本校の説明会はご覧になりましたか。
・本校を知ったきっかけを教えてください。
・いつから受験を考えましたか。
・本校はキリスト教の学校ですが、よろしいですか。
・本校は男子校ですが、よろしいですか。
・学校行事には参加できますか。
・お子さんの長所を教えてください。
・お子さんには体力がありますか。
・お子さんとは週に何回晩ごはんを一緒に食べますか。
・休日にはお子さんとどのように過ごしていますか。
・お子さんには、12歳になったときにどのようになっていてほしいですか。

母親

・自己紹介をお願いします。
・お仕事について教えてください。
・同居しているご家族について教えてください。
・本校に入学すると、ゴールデンウイークまでは送迎が必要ですが大丈夫ですか。

・お子さんの急病時、緊急時にはお迎えが可能ですか。
・本校はキリスト教の学校ですが、よろしいですか。
・本校は男子校ですが、よろしいですか。
・いつから受験を考えましたか。
・幼児教室、習い事などには通っていますか。
・ご主人は家事などを手伝ってくれていますか。
・お子さんには、決まったお手伝いや当番する家事がありますか。
・自宅から学校までの経路、所要時間について教えてください。
・説明会や運動会にはご参加いただけましたか。

面接資料／アンケート

Ｗｅｂ出願後に出力した面談資料に記入し、面接当日持参する。

・本人の名前、生年月日、幼稚園（保育園）名、住所。
・両親の名前、生年月日、伝えたいこと。
・自宅から学校までの所要時間。
・保護者をのぞく同居家族状況。
・立教小学校に期待しているのはどのようなことですか。
・ご家庭での育児で、特に気をつけているのはどのようなところですか。
・お子さまのことで、学校が留意すべき点はございますか。

1－A

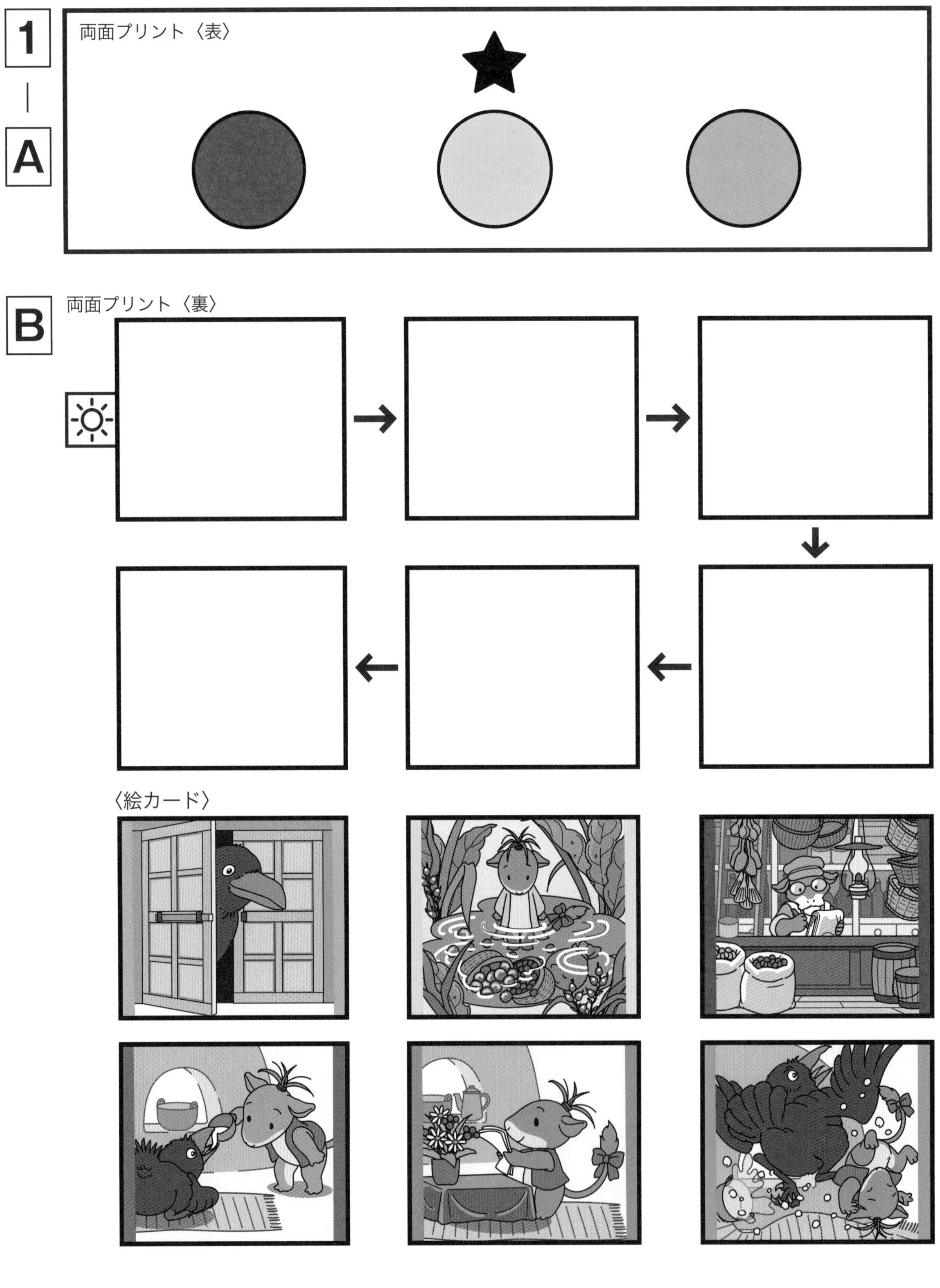

2

解答用のチップ

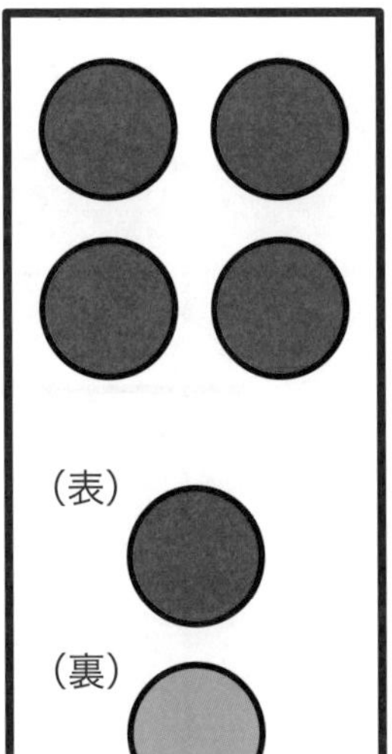

アヒルのおもちゃ

（右側）

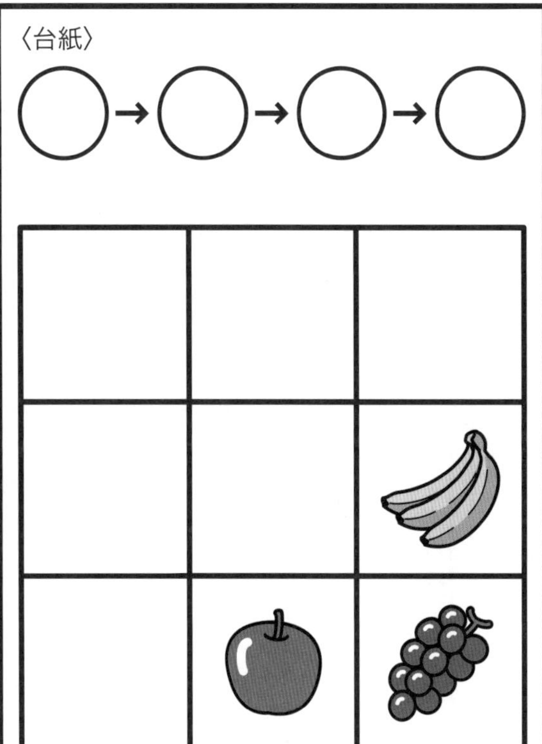

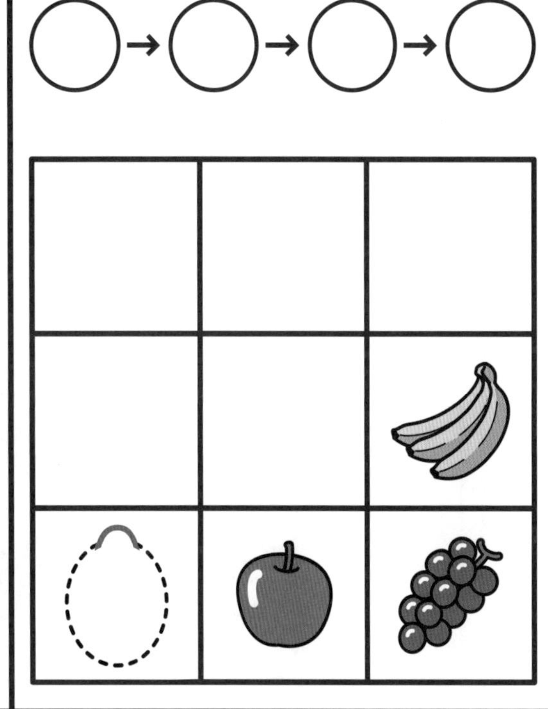

2

【お手本C】

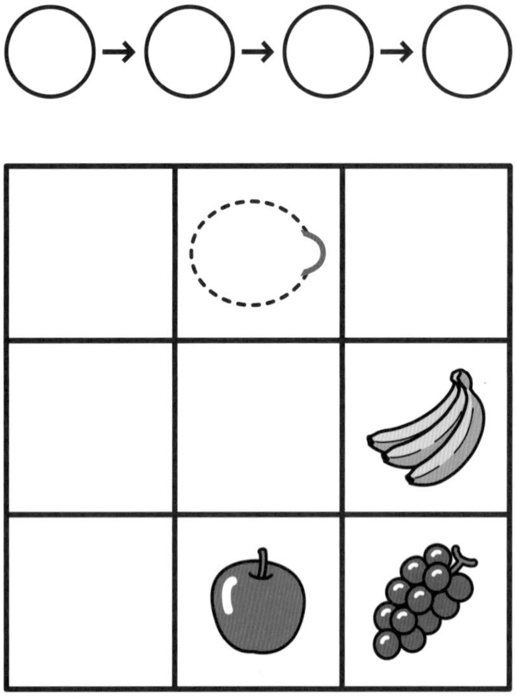

【お手本D】

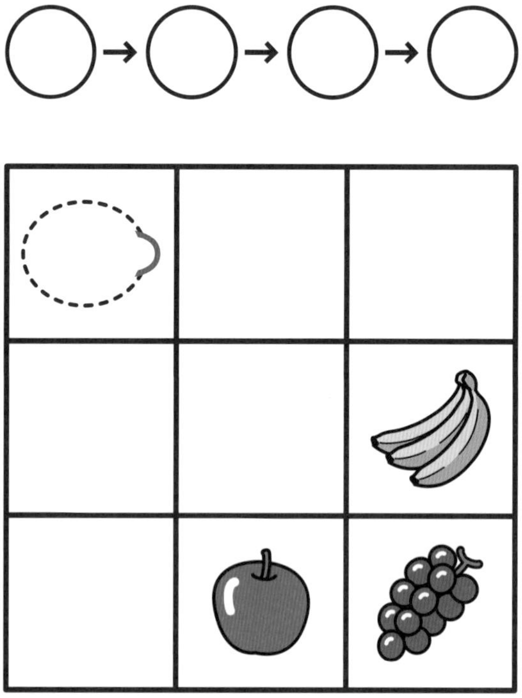

【お手本E】

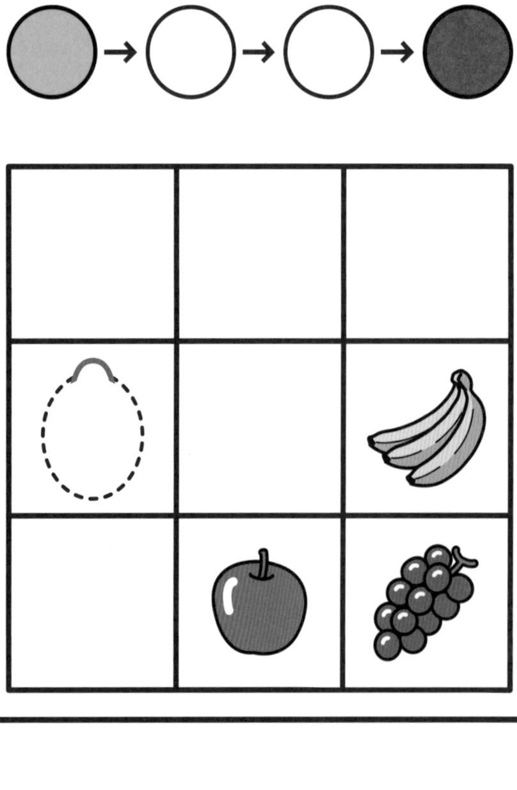

【お手本F】

3 — **A** 台紙〈表〉

B 台紙〈裏〉

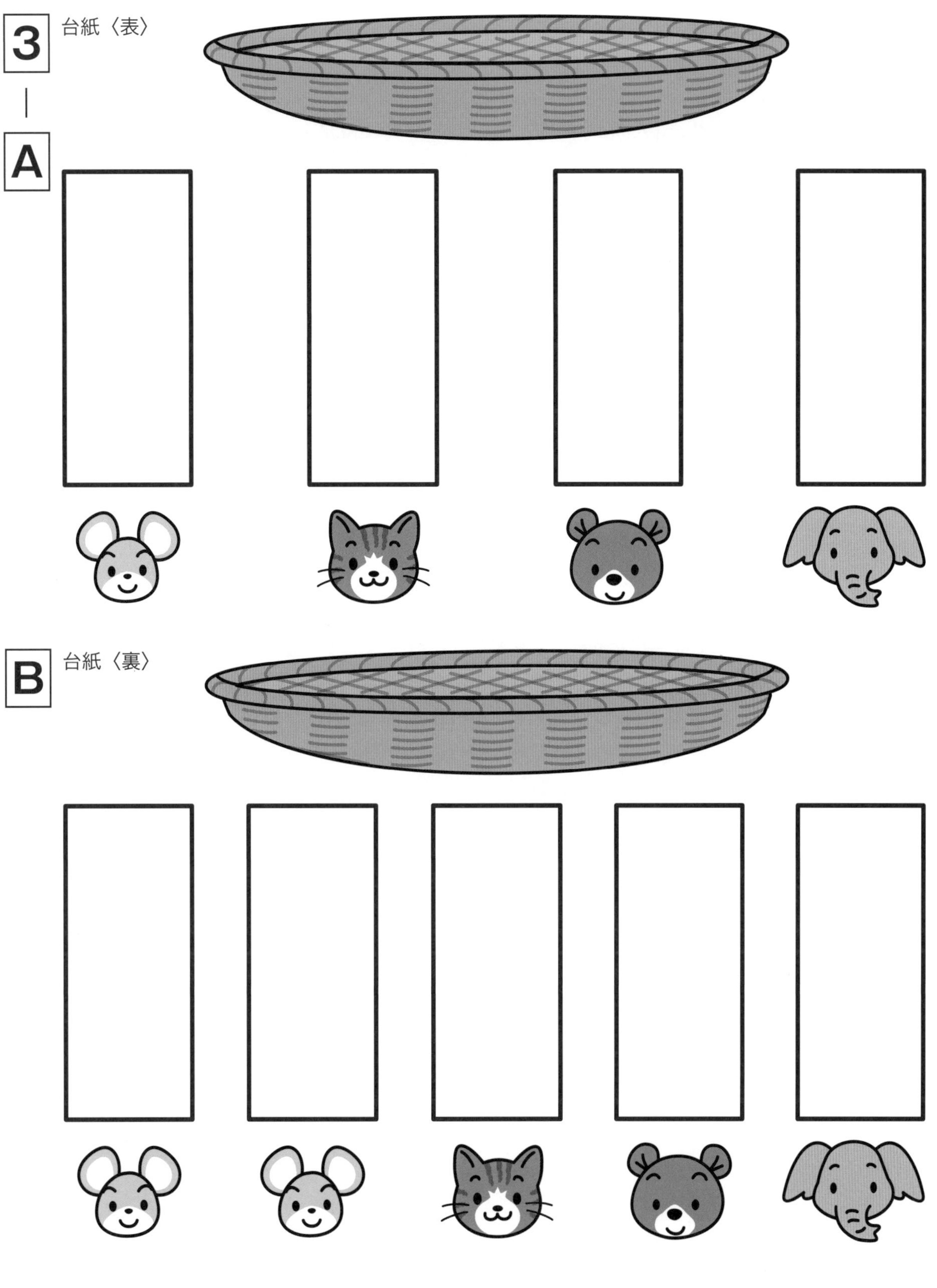

section
2020 立教小学校入試問題

選抜方法

考査は２日間で、生年月日の年長者からの受験番号順に、１日目は２人ずつの個別テスト、集団テストを行う。２日目は２、３人１組の個別テストと約60人で集団テスト、運動テストを行う。所要時間は１日目が約100分、２日目が約65分。考査日前の指定日時に保護者面接がある。

考査：１日目

個別テスト

机がなく、いすのみが並べられている部屋で集団で話を聞いた後、別室に２人１組で誘導され、パーティションで仕切られた机の上で課題を行う。

1 話の記憶Ⅰ

「シロクマくつや」「シロクマくつや　ちいさなちいさなうわぐつ」（おおでゆかこ作・絵　偕成社刊）の２冊を、プロジェクターを使い集団で子どもたちに読み聞かせる。２人１組で誘導された教室の机の上には、両面プリント１枚と碁石が入ったトレーが置いてある。課題が終わったら指示された場所で静かに待つ。
（両面プリントの表面には、赤、黄色、青の丸が並んでいる。黄色の丸の上には碁石を戻すための星がある。正しい答えだと思う色の丸に碁石を置き、解答後は星に碁石を戻す）

A
「シロクマくつや」からの出題。
・シロクマのお店は何屋さんでしたか。洋服屋だったら赤、カバン屋だったら黄色、靴屋だったら青の丸に碁石を置きましょう。
・お店で靴を作っていたのは誰でしたか。おばあさんとお父さんだったら赤、お父さんとお母さんだったら黄色、お母さんと子どもだったら青の丸に碁石を置きましょう。
・ドシンと靴屋さんが揺れたとき、窓から顔をのぞかせていたのは誰でしたか。ゾウだと思ったら赤、子どもだと思ったら黄色、巨人だと思ったら青の丸に碁石を置きましょう。
・シロクマくつやがペンギンに勧めたものはどんな靴でしたか。キラキラ靴だったら赤、ジャンピング靴だったら黄色、ガオガオ靴だったら青の丸に碁石を置きましょう。
・シロクマくつやのお家は誰の靴でしたか。巨人だったら赤、巨人の坊やだったら黄色、シロクマの坊やだったら青の丸に碁石を置きましょう。

B
両面プリントを裏返す。裏面には、絵カードを並べるための四角がかかれている。テスターが８枚の絵カードを配付する。

・８枚のカードを、１つ目のお話と２つ目のお話に分け、それぞれのお話の順番になるように並べましょう。１つ目のお話は靴の印、２つ目のお話はリスの印のところに置いてください。

C
「シロクマくつや　ちいさなちいさなうわぐつ」からの出題。テスターが４つの絵が描かれたプリントを配付する。
・シロクマのきょうだいたちは、幼稚園までどこを通って行きましたか。通ったところに矢印がかいてある絵の上に碁石を置きましょう。

D
最初の両面プリントを表に返す。
・シロクマの家族に手紙を持ってきたのはどの鳥でしたか。フクロウだと思ったら赤、ミミズクだと思ったら黄色、ペンギンだと思ったら青の丸に碁石を置きましょう。
・シロクマのきょうだいたちは、幼稚園の入口までどうやって登りましたか。気球に乗ったなら赤、はしごを登ったなら黄色、巨人の子どもに運んでもらったなら青の丸に碁石を置きましょう。
・シロクマのきょうだいたちが幼稚園に着いたとき、園長先生は何が足りなくて困っていると言っていましたか。遊ぶものがないことだったら赤、上靴が足りないことだったら黄色、帽子が足りないことだったら青の丸に碁石を置きましょう。
・園長先生が作ったものは何でしたか。ストローのすべり台だと思ったら赤、ドングリのあかりだと思ったら黄色、ボタンのブランコだと思ったら青の丸に碁石を置きましょう。
・２つのお話のうち、どちらが面白かったですか。それはどうしてですか。お話ししてください。

集団テスト

別室に移動し、全員でＤＶＤを観る。

話の記憶Ⅱ

ＤＶＤ「つみきのいえ」を観た後にテスターからの質問に答える。各自の机の上に赤、青、黄色のシールが貼られたサイコロが置いてある。サイコロを正しいと思う色の面が上になるように机の上に置いて解答する。声は出さない、「やめ」と言われたらサイコロに触ってはいけないというお約束がある。例題を行い、やり方を確認する。

・おじいさんが落としたものは何でしたか。パイプだったら赤、タバコだったら黄色、ノコギリだったら青を上にしましょう。
・一番下の家にあったものは何でしたか。ワイングラスだったら赤、パイプだったら黄色、ノコギリだったら青を上にしましょう。

・おじいさんがはいていたズボンは何色でしたか。赤だと思ったら赤、緑だと思ったら青、黄色だと思ったら黄色を上にしましょう。
・ベッドで寝ていたのは誰でしたか。おじいさんだと思ったら赤、おばあさんだと思ったら青、子どもだと思ったら黄色を上にしましょう。
・2つ下の部屋で見つけたものは何でしたか。ソファだと思ったら赤、ストーブだと思ったら青、机だと思ったら黄色を上にしましょう。
・ワイングラスはいくつになりましたか。1つだったら赤、2つだったら青、3つだったら黄色を上にしましょう。

考査：2日目

個別テスト

2、3人1組で別室に移動して、各自パーティションで仕切られた机で、座って課題を行う。

2 数量・推理・思考

テスターの机上に出題用のボードがあり、出題のつどめくられる。各自の机に、両面に印刷された解答用の台紙、小鳥、サル、クマの絵がそれぞれ描かれたチップが用意されている。台紙の表面には1～3個ずつ、裏面には1～4個ずつのリンゴが描かれた丸がある。

・(上のお手本を示す) リンゴの木の絵があります。実が1個描いてある丸は1リンゴ、2個描いてある丸は2リンゴ、3個描いてある丸は3リンゴです。1枚の絵の中には、1リンゴは1つ、2リンゴは2つ、3リンゴは3つあるお約束です。では、黒丸1つの絵を見てください。木のリンゴのうち、1つの丸がサルの顔で隠れていますね。サルが、ここに隠れている数だけリンゴを食べたということです。では、さっきのお約束のとき、サルはリンゴをいくつ食べましたか。台紙の表を出して、その数のリンゴの丸にサルのチップを置きましょう。
・今度はお約束が増えます。チップはサルのほかに、小鳥とクマもありますね。このうち、リンゴを食べる数が一番少ないのが小鳥です。サルは小鳥より多く食べますが、クマよりは少ないお約束です。では、黒丸2つの絵を見てください。小鳥とサルは、リンゴをいくつ食べましたか。その数のリンゴの丸に、それぞれのチップを置きましょう。
・黒丸3つの絵を見てください。木の下にリンゴが入ったカゴがあり、カゴの中のリンゴも入れて1枚の絵の中に1リンゴは1つ、2リンゴは2つ、3リンゴは3つあります。リンゴを食べる数はさっきと同じお約束とすると、サルとクマはそれぞれリンゴをいくつ食べましたか。その数のリンゴの丸に、それぞれのチップを置きましょう。

・黒丸4つの絵を見てください。今度は、4つのリンゴがかいてある4リンゴもあります。4リンゴは、1枚の絵の中に4つあるというお約束になります。では、このようにリンゴがあったとき、小鳥、サル、クマはそれぞれリンゴをいくつ食べましたか。台紙を裏返して、それぞれのチップをその数のリンゴの丸の上に置きましょう。

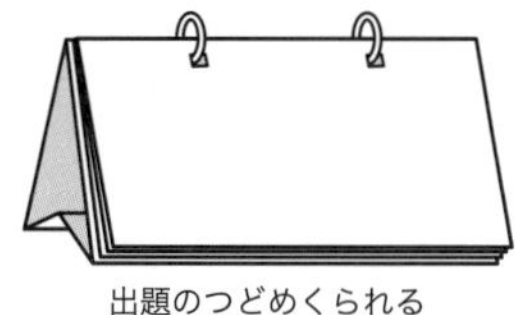

出題のつどめくられる

3 構成・推理・思考

各自の机に、ネズミと各色の屋根のお家が描かれた台紙、L字形のパズル（赤、青各1枚で1ヵ所もしくは2ヵ所に四角い穴が開いている）が用意されている。

・青と緑の屋根のお家を見てください。ネズミがチーズを食べようとしてやって来ました。赤と青のパズルをお家の形の中にピッタリ入るように置いて、ネズミに食べられないようにチーズを隠しましょう。パズルには穴が開いていますので、穴からチーズが見えないように置いてください。パズルは向きを変えてもよいですが、裏返したり重ねたりしてはいけません。順番にやりましょう。

緑と黄色のパズルが1枚ずつ追加される。

・さっきと同じように、ネズミに食べられないようパズルでチーズを隠しましょう。今度は、赤、青、緑、黄色の全部のパズルを使って、黄色、赤、黄緑、オレンジ色の屋根のお家を順番にやりましょう。

集団テスト

歌・模倣体操・ダンス

・ピアノの伴奏に合わせて、「アイ・アイ」を歌う。

・「にんげんっていいな」のピアノ伴奏に合わせて、1回目はテスターのまねをして体を動かす。2回目は自分の好きなように体を動かす。

運動テスト

体育館に全員で移動して運動テストを行う。

かけっこ

4人のグループでかけっこをする。在校生がお手本を見せる。スタート地点とゴール地点には青、黄色、赤、緑のコーンが2つずつ置いてあり、その間を走り抜ける。どの色のコーンの間を走るかは直前に言われる。テスターが笛の合図と同時に旗を振ったらスタートする。走り抜けたら、ゴールの向こう側の床に黒いテープが貼られているので、指示通りにその上に座って待つ。なお、次に走る人はスタート地点のコーンの手前にあるラインで待つ。

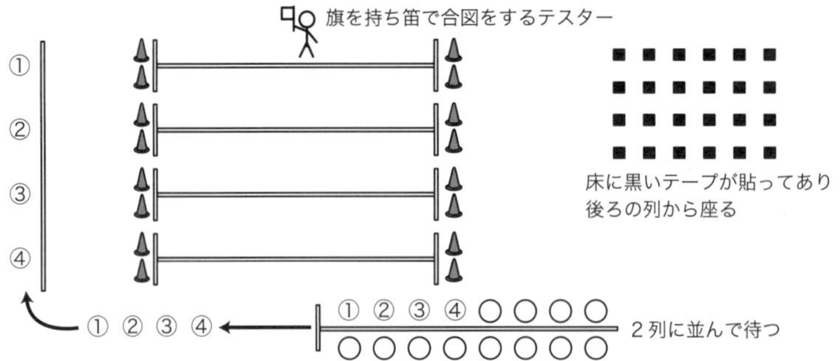

保護者面接

父親

・志望理由を教えてください。
・お仕事について教えてください。
・出身地について教えてください。
・出身校について教えてください。
・大学ではどのようなことをしていたか教えてください。
・休日はどのように過ごしていますか。
・ご家庭ではお子さんとどのようにかかわっていますか。
・お子さんと一緒に行っていることは何かありますか。
・将来お子さんとどのようなことをしたいですか。
・男の子の子育てに、父親としてどのようにかかわってきましたか。
・説明会や運動会にはご参加いただけましたか。
・地域の行事に参加されていますか。
・お子さんの名前の由来についてお聞かせください。
・本校に期待することはどのようなことですか。
・本校は男子校ですが、よろしいでしょうか。

母　親

・お仕事について教えてください。
・本校に入学すると、ゴールデンウイークまでは送迎が必要ですが大丈夫ですか。
・出身地について教えてください。
・出身校について教えてください。
・大学ではどのようなことをしていたか教えてください。
・これまでの経験がお仕事に生きていると思うことがありますか。
・自宅から学校までの経路、所要時間について教えてください。
・志望理由を教えてください。
・男の子の子育てで大変だったことはどんなことですか。
・お子さんは幼稚園で先生からどのように言われていますか。
・お子さんが最近大きく成長したと感じるところをお話ししてください。
・お子さんには決まったお手伝いや当番はありますか。
・本校への希望やお子さんのことで何かあればお話ししてください。
・周りに教育について相談できる方はいらっしゃいますか。
・学校行事に参加できますか。
・学校行事の際に下のお子さんはどうされますか。
・キリスト教に抵抗はありますか。
・説明会や運動会にはご参加いただけましたか。
・本校は男子校ですが、よろしいでしょうか。

面接資料／アンケート

面接の待ち時間にアンケート（下記項目）を記入し提出する。

・本人の名前、幼稚園（保育園）名、住所。
・保護者について（父、母それぞれの欄がある）。
・本人と保護者以外の同居家族について。
・自宅から学校までの所要時間。
・立教小学校に期待すること。
・家庭での育児で気をつけていること。
・お子さまについて学校側が留意すること。

1 — A D

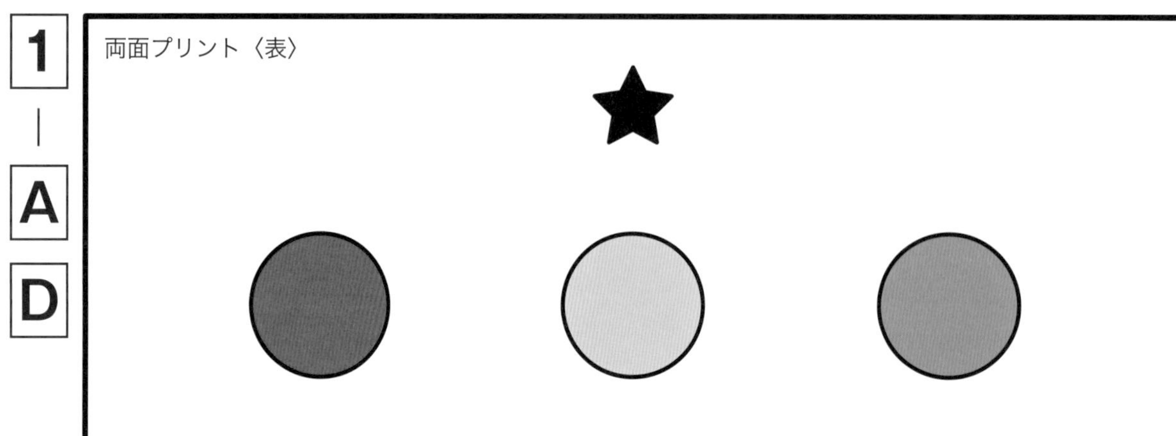

C

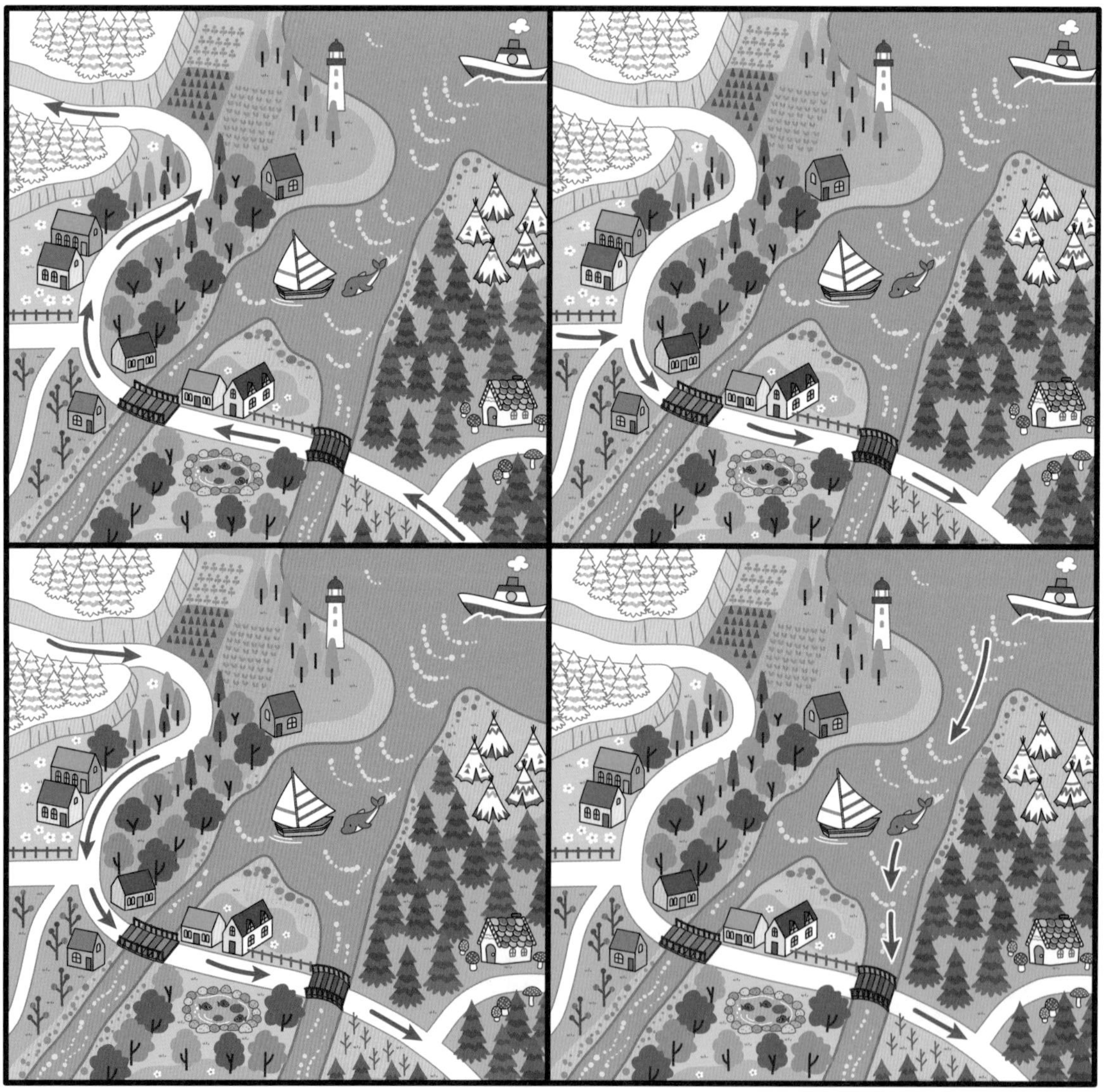

1－B

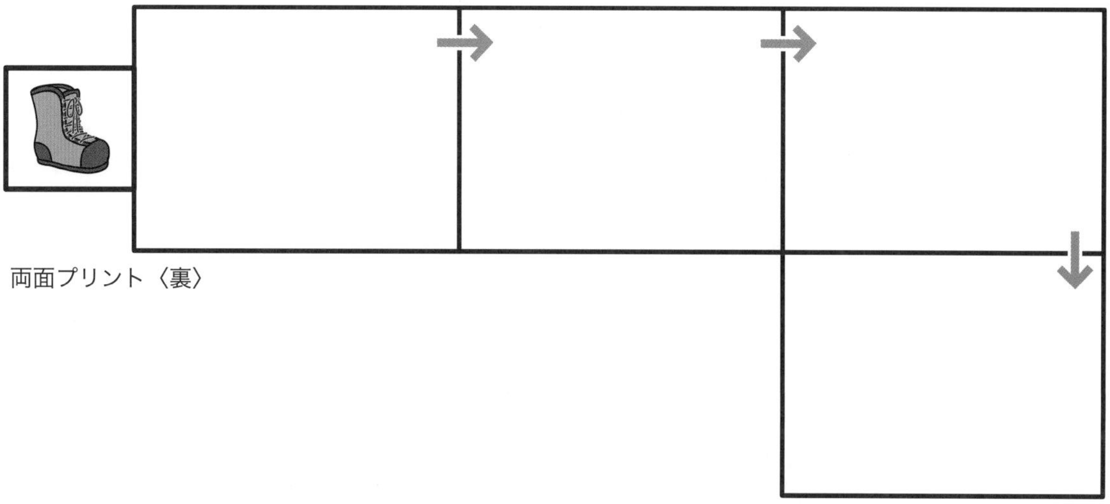

両面プリント〈裏〉

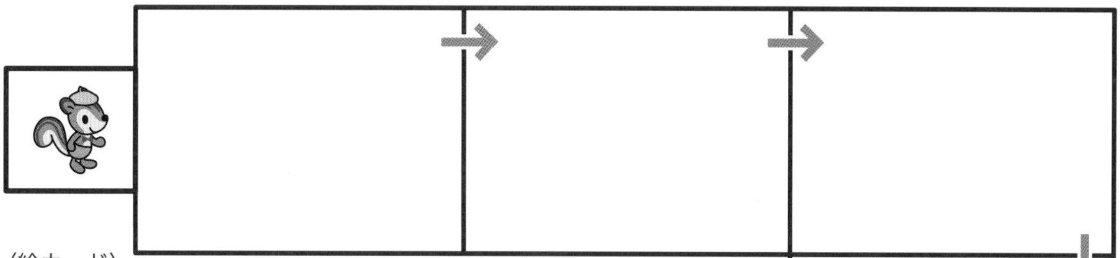

〈絵カード〉

2

【お手本】

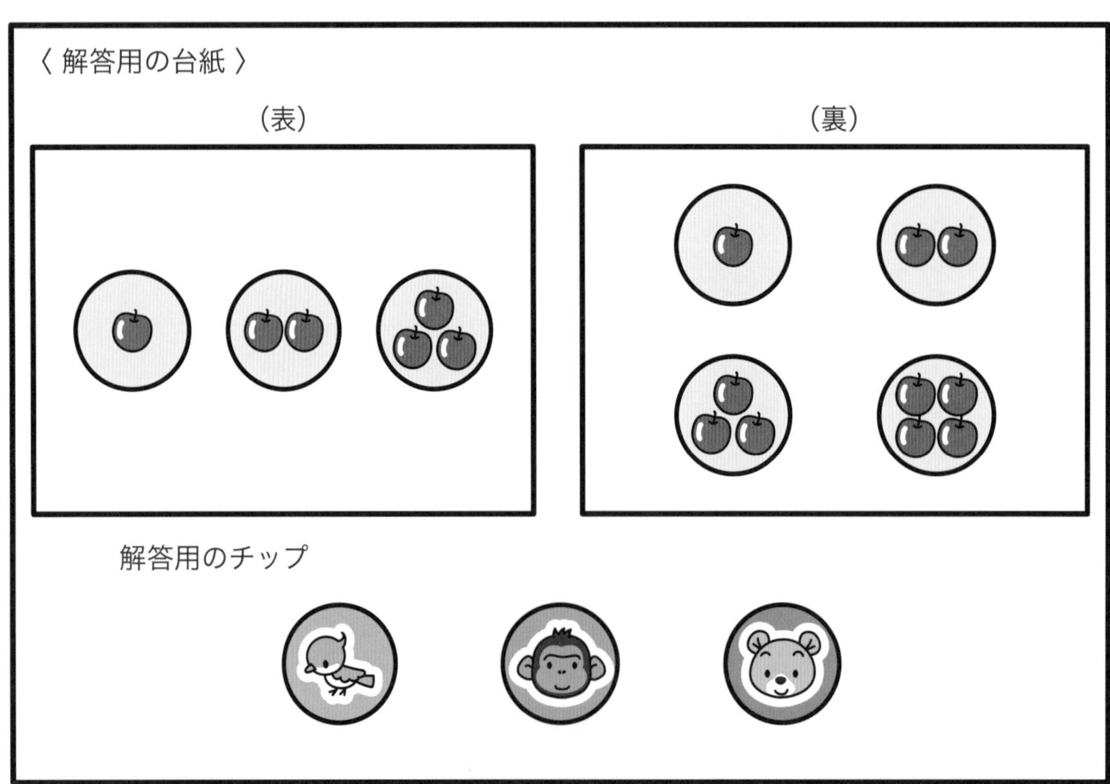

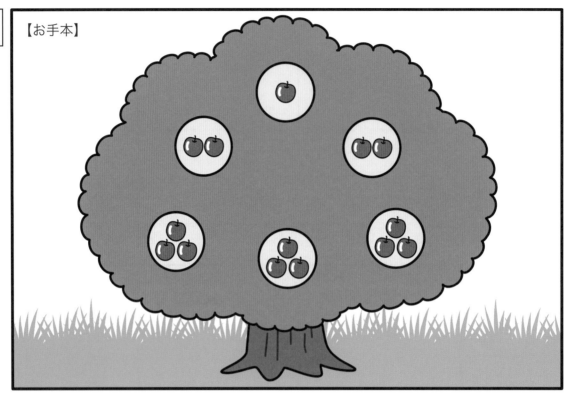

2

3

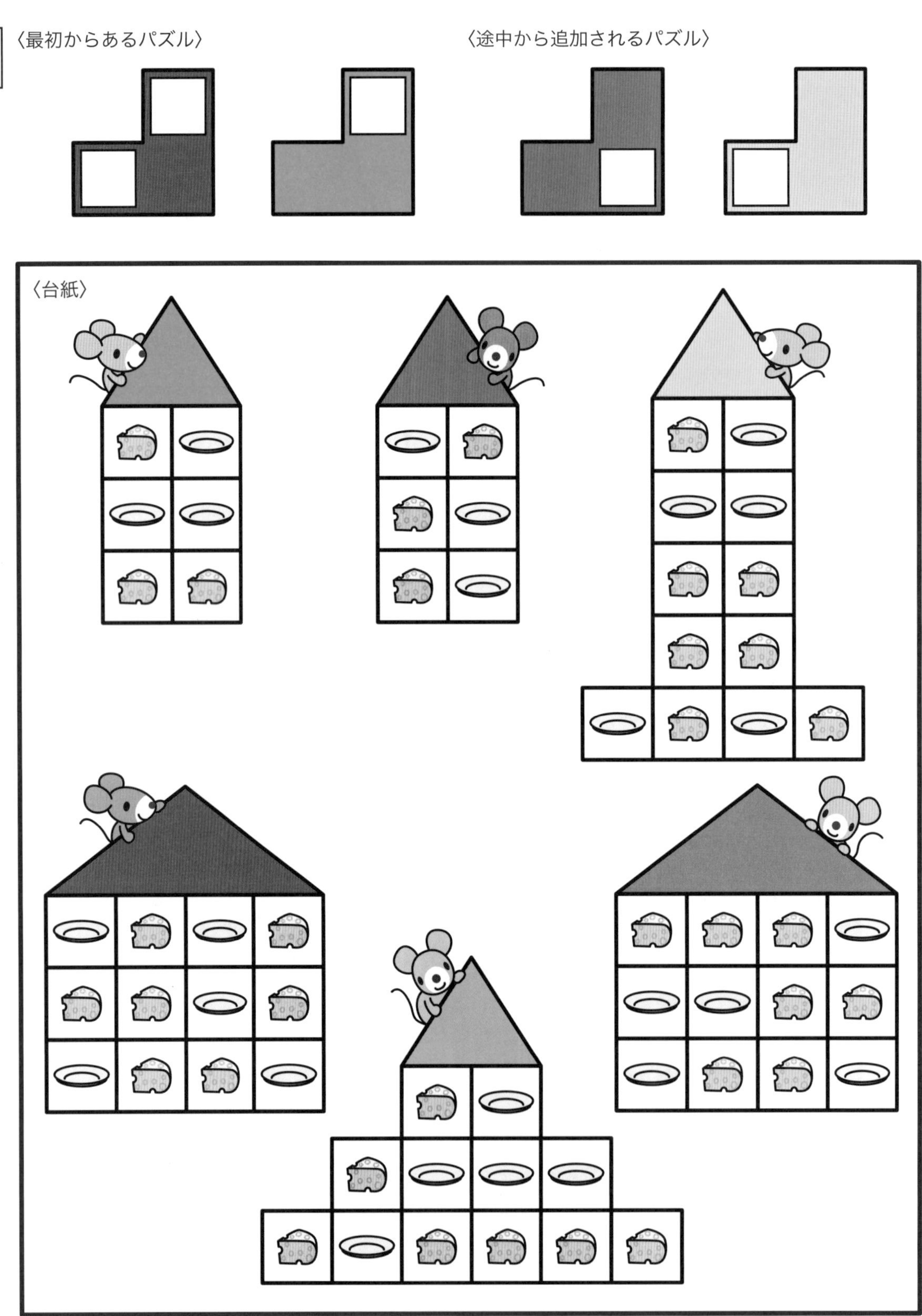

section
2019　立教小学校入試問題

選抜方法

考査は２日間で、生年月日の年長者からの受験番号順に、１日目は２人ずつの個別テスト、集団テストを行う。２日目は３人１組の個別テストと約60人で集団テスト、運動テストを行う。所要時間は１日目が約100分、２日目が約60分。考査日前の指定日時に保護者面接がある。

考査：１日目

個別テスト

机がなく、いすのみが並べられている部屋で集団で話を聞いた後、別室に２人１組で誘導され、パーティションで仕切られた机の上で課題を行う。

1　話の記憶Ⅰ

「もりいちばんのおともだち」「あめのもりのおくりもの」（ふくざわゆみこ作・絵　福音館書店刊）の２冊をプロジェクターを使い、集団で子どもたちに読み聞かせる。机の上には両面プリントが１枚と碁石が入ったトレーが置いてある。課題が終わったら指示された場所で静かに待つ。

（両面プリントの表面には、赤、黄色、青の丸、野菜や花の絵が描いてあり、黄色の丸の上には碁石を戻すための星がある。正しい答えだと思う色の丸に碁石を置き、解答後は星に碁石を戻す）

A

「もりいちばんのおともだち」からの出題。

・クマさんが一番好きなものは何ですか。大きいものだと思ったら赤、小さいものだと思ったら黄色、おかしなものだと思ったら青の丸に碁石を置きましょう。

・ヤマネ君が一番好きなものは何ですか。大きいものだと思ったら赤、小さいものだと思ったら黄色、おかしなものだと思ったら青の丸に碁石を置きましょう。

・森のケーキ屋さんはどんな動物でしたか。キツネだと思ったら赤、ゾウだと思ったら黄色、ブルドッグだと思ったら青の丸に碁石を置きましょう。

・ヤマネ君はどんなケーキを選びましたか。３段のフルーツケーキだと思ったら赤、チョコレートケーキだと思ったら黄色、ショートケーキだと思ったら青の丸に碁石を置きましょう。

・クマさんはどんなケーキを選びましたか。チョコレートケーキだと思ったら赤、生クリームケーキだと思ったら黄色、はちみつモンブランケーキだと思ったら青の丸に碁石を置きましょう。

・森のケーキ屋さんで２匹がもらったものは何でしたか。花の植木鉢だと思ったら赤、花の種だと思ったら黄色、クッキーだと思ったら青の丸に碁石を置きましょう。
・ヤマネ君が育てたものに碁石を置きましょう。
・クマさんが育てたものに碁石を置きましょう。
・お話の最後の季節と仲よしの花に碁石を置きましょう。

「あめのもりのおくりもの」からの出題。
・クマさんが怖いものは何でしたか。雷だと思ったら赤、風だと思ったら黄色、雨だと思ったら青の丸に碁石を置きましょう。
・クマさんのお家のドアが開いたとき、立っていたのは何でしたか。ヤマネ君だと思ったら赤、クマさんだと思ったら黄色、オニの子だと思ったら青の丸に碁石を置きましょう。
・ヤマネ君は何の茎にぶら下がっていましたか。その絵に碁石を置きましょう。

両面プリントを裏返す。裏面には、９匹の生き物の絵が描いてある。
・どちらのお話にも出てきたものに碁石を置きましょう。

Ⓑ
テスターが２枚目のプリントと８枚の絵カードを配付する。プリントには絵カードを並べるための四角がかかれている。
・さっき聞いた２つのお話の様子の絵カードが８枚あります。どちらのお話か考えて、２つに分けてください。
・２つに分けたカードを、先に聞いたお話はカボチャの横から、後に聞いたお話はアジサイの横から、お話の順番になるように並べてください。
・クマさんはヤマネ君のために一番大きなカボチャを持っていったのに、一度立ち止まったのはどうしてだと思いますか。お話ししてください。
・土の中にサツマイモがたくさんできていたことに気がついたヤマネ君は、どんな気持ちだったと思いますか。お話ししてください。
・ヤマネ君はどうしてクマさんにアジサイを見せたいと思ったのですか。お話ししてください。

集団テスト

別室に移動し、全員でＤＶＤを観る。

話の記憶Ⅱ

ＤＶＤ「ハロルドのふしぎなぼうけん」を観た後にテスターからの質問に答える。各自の机の上に赤、青、黄色のシールが貼られたサイコロが置いてある。サイコロを正しいと思う色の面が上になるように机の上に置いて解答する。声は出さない、「やめ」と言われたらサイコロに触ってはいけないというお約束がある。例題を行い、やり方を確認する。

・ハロルドは何色のクレヨンで絵を描きましたか。赤だと思ったら赤、青だと思ったら青、紫だと思ったら黄色を上にしましょう。
・ハロルドが最初に描いたものは何でしたか。森だと思ったら赤、お家だと思ったら青、山だと思ったら黄色を上にしましょう。
・町の両側には何がありましたか。山だと思ったら赤、海だと思ったら青、川だと思ったら黄色を上にしましょう。
・ハロルドの頭の上をすごいスピードで飛んでいったものは何でしたか。カラスだと思ったら赤、ヘリコプターだと思ったら青、ジェット機だと思ったら黄色を上にしましょう。
・海を泳いでいた生き物は何でしたか。マグロだと思ったら赤、メダカだと思ったら青、クジラだと思ったら黄色を上にしましょう。
・船がぶつからないように崖の上に描いたのは何の絵でしたか。ビルだと思ったら赤、灯台だと思ったら青、港だと思ったら黄色を上にしましょう。
・ハロルドがこれまで描いたものを消したときの印は何でしたか。丸だと思ったら赤、三角だと思ったら青、バツ印だと思ったら黄色を上にしましょう。

考査：2日目

個別テスト　3人1組で別室に移動して、各自パーティションで仕切られた机で、座って課題を行う。

2 推理・思考

テスターの机の上にイラストのようなボードがあり、出題のつどめくられてお手本が示される。各自の机の上に、両面に印刷された解答用の台紙、4色（黒、青、赤、黄色）の丸シールが数枚ずつ、緑とオレンジ色のパターンブロック1つずつが用意されている。台紙の表面には丸シールと同じ大きさの丸が複数組み合わせられた枠、裏面には黒、青、赤、黄色の4色の丸が描かれている。

A
左上の課題を例題として、やり方を確認してから行う。
・お手本と同じになるように、台紙の枠にシールを貼りましょう。シールは重なっていますので、よく見て貼ってください。

B
台紙を裏返して行う。
・お手本を見て、最初に貼ったと思うシールと同じ色の丸に緑のパターンブロックを、最後に貼ったと思うシールと同じ色の丸にオレンジ色のパターンブロックを置きましょう。

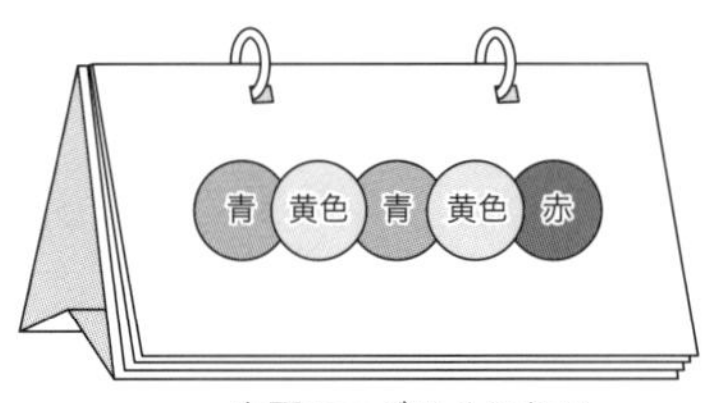

出題のつどめくられる

3 構成・推理・思考

両面に枠がかかれた解答用の台紙、プレート（正方形を横に３つつなげた大きさの黄緑のプレート４枚、横に４つつなげた大きさの紫のプレート３枚、横に６つつなげた大きさの緑のプレート２枚）が用意されている。

A
・黄緑のプレートを、リンゴの横の四角にピッタリ入るように置きましょう。
・紫のプレートを、ミカンの横の四角にピッタリ入るように置きましょう。
・緑のプレートを、ブドウの横の四角にピッタリ入るように置きましょう。
・黄緑のプレートを、リスのお家にピッタリ入るように置きましょう。
・黄緑と紫のプレートを、パンダのお家にピッタリ入るように置きましょう。
・緑と黄緑のプレートを、ウサギのお家にピッタリ入るように置きましょう。

B
台紙を裏返して行う。
・何色のプレートをどこに使ってもよいので、全部のプレートを使ってカバのお家にピッタリ入るように置きましょう。
・何色のプレートをどこに使ってもよいので、全部のプレートを使ってカブトムシの枠にピッタリ入るように置きましょう。
・何色のプレートをどこに使ってもよいので、全部のプレートを使ってヤドカリの枠にピッタリ入るように置きましょう。

集団テスト

歌・模倣体操・ダンス

・ピアノの伴奏に合わせて「小さな世界」を歌う。
・「さんぽ」のピアノ伴奏に合わせて、１番はテスターのまねをして体を動かす。２番は自分の好きなように体を動かす。

運動テスト

体育館に全員で移動して運動テストを行う。

かけっこ

4人のグループでかけっこをする。在校生がお手本を見せる。スタート地点とゴール地点には青、黄色、赤、緑のコーンが2つずつ置いてあり、その間を走り抜ける。どの色のコーンの間を走るかは直前に言われる。テスターが笛の合図と同時に旗を振ったらスタートする。走り抜けたら、ゴールの向こう側の床に黒いテープが貼られているので、指示通りにその上に座って待つ。なお、次に走る人はスタート地点のコーンの手前にあるラインで待つ。

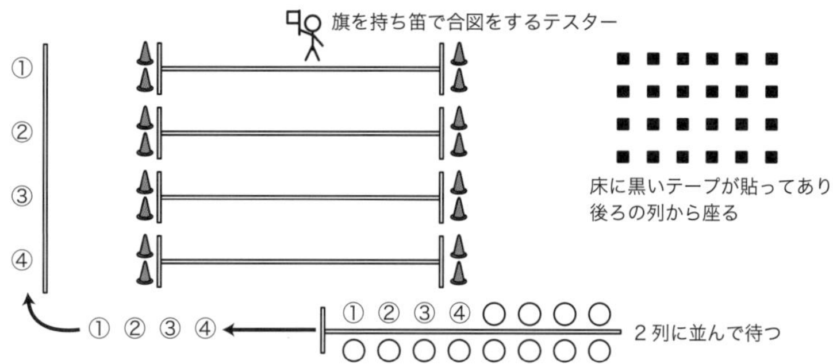

保護者面接

父親

・志望理由を教えてください。
・お仕事について教えてください。
・出身地について教えてください。
・出身校について教えてください。
・大学ではどのようなことをしていたか教えてください。
・休日はどのように過ごしていますか。
・ご家族で遠出をされるようなことはありますか。
・ご家庭ではお子さんとどのようにかかわっていますか。
・お子さんと一緒に行っていることはありますか。
・男の子の子育てに、父親としてどのようにかかわってきましたか。
・将来お子さんとどのようなことをしたいですか。

・説明会や運動会にはご参加いただけましたか。
・地域の行事に参加されていますか。
・お子さんの名前の由来についてお聞かせください。
・本校に期待することはどのようなことですか。
・本校は男子校ですが、よろしいでしょうか。

母 親

・お仕事について教えてください。
・本校に入学すると、ゴールデンウイークまでは送迎が必要ですが大丈夫ですか。
・出身地について教えてください。
・出身校について教えてください。
・大学ではどのようなことをしていたか教えてください。
・これまでの経験がお仕事に生きていると思うことはありますか。
・自宅から学校までの経路、所要時間について教えてください。
・志望理由を教えてください。
・男の子の子育てで、大変だったことはどのようなことですか。
・お子さんは幼稚園で先生からどのように言われていますか。
・お子さんが最近大きく成長したと感じるところをお話ししてください。
・お子さんには決まったお手伝いや当番はありますか。
・本校への希望やお子さんのことで何かあればお話ししてください。
・周りに教育について相談できる方はいらっしゃいますか。
・説明会や運動会にはご参加いただけましたか。
・学校行事に参加できますか。
・学校行事の際に下のお子さんはどうされますか。
・キリスト教に抵抗はありますか。
・本校は男子校ですが、よろしいでしょうか。

面接資料／アンケート　面接の待ち時間にアンケート（下記項目）を記入し提出する。

・本人の名前、幼稚園（保育園）名、住所。
・保護者について（父、母それぞれの欄がある）。
・本人と保護者以外の同居家族について。
・自宅から学校までの所要時間。
・立教小学校に期待すること。
・家庭での育児で気をつけていること。
・お子さまについて学校側が留意すべきこと。

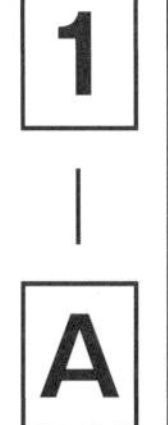
1
A

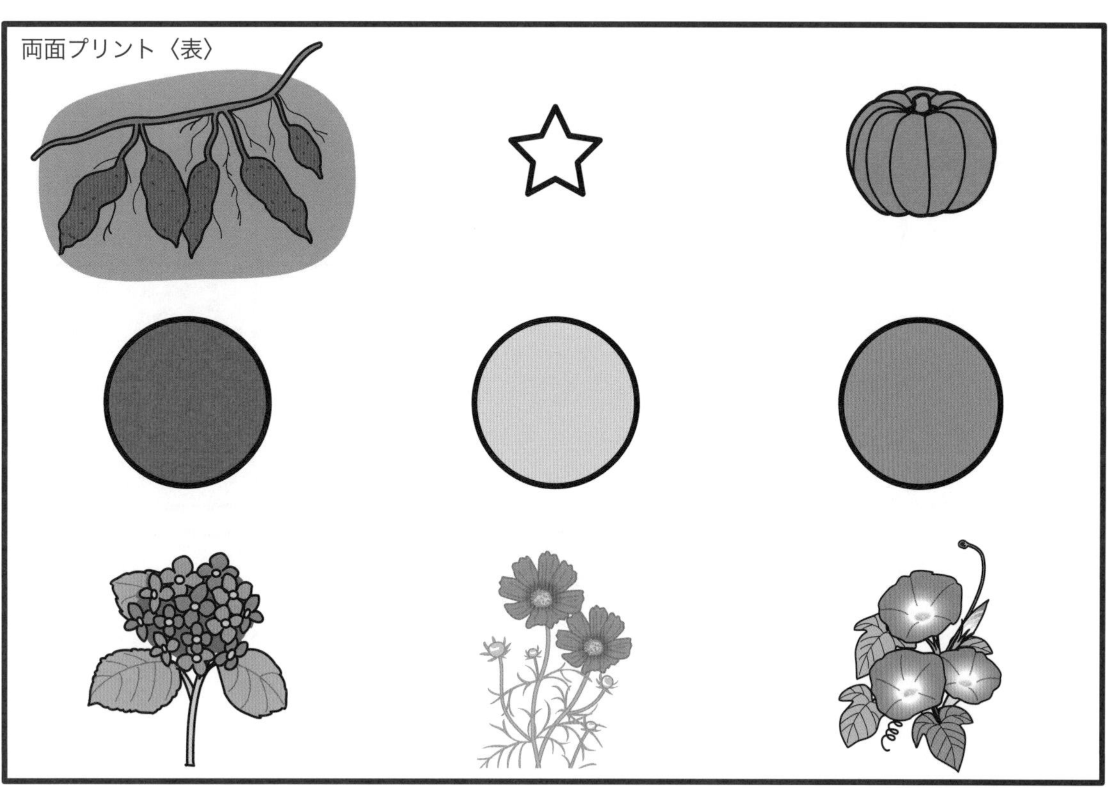
両面プリント〈表〉

両面プリント〈裏〉

1
—
B

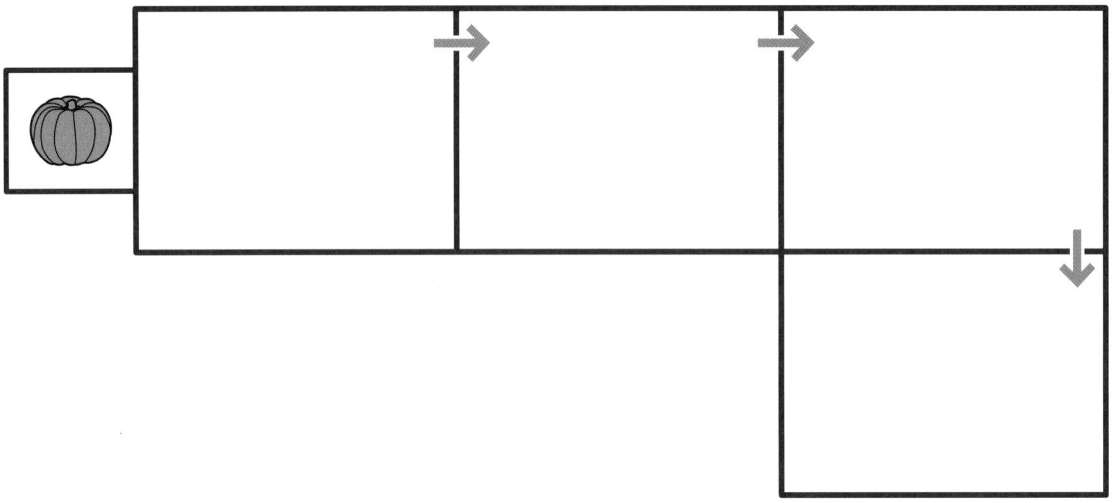

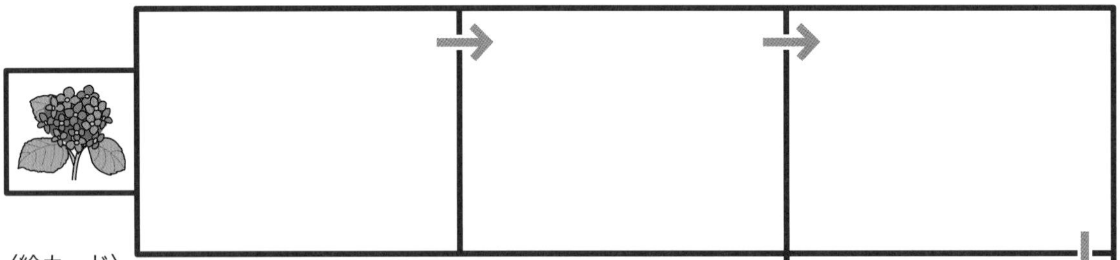

〈絵カード〉

2—A

【お手本】

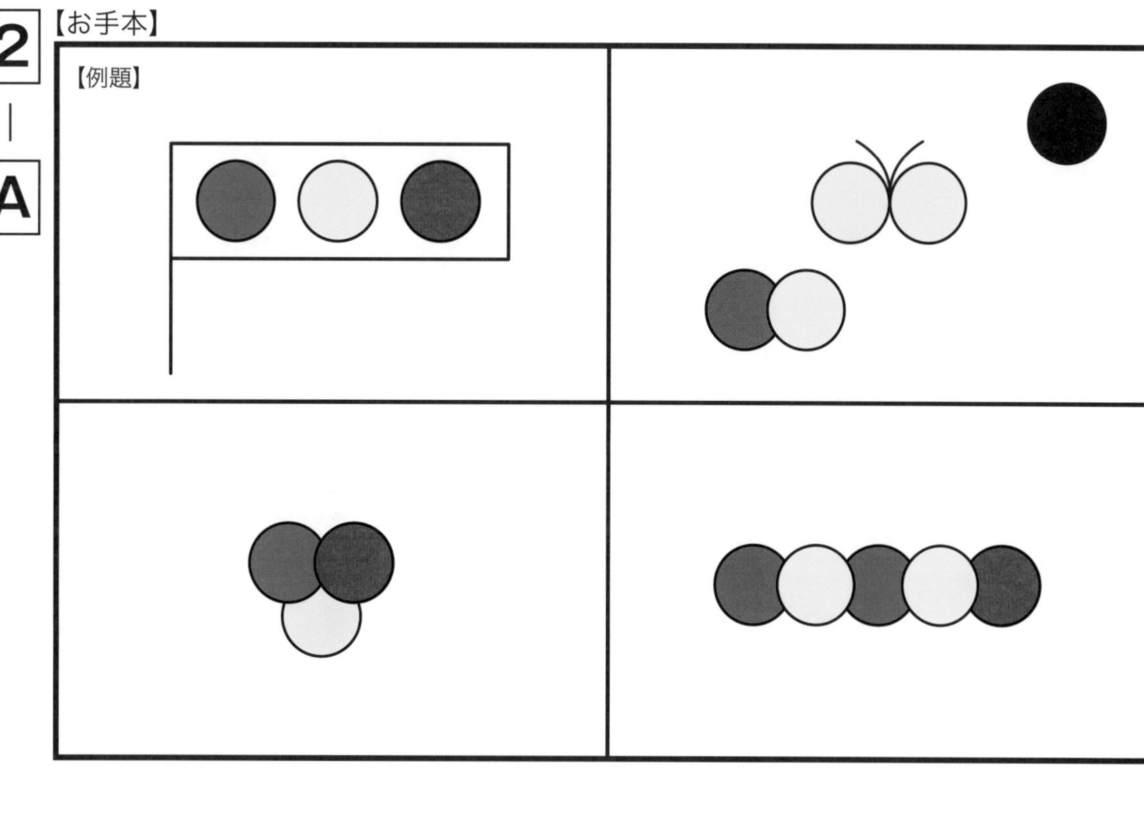

台紙〈表〉

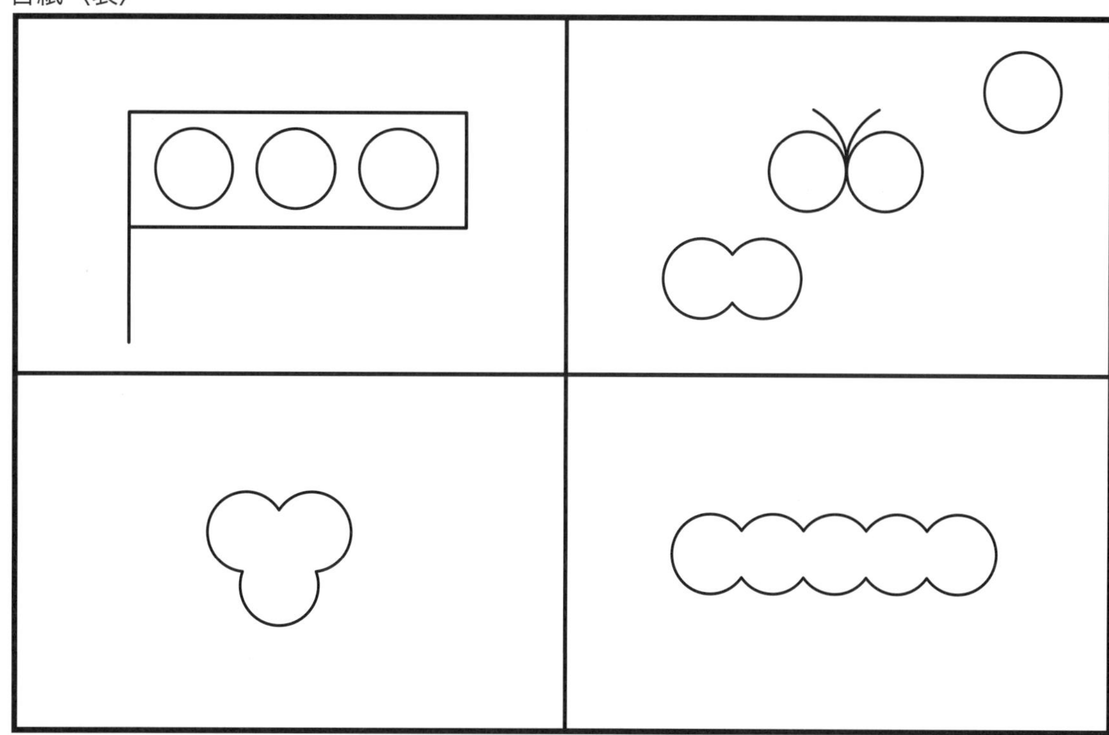

2-B

【お手本】

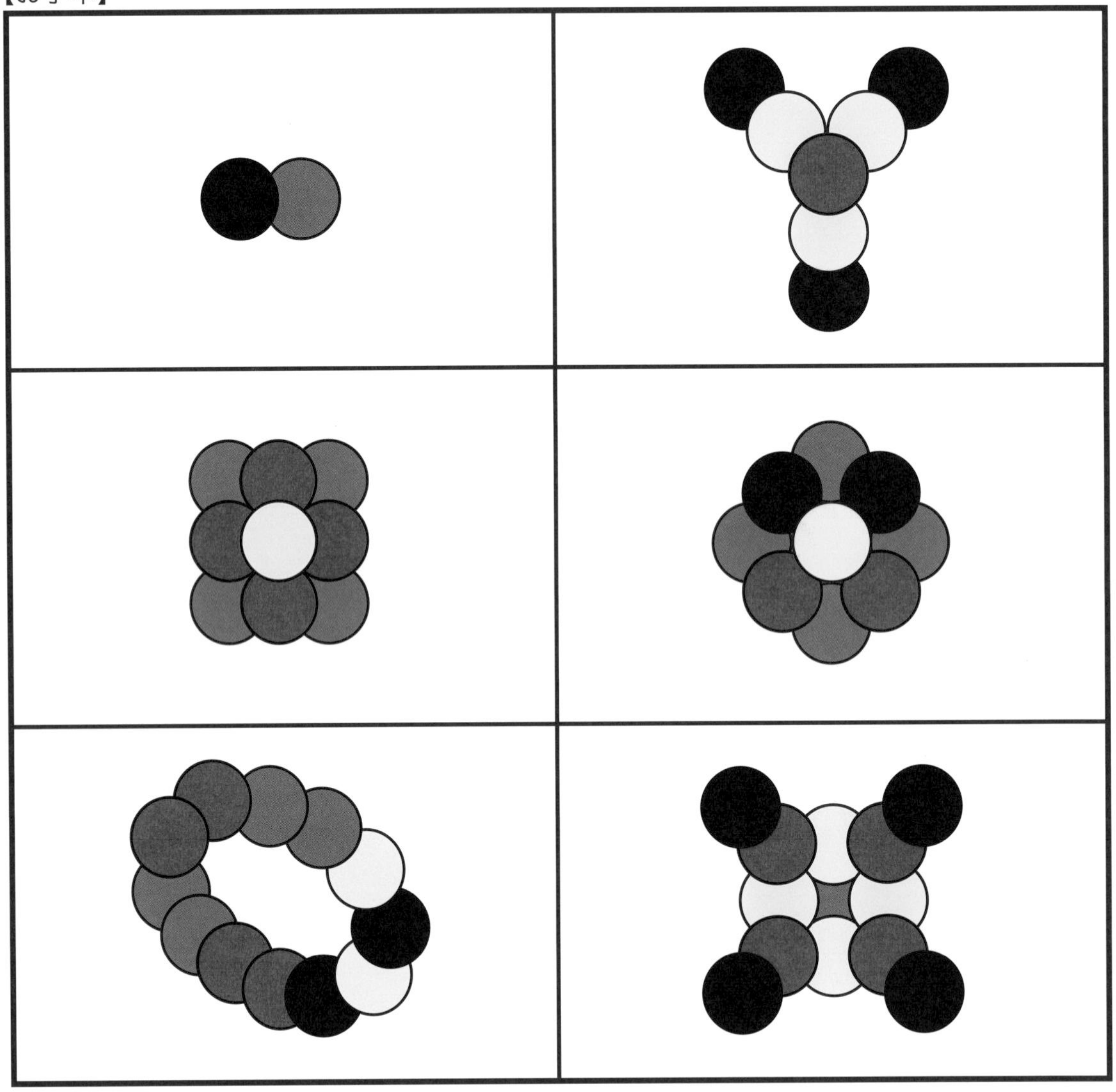

台紙〈裏〉

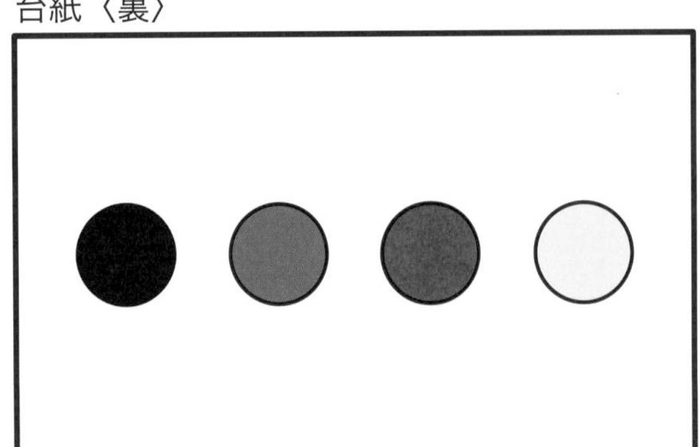

解答用のパターンブロック

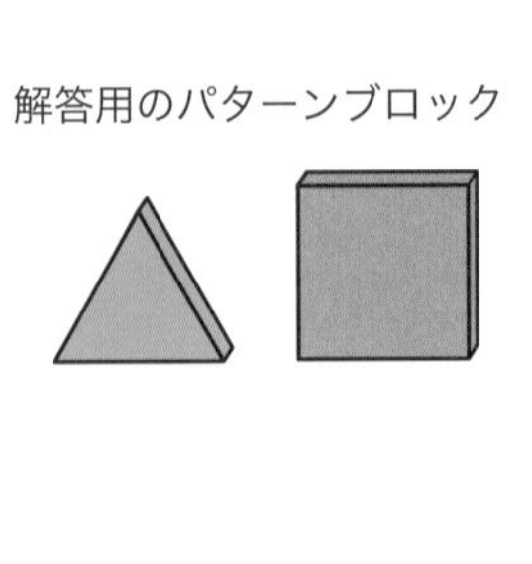

3
—
A

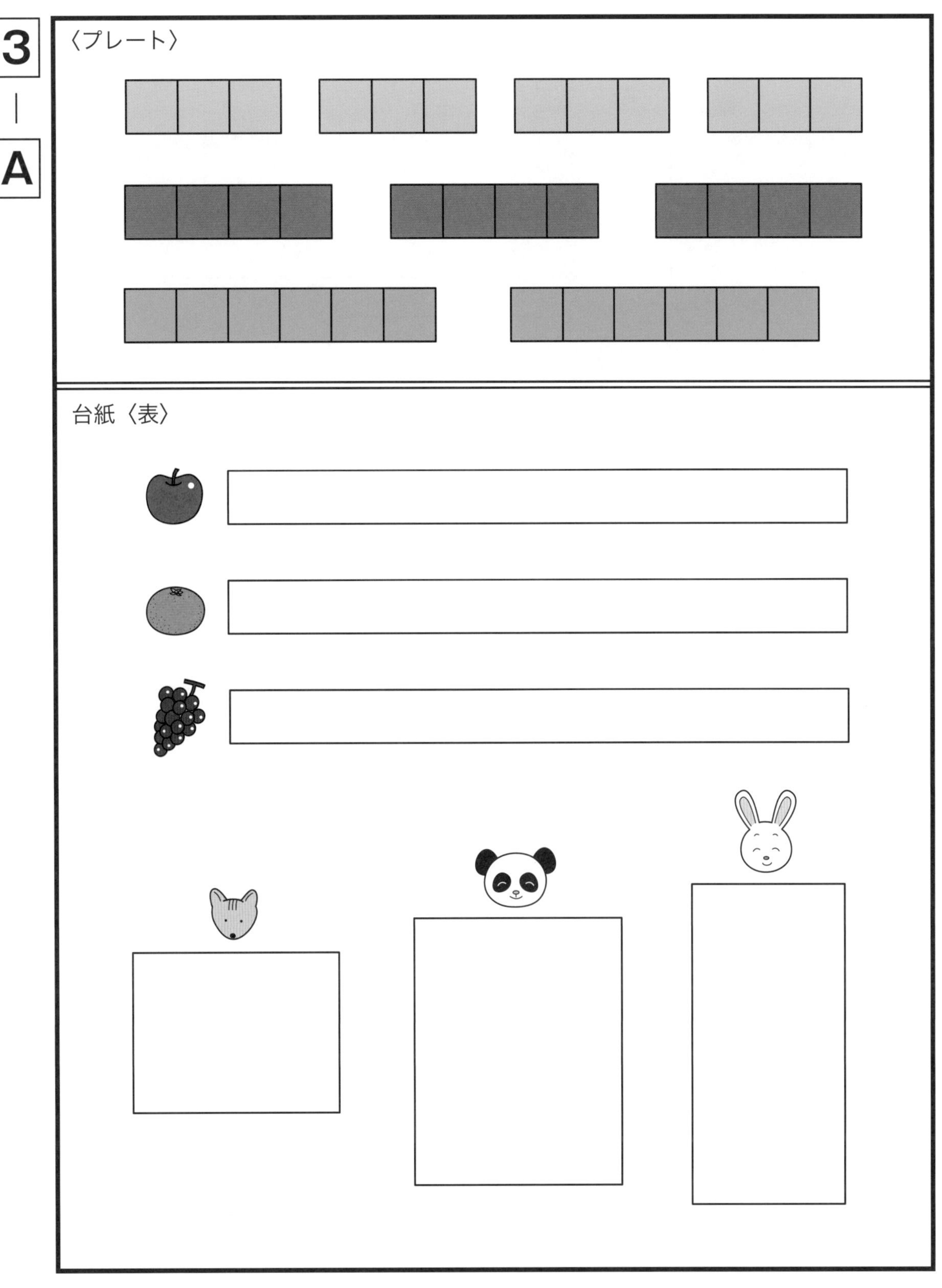

3
—
B

section
2018 立教小学校入試問題

選抜方法

考査は２日間で、生年月日の年長者からの受験番号順に、１日目は２人ずつの個別テスト、集団テストを行う。２日目は３人１組の個別テストと約60人で集団テスト、運動テストを行う。所要時間は１日目が約110分、２日目が約60分。考査日前の指定日時に保護者面接がある。

考査：１日目

個別テスト

机がなく、いすのみが並べられている部屋で集団で話を聞いた後、別室に２人１組で誘導され、パーティションで仕切られた机の上で課題を行う。

1 話の記憶 I

「ロバのシルベスターとまほうの小石」（ウィリアム・スタイグ作・絵　せたていじ訳　評論社刊）のお話がプロジェクターでスクリーンに映し出される。

机の上には両面プリントが１枚、碁石とお話の絵カードが入ったトレーが置いてある。課題が終わったら指示された場所で静かに待つ。

（両面プリントの表面には、左から赤、黄色、青の丸が並んでいる。正しい答えだと思う色の丸に碁石を置く）

・ロバの名前は何でしたか。カンカンだと思ったら赤、シルバニアだと思ったら黄色、シルベスターだと思ったら青の丸に碁石を置きましょう。

・まほうの小石は何色でしたか。その色の丸に碁石を置きましょう。

・ロバは誰と一緒にすんでいましたか。お父さんとお母さんだと思ったら赤、おじいちゃんとおばあちゃんだと思ったら黄色、赤ちゃんと妹だと思ったら青の丸に碁石を置きましょう。

・ロバは何になってしまいましたか。ライオンだと思ったら赤、岩だと思ったら黄色、まほうの小石だと思ったら青の丸に碁石を置きましょう。

・お父さんとお母さんがピクニックに行ったのはどうしてでしたか。ロバを探すためだと思ったら赤、お父さんがお母さんに元気を出してもらうためだと思ったら黄色、お弁当を食べるためだと思ったら青の丸に碁石を置きましょう。

・まほうの小石を使って願いをかなえるにはどうすればよかったですか。お話ししてください。

・お話の最後でまほうの小石を金庫にしまったのはどうしてですか。お話ししてください。

・おなかをすかせたライオンのいるところで、もしあなたがまほうの小石を持っていたらどうしますか。お話ししてください。（答えると）なぜそうするのですか。

両面プリントを裏返す。裏面には、お話の最初と最後の場面と絵カードを並べるための四角がかかれている。テスターが絵カードを５枚配付する。

・お話の順番になるように、空いている四角に絵カードをそれぞれ置きましょう。

集団テスト　別室に移動し、全員でＤＶＤを観る。

話の記憶Ⅱ

ＤＶＤ「ジョーイの家出」を観た後にテスターからの質問に答える。各自の机の上に赤、青、黄色のシールが貼られたサイコロが置いてある。サイコロを正しいと思う色の面が上になるように机の上に置いて解答する。声は出さない、「やめ」と言われたらサイコロに触ってはいけないというお約束がある。例題を行い、やり方を確認する。

・カンガルーの子どもの名前は何でしたか。ジョーギだと思ったら赤、ジョーイだと思ったら青、ジャックだと思ったら黄色を上にしましょう。
・カンガルーの子どもはどうしてお家を出ていったのですか。片づけたくなかったからだと思ったら赤、お母さんとけんかをしたからだと思ったら青、空を飛んでみたかったからだと思ったら黄色を上にしましょう。
・途中でカンガルーの子どもは誰の口の中に入りましたか。カラスだと思ったら赤、ペリカンだと思ったら青、ハトだと思ったら黄色を上にしましょう。
・カンガルーの子どもは何に運ばれてお母さんのところへ帰りましたか。車だと思ったら赤、カンガルーのおなかだと思ったら青、郵便屋さんのカバンだと思ったら黄色を上にしましょう。

考査：２日目

個別テスト　３人１組で別室に移動して、各自パーティションで仕切られた机で、座って課題を行う。

2 構成・推理・思考

テスターの机の上にイラストのようなボードがあり、出題のつどめくられる。各自の机の上に、赤、黄色、オレンジ色、青の積み木が3個ずつ用意されている。お手本は1題ずつボードで示される。

A
・お手本と同じになるように、積み木を積みましょう。見えないところの積み木は何色でもよいですよ。(何問か行う)

B
お手本と同じになるように積み木を積み、そこから青の積み木を取る。青の積み木の上にあった積み木が下に落ちたときに同じ色の積み木が隣り合っていたら、その積み木も取るというお約束がある。例題でやり方を確認してから行う。
・お手本と同じになるように積み木を積み、今と同じお約束で積み木を取っていくとどのようになるか、やってみましょう。(何問か行う)

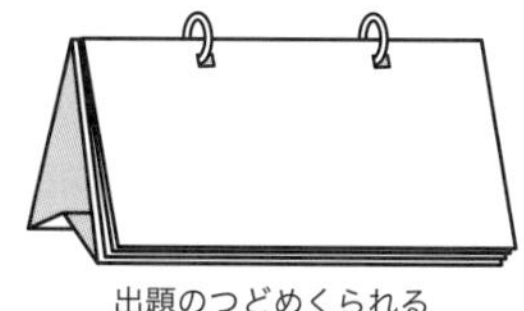

出題のつどめくられる

3 数　量

テントウムシやチューリップが描かれた台紙、表が赤で裏が黄色の丸いチップ7枚、サイコロ1個が皿に用意されている。お手本は1題ずつボードで示される。
・まず、チップの赤い方を上にして、台紙の下の丸の中に1つずつ全部置きましょう。次にテントウムシの背中の星の数だけ、チップをチューリップの方から裏返してください。星の数は7つですね。では、机の上のサイコロを見てください。サイコロの向かい合った面の目の数を合わせると、テントウムシの星の数と同じ7になります。自分のサイコロを見て確認してみましょう。(確認したらサイコロは皿に戻し、チップをすべて赤に戻す。チップは必ずチューリップの方から順番に裏返し、1問終えるごとに必ずチップをすべて赤に戻してから次の問題を行う)

(例題として行う)
・1の裏の目はいくつですか。その数だけチップを裏返しましょう。
・5の裏の目はいくつですか。その数だけチップを裏返しましょう。

(ボードのお手本を見ながら行う)
・お手本のように2つのサイコロの目が見えるとき、裏の目を合わせると全部でいくつになりますか。その数だけチップを裏返しましょう。もし全部のチップを裏返しても足りなかったら、もう一度チューリップの方から裏返してください。（何問か行う。サイコロの数も増えていく）

集団テスト

歌・模倣体操・ダンス

・ピアノの伴奏に合わせて「とんでったバナナ」を歌う。
・「すずめがサンバ」のピアノ伴奏に合わせて、１番はテスターのまねをして体を動かす。２番は自分の好きなように体を動かす。

運動テスト

体育館に全員で移動して運動テストを行う。

かけっこ

４人のグループでかけっこをする。在校生がお手本を見せる。スタート地点とゴール地点には青、黄色、赤、緑のコーンが２つずつ置いてあり、その間を走り抜ける。どの色のコーンのところを走るかは直前に言われる。１人のテスターが旗を振り、同時に別のテスターが笛で合図をしたらスタートする。走り抜けたら、ゴールの向こう側の床に黒いテープが貼られているので、テープの上にお尻をつけるという指示通りに座って待つ。なお、次に走る人はスタート地点のコーンの手前にあるラインで待つ。

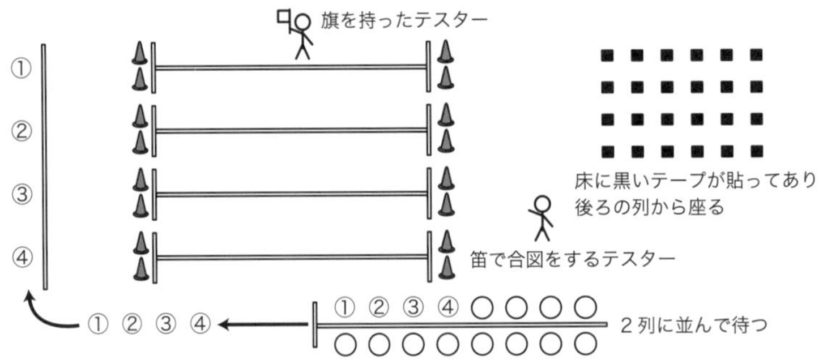

保護者面接

父親

- 志望理由を教えてください。
- お仕事について教えてください。
- 出身地について教えてください。
- 出身校について教えてください。
- 休日はどのように過ごしていますか。
- 大学ではどのようなことをしていたか教えてください。
- お子さんと一緒に行っていることはありますか。
- ご家庭ではお子さんとどのようにかかわっていますか。
- 男の子の子育てに父親としてどのようにかかわってきましたか。
- 将来お子さんとどのようなことをしたいですか。
- 本校の説明会や運動会にはご参加いただけましたか。
- 本校に期待することはどのようなことですか。
- 本校は男子校ですがよろしいでしょうか。

母 親

- お仕事について教えてください。
- 本校に入学すると、ゴールデンウイークまでは送迎が必要ですが大丈夫ですか。
- 出身地について教えてください。
- 出身校について教えてください。
- 大学ではどのようなことをしていたか教えてください。
- 自宅から学校までの経路、所要時間について教えてください。
- 志望理由を教えてください。
- 男の子の子育てで大変だったことはどんなことですか。
- お子さんは幼稚園（保育園）で先生からどのように言われていますか。
- この1年でお子さんが成長したと感じるところをお話しください。
- お子さんに決まったお手伝いや当番はありますか。
- 本校への希望やお子さんのことで何かあればお話しください。
- 周りに教育について相談できる方はいらっしゃいますか。
- 学校行事の際に下のお子さんはどうされますか。
- キリスト教に抵抗はありますか。
- 本校は男子校ですがよろしいでしょうか。

面接資料／アンケート

面接の待ち時間にアンケート（下記項目）を記入し提出する。

- 本人の名前、幼稚園（保育園）名、住所。
- 保護者について（父、母それぞれの欄がある）。

・本人と保護者以外の同居家族について。
・自宅から学校までの所要時間。
・立教小学校に期待すること。
・家庭での育児で気をつけていること。
・お子さまについて学校側が留意すべきこと。

1

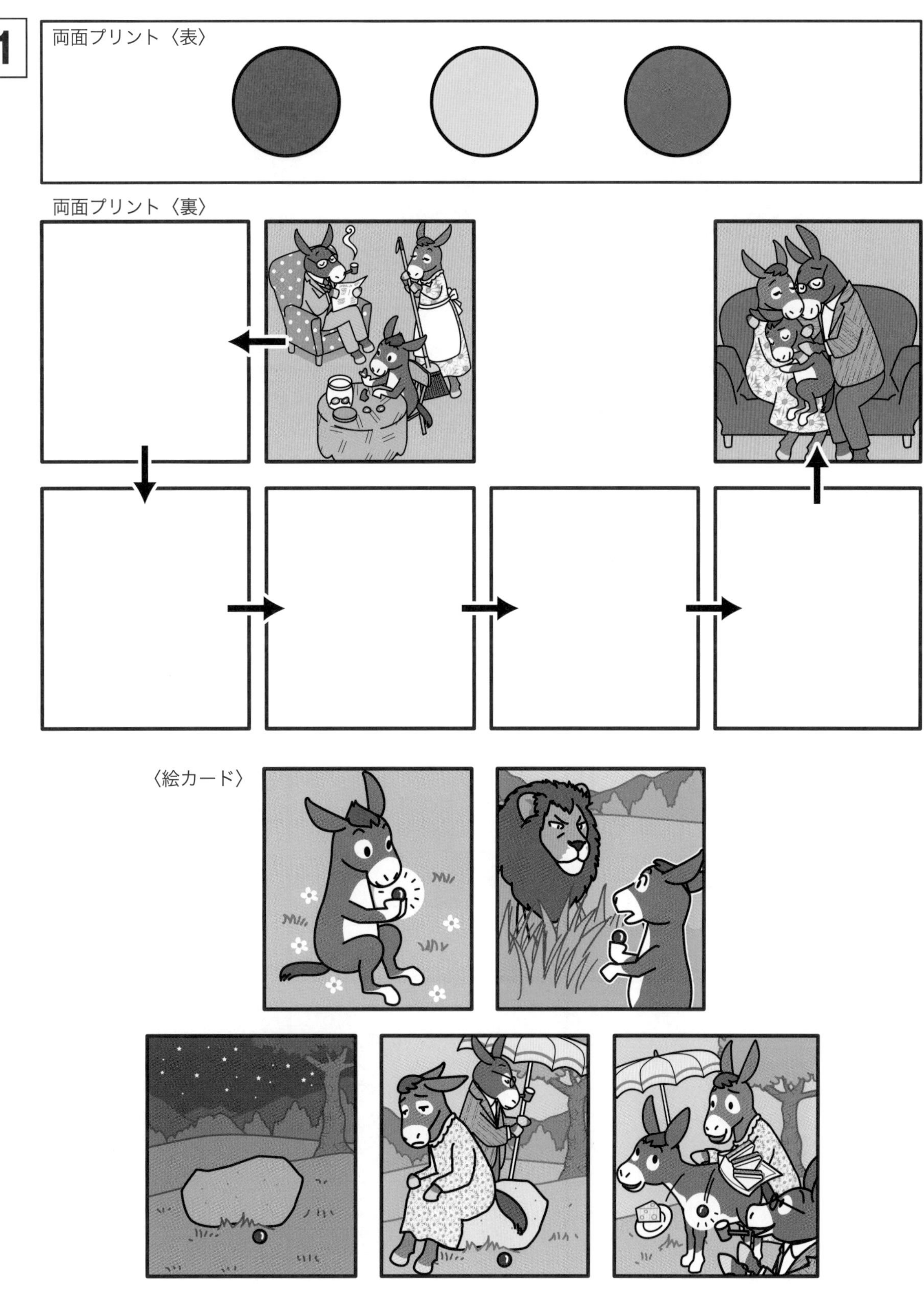

2
―
A

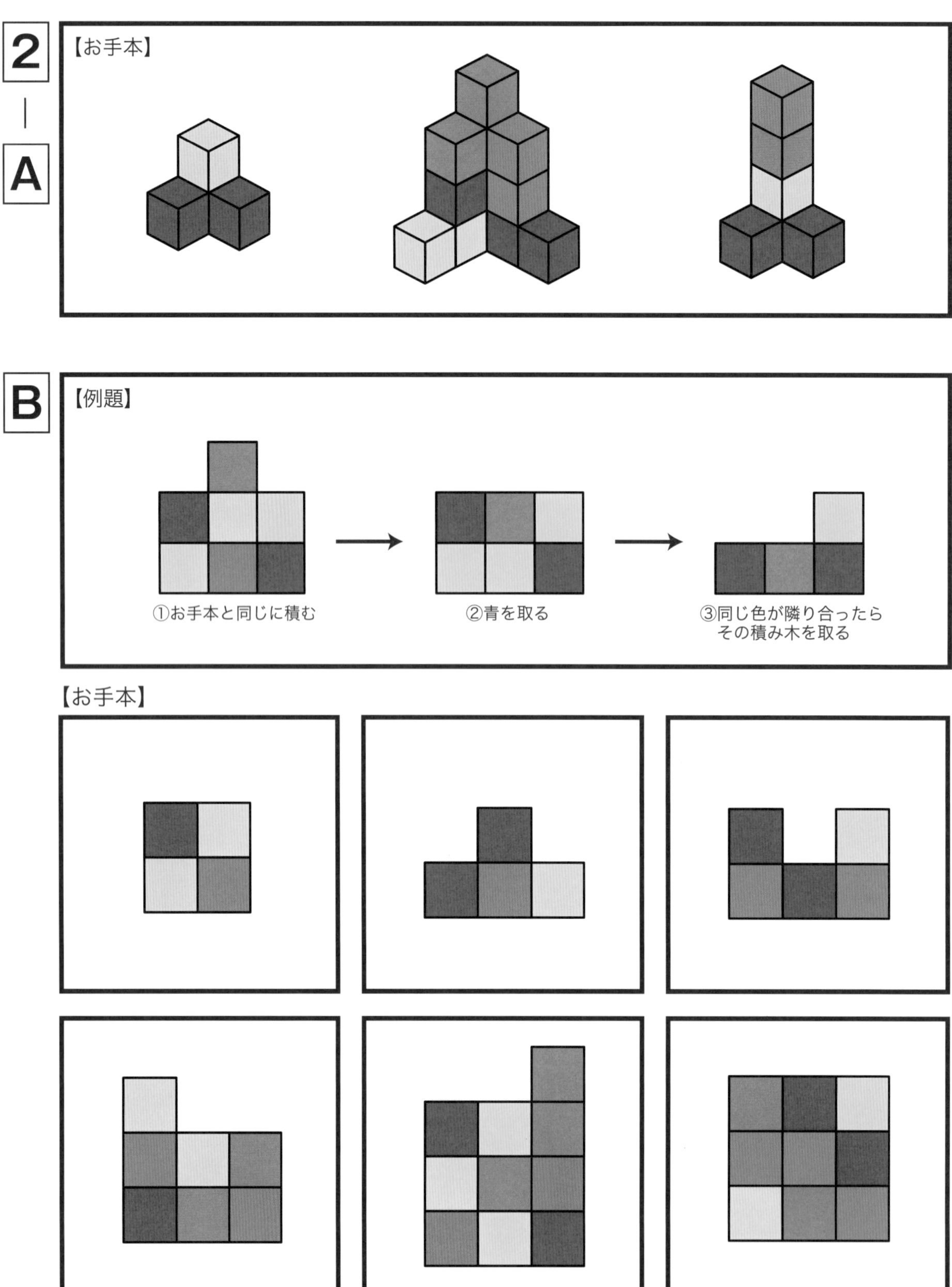

3

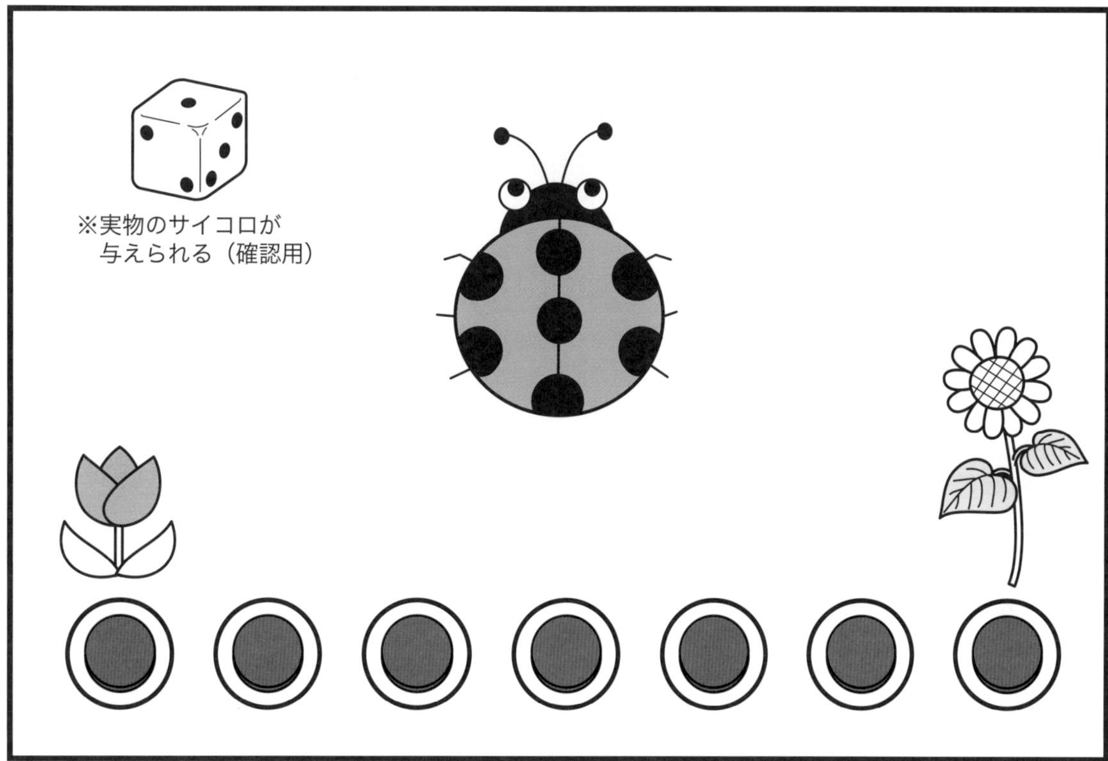

【お手本】

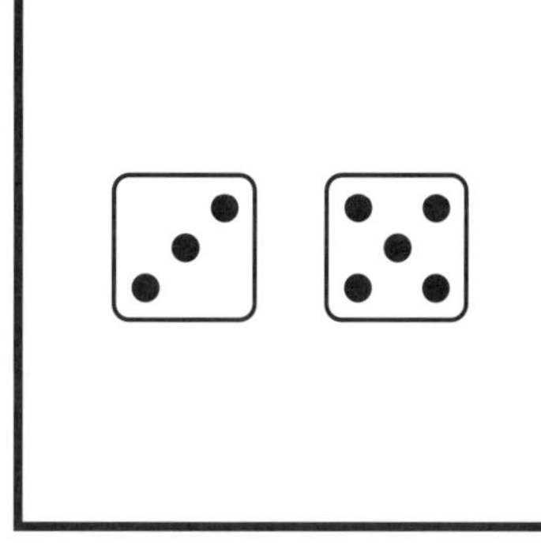

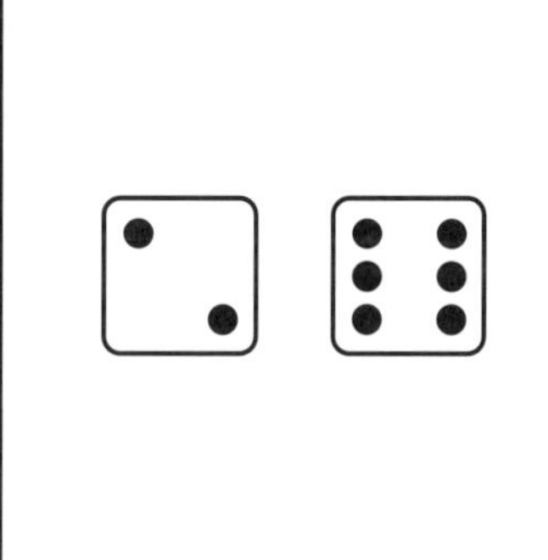

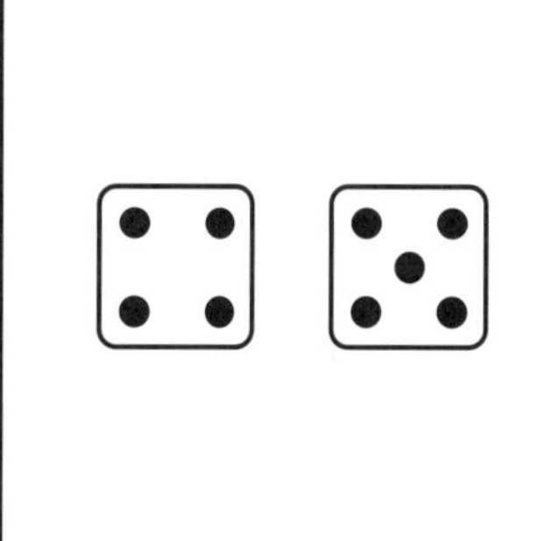

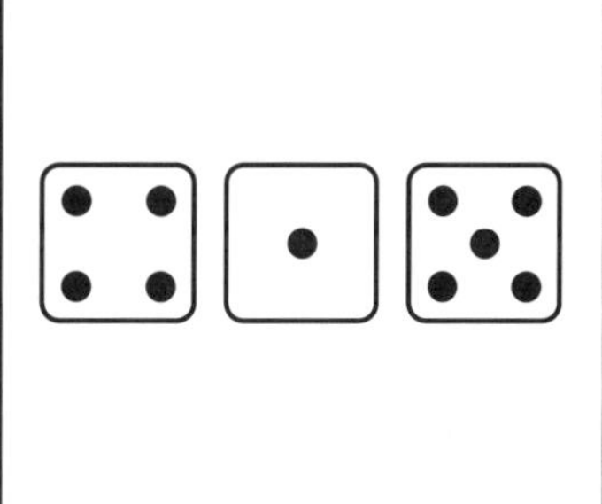

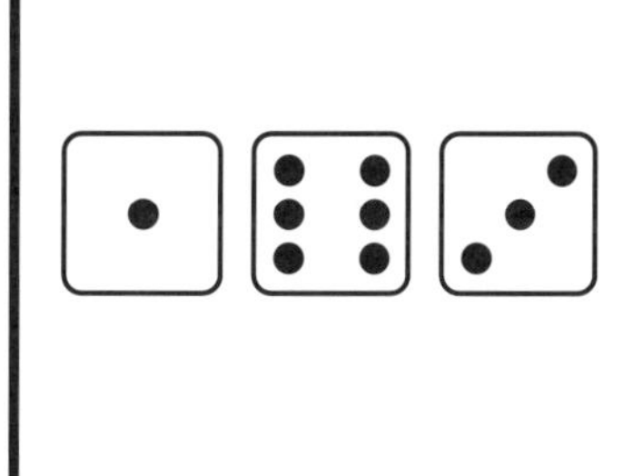

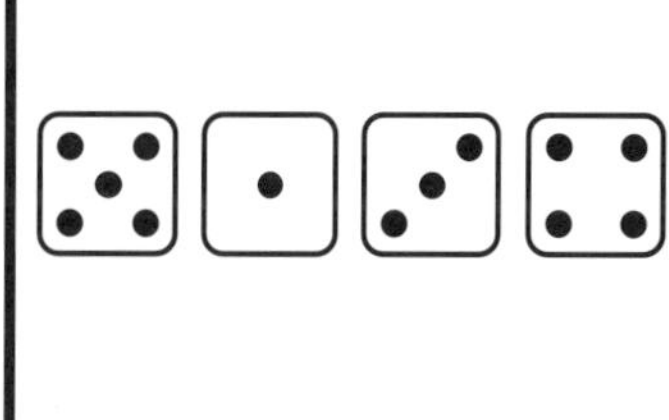

section

2017　立教小学校入試問題

選抜方法

考査は２日間で、生年月日の年長者からの受験番号順に、１日目は２人ずつの個別テスト、集団テストを行う。２日目は３人１組の個別テストと約60人で集団テスト、運動テストを行う。所要時間は１日目が約100分、２日目が約70分。考査日前の指定日時に保護者面接がある。

考査：１日目

個別テスト

机がなく、いすのみが並べられている部屋で集団で話を聞いた後、別室に２人１組で誘導され、パーティションで仕切られた机の上で課題を行う。

1　話の記憶Ⅰ

「ガリバー旅行記」（ジョナサン・スウィフト原作）、「ポレポレやまのぼり」（たしろちさと作・絵　大日本図書刊）の２冊をプロジェクターを使い、集団で子どもたちに読み聞かせる。

机の上には両面プリントが１枚と碁石が入ったカゴが置いてある。話の前に、しっかり聞くようにと伝えられる。課題が終わったら隣の部屋で体操座りをして静かに待つ。

（両面プリントの表面には、左から赤、黄色、青の丸が並んでおり、黄色の丸の下には碁石を戻すための四角がある。正しい答えだと思う色の丸に碁石を置き、解答後は四角に碁石を戻す）

Ａ

「ガリバー旅行記」からの出題。

- 冒険に出た人の名前は何でしたか。エルマーだと思ったら赤、ガルマーだと思ったら黄色、ガリバーだと思ったら青の丸に碁石を置きましょう。
- 冒険に出た人は船でどんなお仕事をする人になりましたか。お医者さんだと思ったら赤、コックさんだと思ったら黄色、船長さんだと思ったら青の丸に碁石を置きましょう。
- 冒険に出た人が王様のためにお手伝いしたことはどのようなことでしたか。トンネルを作ることだと思ったら赤、敵の船を捕まえることだと思ったら黄色、船を作ることだと思ったら青の丸に碁石を置きましょう。
- 冒険に出た人が自分の国に帰りたいと言ったとき、王様はどのような気持ちだったと思いますか。うれしい気持ちだと思ったら赤、寂しい気持ちだと思ったら黄色、嫌な気持ちだと思ったら青の丸に碁石を置きましょう。
- （ガリバーと王様が別れるときの絵を見せられ）自分が冒険に出た人だったら、お別れのときに王様とこびとに何と言いますか。(別れるとき王様はどのような気持ちだったと思いますか、など2人それぞれに異なる質問がされる。口頭で答える)

B
「ポレポレやまのぼり」からの出題。
両面プリントを裏返す。裏面（1－B）には、お話のいくつかの場面と絵カードを並べ替えるための四角がかかれている。テスターが絵カードを4枚配付する。

・お話の順番になるように、空いている四角に絵カードをそれぞれ置きましょう。
・「ポレポレ」とはどのような意味でしたか。ゆっくりだと思ったら赤、仲よくだと思ったら黄色、急いでだと思ったら青の丸に碁石を置きましょう。
・疲れてしまったヤギ君のためにゾウ君は何をしましたか。おんぶをしたと思ったら赤、荷物を持ってあげたと思ったら黄色、抱っこをしたと思ったら青の丸に碁石を置きましょう。
・ヤギ君が持ってきた帽子はどんな帽子でしたか。野球の帽子だと思ったら赤、麦わら帽子だと思ったら黄色、コックさんの帽子だと思ったら青の丸に碁石を置きましょう。
・ヤギ君が作った料理は何でしたか。スープだと思ったら赤、ハンバーグだと思ったら黄色、から揚げだと思ったら青の丸に碁石を置きましょう。
・（ハリネズミ君とヤギ君とゾウ君が山を下りる絵を見せられ）山を下りるとき、ヤギ君が「下りのほうが得意だよ」と言って、ハリネズミ君が「下まで競走しようよ」と言いましたね。あなたがゾウ君だったら何と言いますか。（2人それぞれに異なる質問がされる。口頭で答える）

集団テスト

別室に移動し、全員でＤＶＤを観る。

話の記憶Ⅱ

ＤＶＤ「パナマってすてきだな」を観た後にテスターからの質問に答える。各自の机の上に赤、青、黄色のシールが貼られたサイコロが置いてある。サイコロを正しいと思う色の面が上になるように机の上に置いて解答する。声は出さない、「やめ」と言われたらサイコロに触ってはいけないというお約束がある。例題を行い、やり方を確認する。

・クマ君と一緒にすんでいたのは誰でしたか。ゾウ君だと思ったら赤、トラ君だと思ったら青、クマ君だと思ったら黄色を上にしましょう。
・トラ君が森で採っていたものは何でしたか。キノコだと思ったら赤、タケノコだと思ったら青、タケだと思ったら黄色を上にしましょう。
・クマ君はパナマは国中何のにおいがすると言っていましたか。モモだと思ったら赤、リンゴだと思ったら青、バナナだと思ったら黄色を上にしましょう。

・クマ君とトラ君は誰のお家に泊めてもらいましたか。ハリネズミ君とウサギ君のお家だと思ったら赤、ネズミ君のお家だと思ったら青、キツネ君とウシ君のお家だと思ったら黄色を上にしましょう。
・橋を渡った先にあった倒れた道しるべには何と書いてありましたか。パナマだと思ったら赤、パンケーキだと思ったら青、パンツだと思ったら黄色を上にしましょう。
・クマ君とトラ君が最後にたどり着いたパナマは、本当はどんなところでしたか。お菓子の国だと思ったら赤、踊りの国だと思ったら青、クマ君とトラ君が最初にいたところだと思ったら黄色を上にしましょう。
・最後にクマ君とトラ君は何を手に入れましたか。ソファだと思ったら赤、ベッドだと思ったら青、テーブルだと思ったら黄色を上にしましょう。

考査：2日目

個別テスト　3人1組で別室に移動して、各自パーティションで仕切られた机で、座って課題を行う。

2 推理・思考（鏡映図）

テスターの机の上にイラストのようなボードがあり、出題のつどめくられる。各自の机の上に、マス目がかかれた解答用の台紙、四角と、角の1ヵ所のみ着色された三角のパターンブロック、白と黒の碁石が置いてある。テスターが見せるボードには解答用のマス目のいくつかに印がかかれたものが印刷されている。例題で鏡を使ってやり方の確認をする。
・(上の段の2枚をそれぞれ見せながら）パンダ、ゾウ、キツネ、それぞれの顔の横にマス目があり、パンダのマス目には形がかいてあります。パンダとゾウの間の太い線に鏡を置くと、パンダのマス目にかいてある形は鏡にどのように映りますか。映る様子と同じになるように、台紙のゾウのマス目にパターンブロックを置きましょう。
・(左下の1枚を見せながら）パンダとキツネの間の太い線に鏡を置くと、パンダのマス目にかいてある形は鏡にどのように映りますか。映る様子と同じになるように、台紙のキツネのマス目にパターンブロックと碁石を置きましょう。
・(右下の1枚を見せながら）キツネとパンダの間の太い線に鏡を置いて、鏡に映った様子と同じになるようにパンダのマス目にパターンブロックと碁石を置き、さらにパンダとゾウの間の太い線に鏡を置くと、鏡にどのように映りますか。映る様子と同じになるように、台紙のゾウのマス目にパターンブロックと碁石を置きましょう。

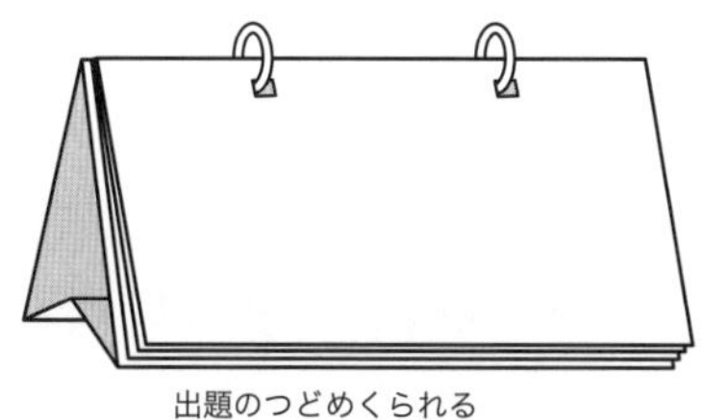
出題のつどめくられる

3 数量・推理・思考

A
テスターの机の上にイラストのようなボードがあり、出題のつどめくられる。各自の机の上に、解答用の台紙、キツネ、タヌキのシールが貼られた駒が置いてある。テスターが見せるボードにキツネとタヌキがジャンケンをしてそれぞれが出した手が描かれている。台紙の星のところからスタートし、先にお家に着いた方が勝ち。ジャンケンのグーで勝ったら１つ、チョキで勝ったら２つ、パーで勝ったら５つ進み、あいこと負けたときは進めないというお約束がある。

・（上の２枚をそれぞれ見せながら）キツネとタヌキがジャンケンをしたら、このようになりました。タヌキはどこまで進めますか。台紙のその場所に、タヌキの駒を置きましょう。（左が終わったら右を行う）

・（真ん中の左を見せながら）キツネとタヌキがジャンケンをしたら、このようになりました。２回目でキツネはパーを出しています。タヌキは２回目に何を出したらお家に着きますか。台紙の上の３つの手から選んで、その上にタヌキの駒を置きましょう。

・（真ん中の右を見せながら）キツネとタヌキが３回このようにジャンケンをして、どちらかがお家に着きました。空いているところには、どの手が入りますか。台紙の上の３つの手から選んで、その上にキツネの駒を置きましょう。

・（下の２枚をそれぞれ見せながら）キツネとタヌキがジャンケンをしたらこのようになり、どちらかがお家に着きました。空いているところには、どの手が入りますか。台紙の上の３つの手から選んで、その上にそれぞれの駒を置きましょう。（左が終わったら右を行う）

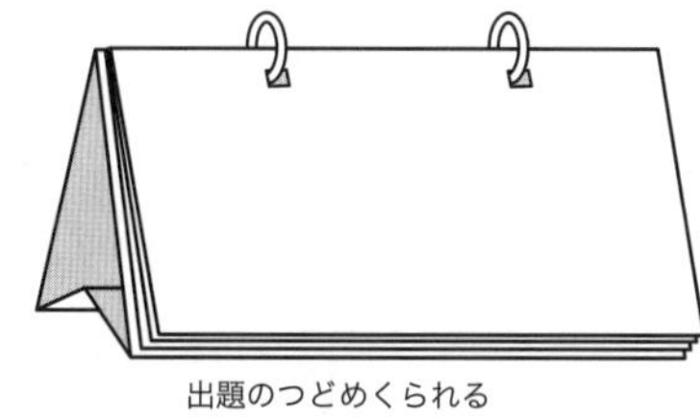
出題のつどめくられる

B
Aと同じ駒を使う。ルーレットが描いてある別の台紙が配られる。台紙の星のところからスタートして矢印の向きに進む。ジャンケンのチョキで勝ったら2つ、パーで勝ったら5つ進み、グーで勝ったときとあいこのとき、負けたときは進めないというお約束がある。

・星のところにキツネとタヌキの駒を置きましょう。（それぞれの段の絵を見せながら）キツネとタヌキがジャンケンをしたら、このようになりました。キツネとタヌキはどこまで進みますか。その場所にそれぞれの駒を置きましょう。

集団テスト

歌・模倣体操・ダンス

・ピアノの伴奏に合わせて「アイ・アイ」を歌う。
・「小さな世界」のピアノ伴奏に合わせて、1番はテスターのまねをして体を動かす。2番は自分の好きなように体を動かす。

運動テスト

体育館に全員で移動して運動テストを行う。

かけっこ

4人のグループでかけっこをする。在校生がお手本を見せる。スタート地点とゴール地点には青、黄色、赤、緑のコーンが2つずつ置いてあり、その間を走り抜ける。どの色のコーンのところを走るかは直前に言われる。1人のテスターが旗を振り、同時に別のテスターが笛で合図をしたらスタートする。走り抜けたら、ゴールの向こう側の床に白いテープが貼られているので、テープの上にお尻をつけるという指示通りに座って待つ。なお、次に走る人はスタート地点のコーンの手前にあるラインで待つ。

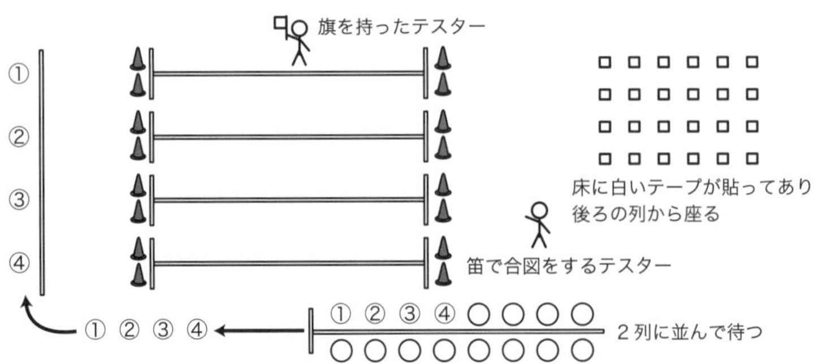

保護者面接

父親

・出身地について教えてください。
・出身校について教えてください。
・大学ではどのようなことをしていたか教えてください。
・お仕事について教えてください。
・志望理由を教えてください。
・いつごろから本校をお考えになりましたか。きっかけを教えてください。
・本校へは何回来られましたか。印象に残ったことはありますか。
・本校は男子校ですがよろしいでしょうか。
・本校に期待することはどのようなことですか。
・本校への希望やお子さんのことで何かありましたらお話しください。
・単願ですか。（併願の場合）本校が第一志望ですか。
・ご家庭ではお子さんとどのようにかかわっていますか。
・趣味についてお子さんと一緒に行っていますか。
・父親としてどのようにお子さんの成長にかかわってきましたか。
・同居しているご家族について教えてください。
・学校への協力はどのように考えていますか。

母親

・出身地について教えてください。
・出身校について教えてください。
・学校を卒業されてからどのような仕事をされていましたか。
・ご自身の趣味について教えてください。
・志望理由をお聞かせください。
・キリスト教に抵抗はありますか。
・ご家庭の教育方針について教えてください。
・男の子の子育てで大変なことはどのようなことですか。
・この１年でお子さんが成長したと感じるところをお話しください。
・身内で気軽に教育について相談できる方はいらっしゃいますか。
・本校に入学するとゴールデンウイークまでは送迎が必要ですが大丈夫ですか。
・学校行事の際には下のお子さんはどうされますか。
・本校への希望やお子さんのことで何かあればお話ししてください。

・自宅から学校までの経路、所要時間について教えてください。

面接資料／アンケート 面接の待ち時間にアンケート（下記項目）を記入し提出する。

・本人の名前、幼稚園（保育園）名、住所。
・保護者について（父、母それぞれの欄がある）。
・本人と保護者以外の同居家族について。
・自宅から学校までの所要時間。
・立教小学校に期待すること。
・家庭での育児で気をつけていること。
・お子さまについて学校側が留意すべきこと。

1－A B

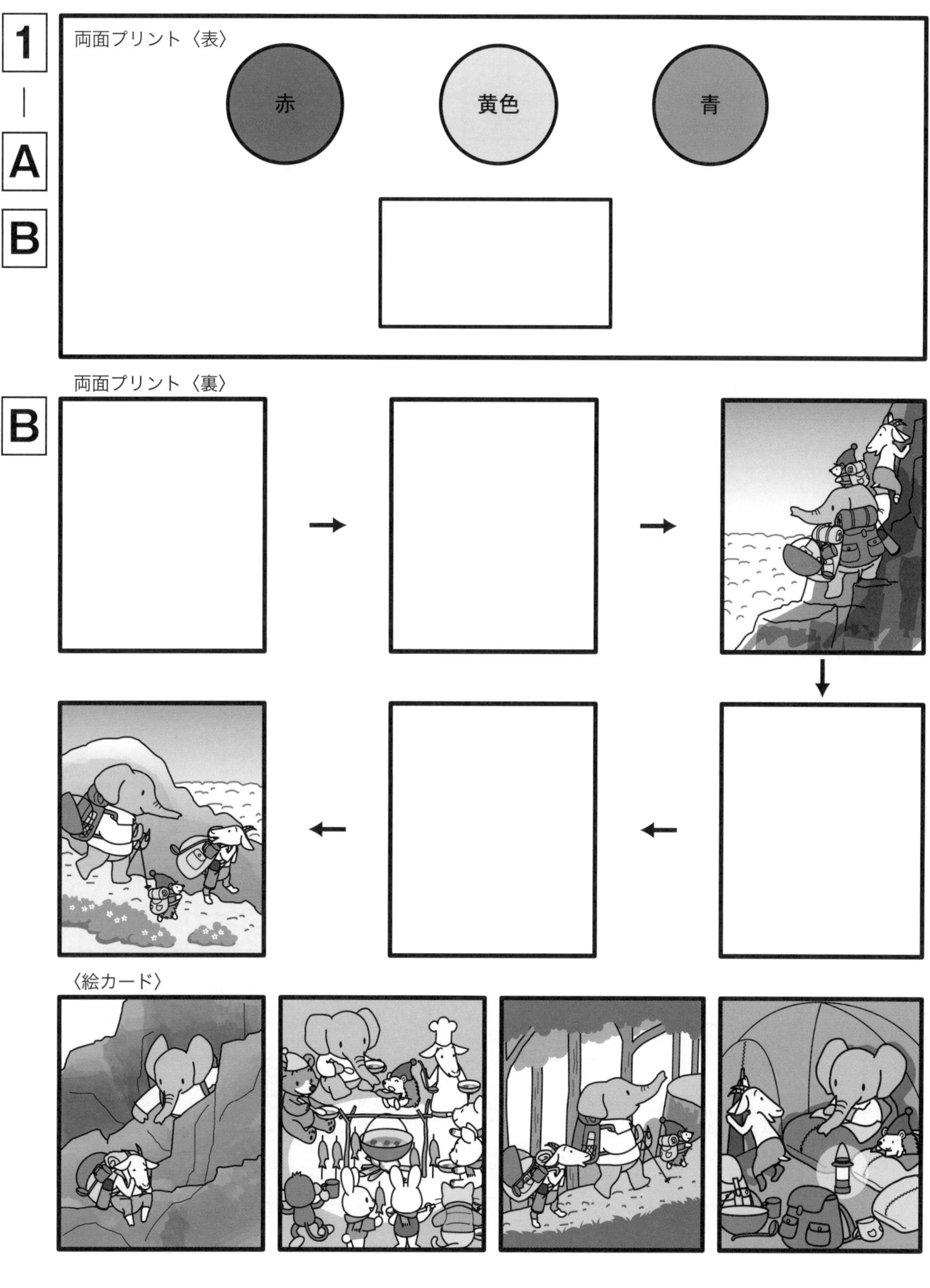

2 〈解答用の台紙〉

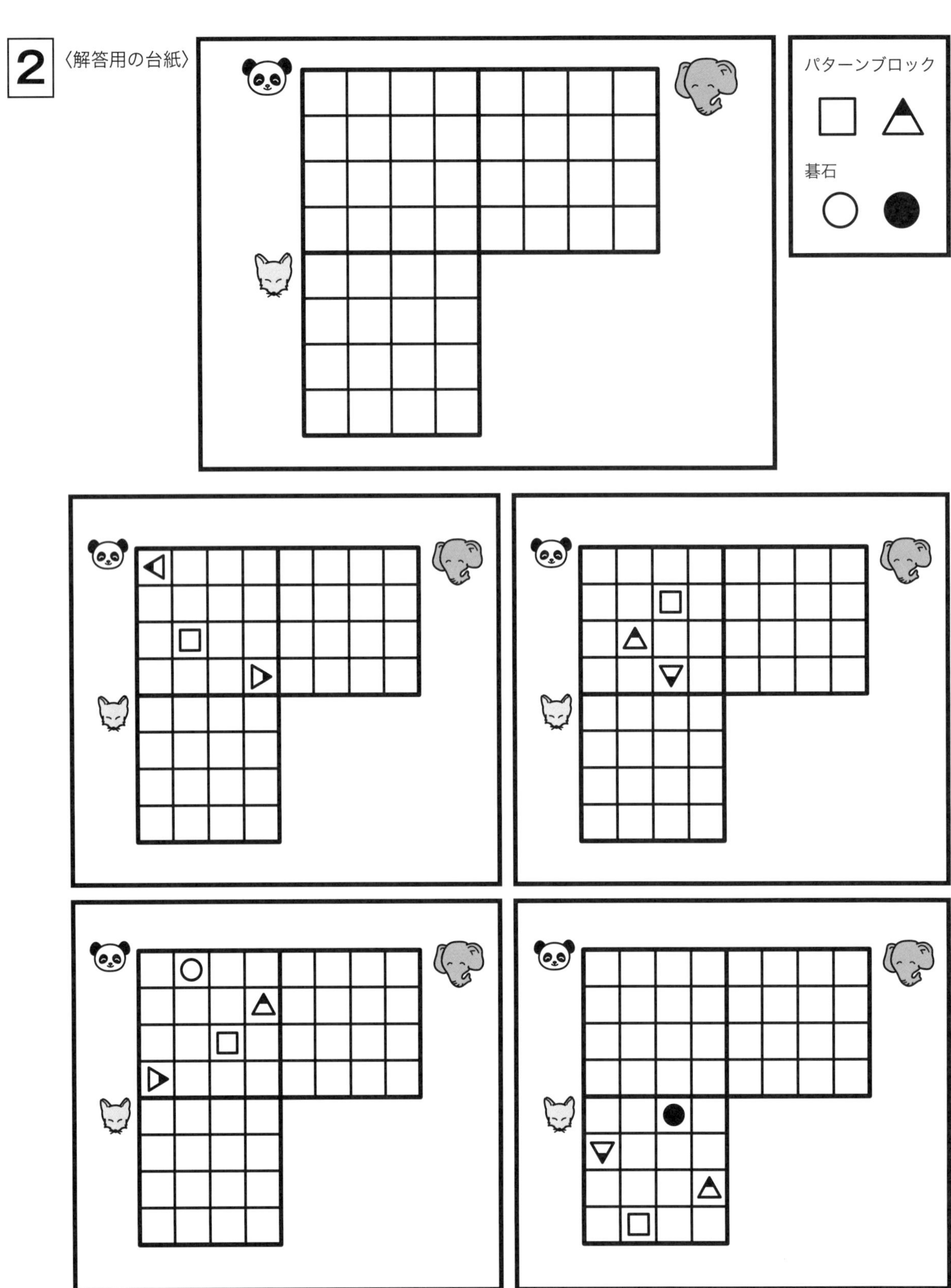

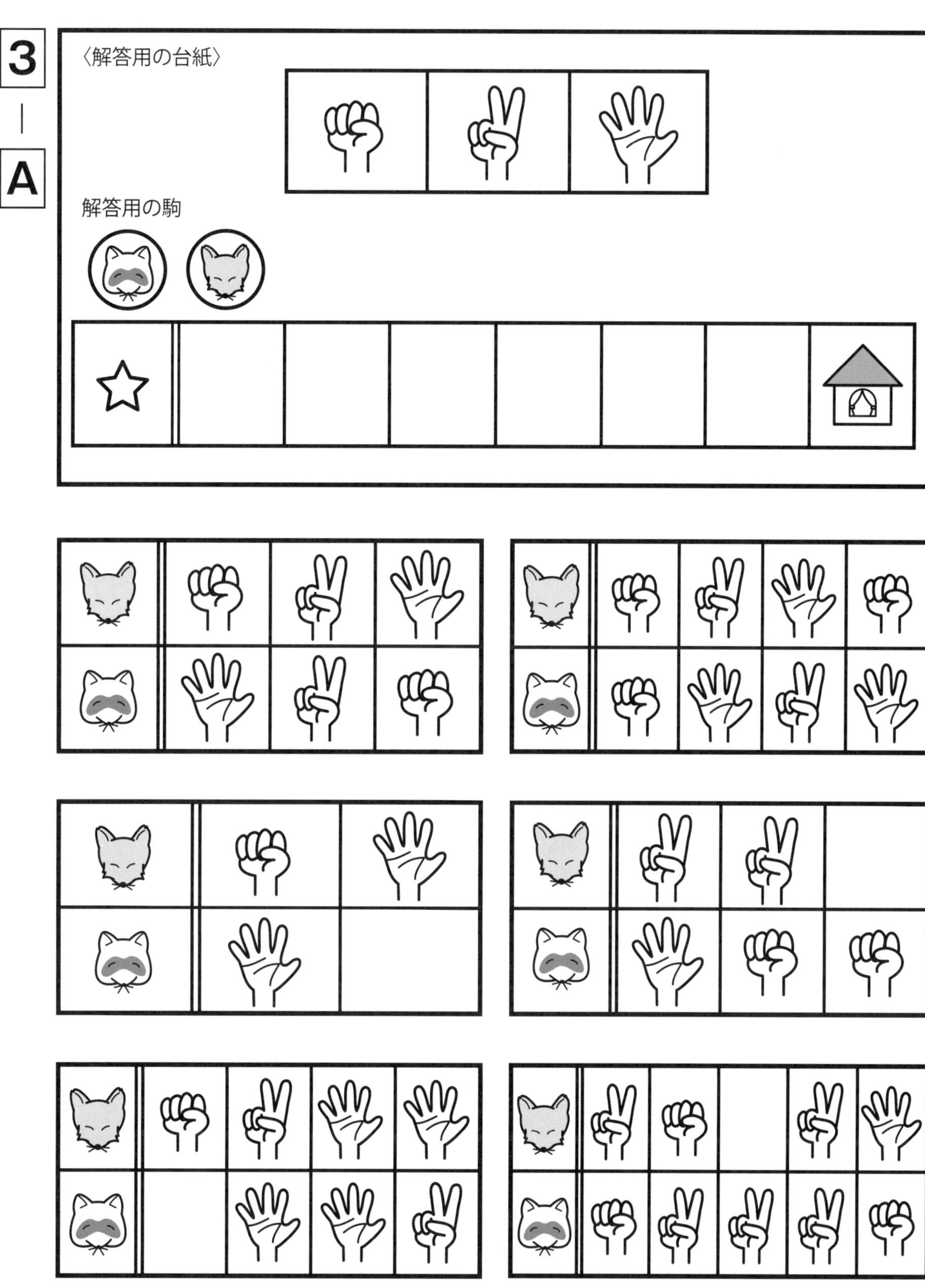
3
A
〈解答用の台紙〉
解答用の駒

3
B

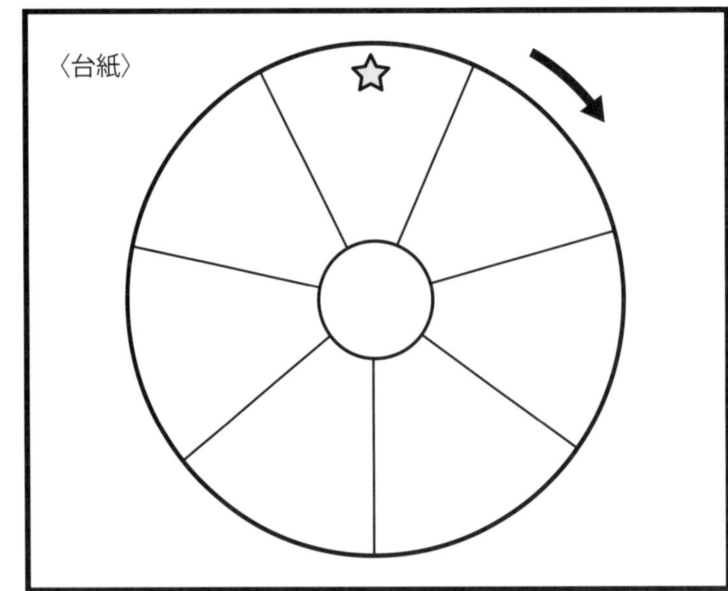
〈台紙〉

解答用の駒

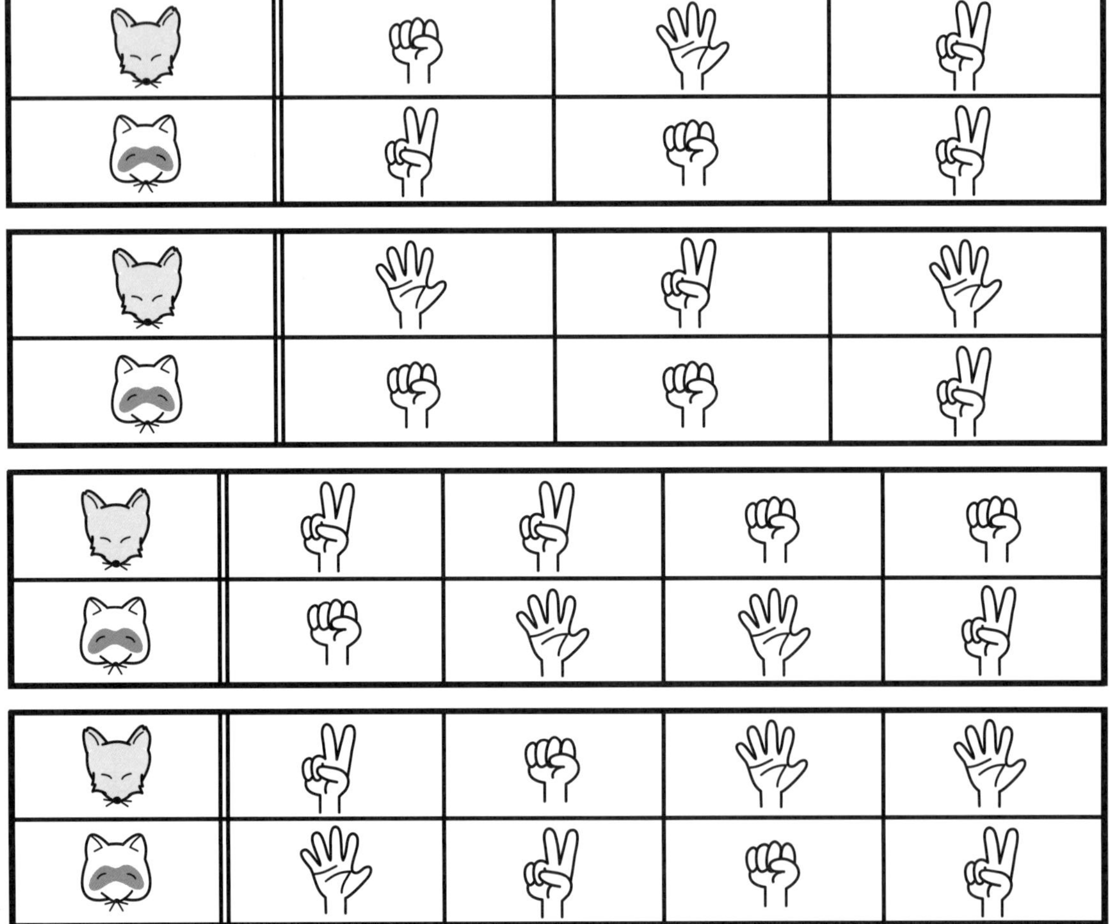

section
2016　立教小学校入試問題

選抜方法

考査は２日間で、生年月日の年長者からの受験番号順に、１日目は２人ずつの個別テスト、集団テストを行う。２日目は３人１組の個別テストと約20人で集団テスト、運動テストを行う。所要時間は１日目が約100分、２日目が約65分とのアナウンスがあった。考査日前の指定日時に保護者面接がある。

考査：１日目

個別テスト

机がなく、いすのみが並べられている部屋で集団で話を聞いた後、別室に２人１組で誘導され、パーティションで仕切られた机の上で課題を行う。

1　話の記憶Ⅰ

「３匹のこぶた」の絵本の読み聞かせの後、「３びきのかわいいオオカミ」（ユージーン・トリビザス文　ヘレン・オクセンバリー絵　こだまともこ訳　冨山房刊）をプロジェクターを使い読み聞かせる。

机の上には両面プリントが１枚と碁石が２個入ったカゴが置いてある。話の前に、しっかり聞くようにと伝えられる。課題が終わったら隣の部屋で体操座りをして静かに待つ。

（両面プリントの表面には、左から赤、黄色、青の丸が並んでおり、黄色の丸の下には碁石を戻すための四角がある。正しい答えだと思う色の丸に碁石を置き、解答後は四角に碁石を戻す）

A

「３匹のこぶた」、「３びきのかわいいオオカミ」からの出題。

・３匹目の子ブタが造ったお家は何でしたか。わらの家だと思ったら赤、木の家だと思ったら黄色、レンガの家だと思ったら青の丸に碁石を置きましょう。
・悪いオオカミは３匹目の子ブタのお家のどこから入ってきましたか。ドアだと思ったら赤、煙突だと思ったら黄色、窓だと思ったら青の丸に碁石を置きましょう。
・初めのお話と後のお話に出てきたお家で、同じお家はどれですか。わらの家だと思ったら赤、木の家だと思ったら黄色、レンガの家だと思ったら青の丸に碁石を置きましょう。
・後のお話の中でお家を壊したのは誰でしたか。オオカミだと思ったら赤、キツネだと思ったら黄色、ブタだと思ったら青の丸に碁石を置きましょう。
・自分が後のお話に出てきたブタだったら、オオカミたちに何と言ってあげますか。

B

「３びきのかわいいオオカミ」からの出題。

両面プリントを裏返す。裏面（1－B）には、絵カードを並べ替えるためのマスがかかれている。テスターが動物の絵カードを４枚配付する。

・お家の材料をどの動物からもらいましたか。一番上の段に、もらった順番になるように動物の絵カードを並べましょう。

テスターがお家の絵カードを４枚配付する。

・真ん中の段の星のところに、オオカミたちが最初に造ったお家の絵カードを置きましょう。そして残りの絵カードを、造ったお家の順番になるように並べましょう。

テスターが道具の絵カードを３枚配付する。

・悪いブタに壊されたお家は、どの道具で壊されましたか。真ん中の段に置いたお家の絵カードの下の四角に、それぞれ道具の絵カードを置きましょう。壊されなかったお家の下には置かなくてよいですよ。

集団テスト

別室に移動し、全員でＤＶＤを観る。

話の記憶Ⅱ

ＤＶＤ「かいじゅうたちのいるところ」を観た後にテスターからの質問に答える。各自の机の上に赤、青、黄色のシールが貼られたサイコロが置いてある。サイコロを正しいと思う色の面が上になるように机の上に置いて解答する。声は出さない、「やめ」と言われたらサイコロに触ってはいけないというお約束がある。例題を行い、やり方を確認する。

・お話に出てきた男の子の名前は何でしたか。マッキーだと思ったら赤を、マックスだと思ったら青を、マッチだと思ったら黄色を上にしましょう。

・男の子は何のぬいぐるみを着ていましたか。イヌだと思ったら赤を、オオカミだと思ったら青を、ハトだと思ったら黄色を上にしましょう。

・男の子はどうやって怪獣たちの王様になりましたか。「おまえを食べちゃうぞ！」と言ったからだと思ったら赤、「もうたくさんだ。やめ！」と言ったからだと思ったら青、怪獣ならしの魔法を使ったからだと思ったら黄色を上にしましょう。

・男の子は怪獣たちの王様になったのに寂しくなって、優しい誰かのところに帰りたくなりましたね。誰のところだと思いますか。怪獣たちのいるところだと思ったら赤、お母さんだと思ったら青、マックスだと思ったら黄色を上にしましょう。

・男の子はどうして王様をやめたと思いますか。お家に帰りたいと思ったからだと思う人は赤、眠くなったからだと思う人は青、怪獣たちを食べたいと思ったからだと思う人は黄色を上にしましょう。

身体表現（ダンス）

・お話の音楽に合わせて、さっきＤＶＤで見た怪獣たちと同じように踊りましょう。

考査：2日目

個別テスト　３人１組で別室に移動して、各自パーティションで仕切られた机で、座って課題を行う。

2 構　成

両面に印刷された解答用の台紙と、立方体をつなげて作ったブロック合計７つ（つなげてある立方体の個数はバラバラ。３個連結されたもののみ２組ある）が机の上に用意されている。使ってある立方体の数が一番多い、立方体６個分のブロックを「王様ブロック」と呼ぶ。

A
・クマバスです。色のついた枠に「王様ブロック」を置きましょう。下の白い枠には必ず黄緑のブロックを入れて、王様ブロックと同じ長さになるように置いてください。
・ウサギバスです。色のついた枠に「王様ブロック」を置きましょう。下の白い枠には必ず紫のブロックを入れて、王様ブロックと同じ長さになるように置いてください。
・ネコバスです。４組のブロックを使って、枠にピッタリ入るように置きましょう。
・クジラバスです。全部のブロックを使って、枠にピッタリ入るように置きましょう。
・リスのロケットです。紫、黄緑、白のブロックを使って、枠にピッタリ入るように置きましょう。
・キツネのロケットです。必ず赤のブロックを入れて、枠にピッタリ入るように置きましょう。
・キリンのロケットです。全部のブロックを使って、枠にピッタリ入るように置きましょう。

B
台紙を裏返して、Aのブロックをそのまま使用する。
・左上の傘です。全部のブロックを使って、枠にピッタリ入るように置きましょう。
・右上の風車です。青、紫、黄緑２組、赤、白のブロックを使って、枠にピッタリ入るように置きましょう。
・真ん中の瓶です。黄色、紫、黄緑、赤のブロックを使って、枠にピッタリ入るように置きましょう。
・左下のオニです。どのブロックを使ってもよいので、オニの顔の周りの枠にピッタリ入るように置きましょう。
・右下の木です。どのブロックを使ってもよいので、枠にピッタリ入るように置きましょう。

3 推理・思考（四方図）

テスターの机の上にイラストのようなボードがあり、各自にネコとイヌがパターンブロックを見ている様子のお手本、さまざまな形のパターンブロックが適宜用意される。
・お手本を見ましょう。机の上のパターンブロックを、ネコとイヌがそれぞれの方向から見ています。上の絵のようにネコからは三角、イヌからは長四角のように見えるとき、机の上にはお手本のようにパターンブロックが置いてあるということです。では、今からネコとイヌ、それぞれから見たときのパターンブロックの影を見せるので、机の上にはどのように置いてあるか、自分の机の上のパターンブロックを選んで積んでみましょう。

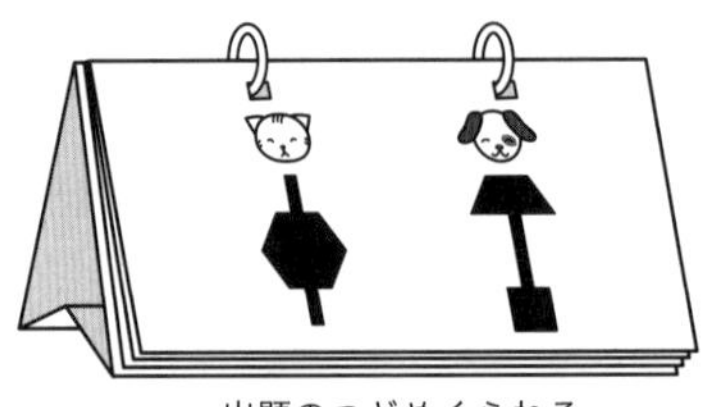
出題のつどめくられる

4 推理・思考（回転図形）

テスターの机の上にイラストのようなボードがあり、出題のつどめくられる。各自の机の上に、表面に2×2のマス目、裏面に3×3のマス目が印刷された台紙と白と黒の碁石が2個ずつ置いてある。テスターが見せるボードにマス目と白丸、黒丸が印刷されている。この絵が口頭で指示される数だけ回転したらどうなるか考えて、台紙のその場所に碁石を置く。ただし、台紙を回してはいけない。例題でやり方を理解してから行う。
（台紙の表面で例題を行う）
・右に1回コトンと倒すとどうなりますか。
・右に2回コトンと倒すとどうなりますか。
・右に2回コトンと倒すとどうなりますか。
（台紙を裏返して行う）
・右に1回コトンと倒すとどうなりますか。
・右に2回コトンと倒すとどうなりますか。

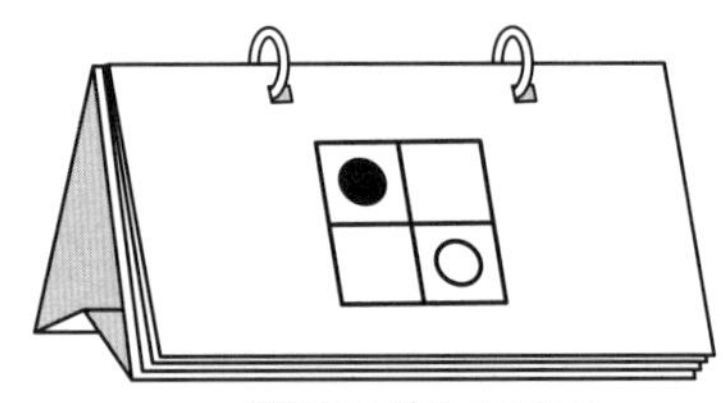
出題のつどめくられる

・右に３回コトンと倒すとどうなりますか。
・右に３回コトンと倒すとどうなりますか。

集団テスト

歌・模倣体操・ダンス

・ピアノの伴奏に合わせて「おもちゃのチャチャチャ」を歌う。
・「グリーングリーン」のピアノ伴奏に合わせて、１番はテスターのまねをして体を動かす。２番は自分の好きなように体を動かす。

運動テスト

体育館に全員で移動して運動テストを行う。

かけっこ

４人のグループでかけっこをする。在校生がお手本を見せる。スタート地点とゴール地点には青、黄色、赤、緑のコーンが２つずつ置いてあり、その間を走り抜ける。どの色のコーンのところを走るかは直前に言われる。１人のテスターが旗を振り、同時に別のテスターが笛で合図をしたらスタートする。走り抜けたら、ゴールの向こう側の床に黒いテープが貼られているので、テープの上にお尻をつけるという指示通りに座って待つ。なお、次に走る人はスタート地点のコーンの手前の専用のラインで待つ。

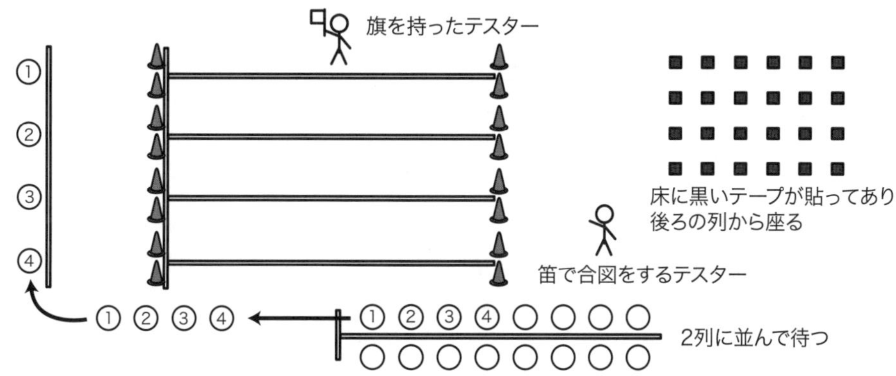

保護者面接

父親

・志望理由を教えてください。
・いつごろから本校の受験をお考えになりましたか。きっかけも教えてください。
・お仕事について教えてください（仕事の内容、会社の所在地、従業員数など）。
・出身地について教えてください。
・出身校について教えてください。
・（卒業生の場合）小学校のときの担任の名前を教えてください。
・休日はお子さんとどのように過ごしていますか。
・大学ではどのようなことをしていたか教えてください。
・ご家庭ではお子さんとどのようにかかわっていますか。
・お子さんと一緒に楽しんでいる趣味はありますか。
・父親としてどのようにお子さんの成長にかかわってきましたか。
・同居しているご家族について教えてください。
・本校へは何回来られましたか。印象に残ったことはありますか。
・本校への希望やお子さんのことで何かありましたらお話しください。
・学校への協力はどのように考えていますか。
・単願ですか。（併願の場合）本校が第一志望ですか。

母親

・お仕事について教えてください。
・本校に入学すると、ゴールデンウイークまでは送迎が必要ですが大丈夫ですか。
・出身地について教えてください。
・出身校について教えてください。
・大学ではどのようなことをしていたか教えてください。
・学校を卒業されてからどのようなお仕事をされていましたか。
・ご自身の趣味について教えてください。
・ご自宅から学校までの経路、所要時間について教えてください。
・ご家庭の教育方針について教えてください。
・志望理由をお聞かせください。
・キリスト教教育をどう思われますか。
・男の子の子育てで大変なことはどのようなことですか。
・この１年でお子さんが成長したと感じるところをお話しください。
・本校への希望やお子さんのことで何かあればお話しください。
・お子さんの教育について相談できるご親族の方はいらっしゃいますか。
・学校行事の際には下のお子さんはどうされますか。

面接資料／アンケート 面接の待ち時間にアンケート（下記項目）を記入し提出する。

・本人の名前、幼稚園（保育園）名、住所。
・保護者について（父、母それぞれの欄がある）。
・本人と保護者以外の同居家族について。
・自宅から学校までの所要時間。
・立教小学校に期待すること。
・家庭での育児で気をつけていること。
・お子さまについて学校側が留意すべきこと。

1
―
A

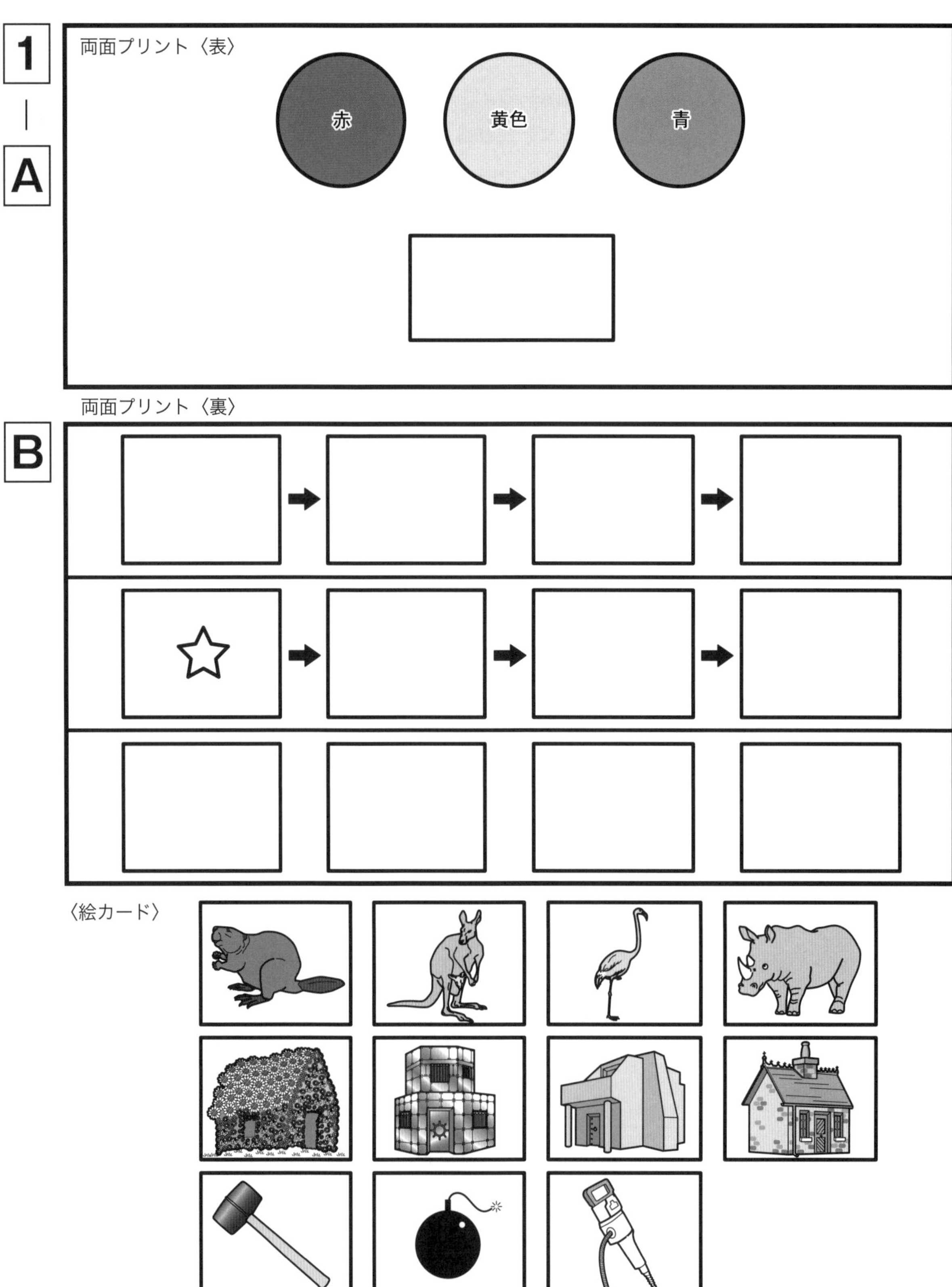

2
―
A

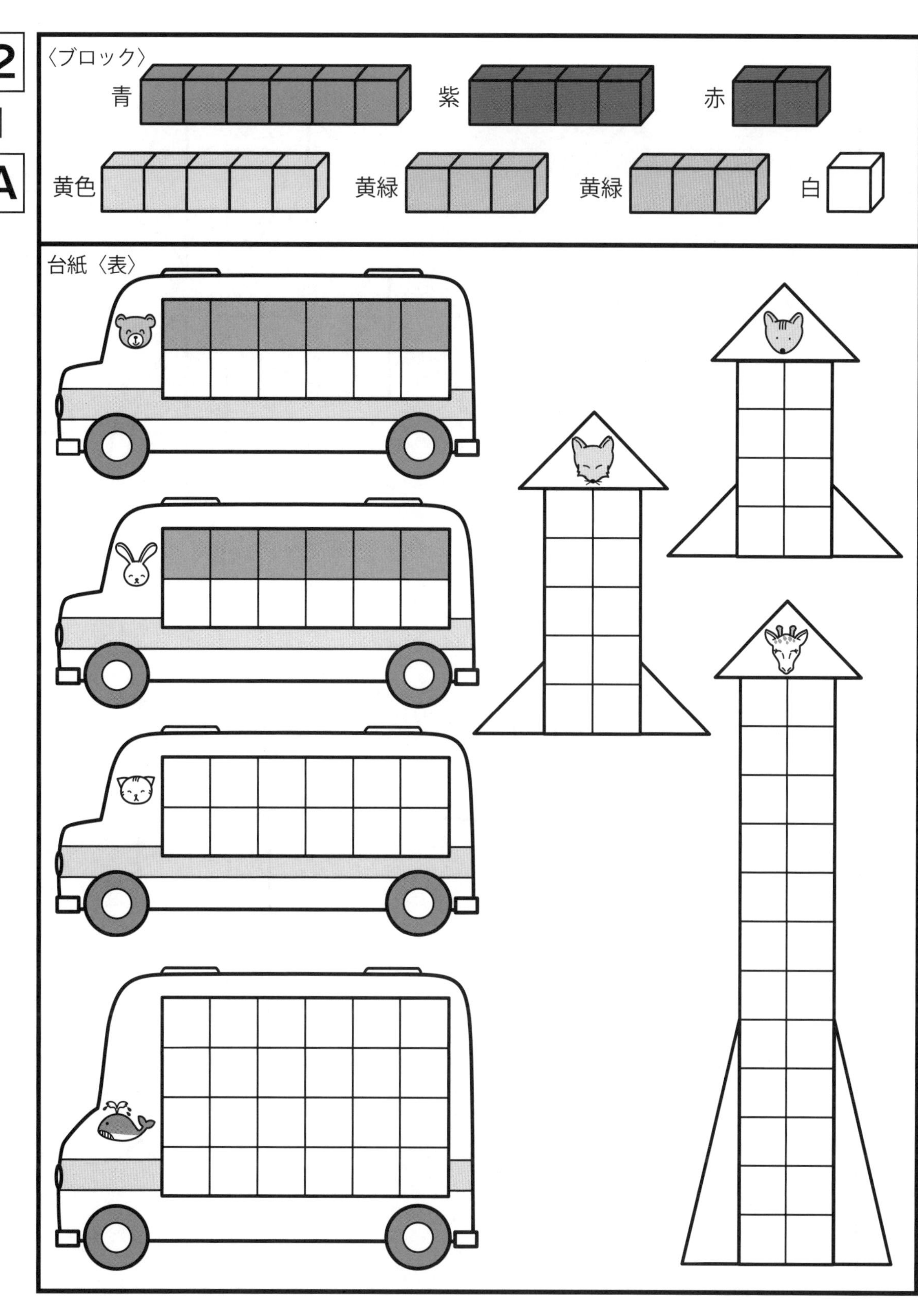

2-B

3

4

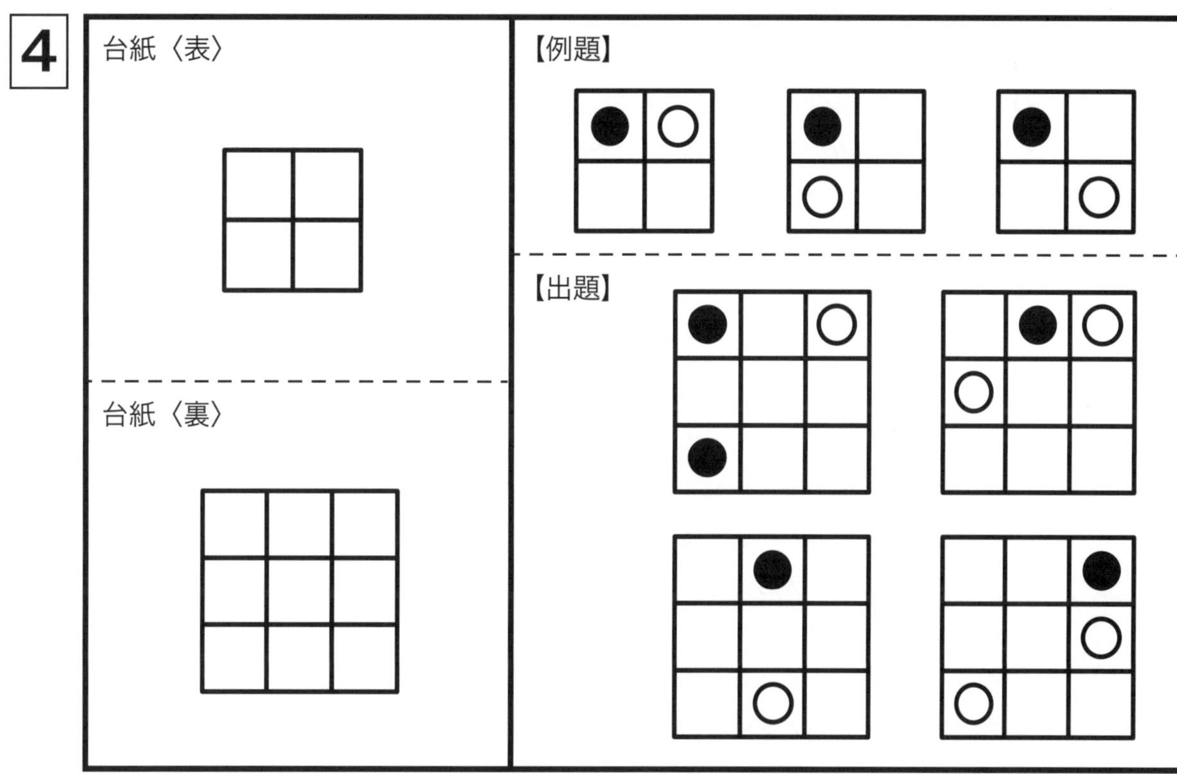

section
2015 立教小学校入試問題

選抜方法

考査は２日間で、生年月日の年長者からの受験番号順に、１日目は２人ずつの個別テストと、約20人単位で集団テストを行う。２日目は３人１組の個別テストと約20人で集団テスト、運動テストを行う。所要時間は１日目が約90分、２日目が約60分。考査日前の指定日時に保護者面接がある。

考査：１日目

個別テスト

机がなく、いすのみが並べられている部屋で集団で話を聞いた後、別室に２人１組で誘導され、パーティションで仕切られた机の上で課題を行う。

1 話の記憶Ⅰ

「わすれられないおくりもの」（スーザン・バーレイ作・絵　小川仁央訳　評論社刊）をプロジェクターを使い、集団で子どもたちに読み聞かせる。

机の上には、両面プリント１枚、４枚１組の絵カード２組、碁石が１個入ったカゴが置いてある。後で片面プリント１枚が配られる。課題が終わったら隣の部屋で体操座りをして静かに待つ。

（両面プリントの表面には、左から赤、黄色、青の丸が並んでおり、その下に碁石を置くための四角がある。赤い丸には悲しい顔、黄色い丸には怒った顔、青い丸には笑った顔が描いてある。正しい答えだと思う色の丸に碁石を置き、解答後は丸の下の四角に碁石を戻す）

Ａ
- アナグマは誰と誰のかけっこを見に丘に登りましたか。モグラとカエルだと思ったら赤、モグラとキツネだと思ったら黄色、ウサギとカエルだと思ったら青の丸に碁石を置きましょう。
- 夜にアナグマが寝てしまって、しなかったことは何でしたか。月におやすみを言うことだと思ったら赤、カーテンを閉めることだと思ったら黄色、暖炉の火を消すことだと思ったら青の丸に碁石を置きましょう。
- アナグマは夜に寝入ってしまったとき、素晴らしい夢を見ましたね。どんな夢でしたか。丘でみんなでかけっこする夢だと思ったら赤、トンネルの中を力強く走る夢だと思ったら黄色、雪の上を歩く夢だと思ったら青の丸に碁石を置きましょう。
- アナグマが死んだのを知ったときのモグラの気持ちに合う顔の丸に碁石を置きましょう。

Ｂ
両面プリントを裏返す。裏面（1－Ｂ）には、お話のいくつかの場面が印刷されている。

数ヵ所が空いていて、それぞれ印がかかれている。

・お話の順番になるように空いている四角にそれぞれ絵カードを置きましょう。

C

カードを置く片面プリントが配付される。

・それぞれの動物がアナグマから教えてもらってできるようになったことは何でしたか。動物の下の四角にそれぞれ絵カードを置きましょう。

・モグラは死んでしまったアナグマに何と言いましたか。

・あなたは、お父さんやお母さんに教わって何ができるようになりましたか。

集団テスト

別室に移動し、全員でＤＶＤを観る。

話の記憶Ⅱ

ＤＶＤ「どろんこハリー」を観た後にテスターからの質問に答える。赤、青、黄色のシールが貼られたサイコロが一人ひとりに用意されている。指示に合わせてその色の面が上になるように机の上に置いて解答する。声は出さない、「やめ」と言われたらサイコロを触ってはいけないというお約束がある。例題を行い、やり方を確認する。

・ハリーはどんなイヌでしたか。白いイヌだと思ったら青を、黒いイヌだと思ったら黄色を、黒いぶちのある白いイヌだと思ったら赤を上にしましょう。

・ハリーが嫌いなものは何ですか。遊ぶことだと思ったら青を、ダンスだと思ったら黄色を、お風呂だと思ったら赤を上にしましょう。

・ハリーはブラシをどこに隠しましたか。お風呂の中だと思ったら青を、庭に埋めたと思ったら黄色を、屋根の上だと思ったら赤を上にしましょう。

・ハリーは何をして遊びましたか。すべり台だと思ったら青を、ブランコだと思ったら黄色を、シーソーだと思ったら赤を上にしましょう。

・ハリーはお話の最後にどこで寝ていましたか。布団だと思ったら青を、ベッドだと思ったら黄色を、机の上だと思ったら赤を上にしましょう。

考査：2日目

個別テスト

３人１組で別室に移動して、パーティションで仕切られた机で、座って課題を行う。

2 数 量

テスターの机の上にサイコロの目が描かれた出題用のボードがあり、出題のつどめくられる。各自の机の上に、動物と矢印が描いてある台紙と碁石が１個用意されている。

・台紙を見てください。サイコロの面が青のときには、青の矢印の方（時計回り）に出た目の数だけ進みます。サイコロの面が赤のときには、赤の矢印の方（反時計回り）に出た目の数だけ進みます。では、サルのところからスタートしたとき、出題用のボードのサイコロの通りに進むと、どの動物のところに着きますか。その動物の上に碁石を置きましょう。

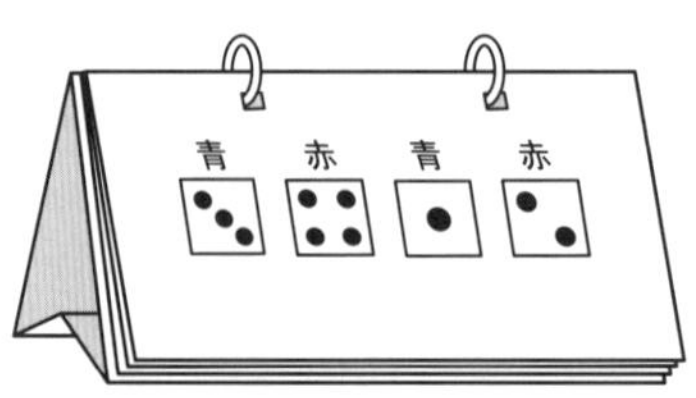

出題のつどめくられる

3 構 成

台紙にかかれたいくつかの四角（飛行機や車などの絵が隅に描いてある）の上に、さまざまな形状のブロック（プラスチックの板状のもの）がそれぞれ置いてある。台紙の真ん中のバケツとスコップの絵が描かれた大きい四角の中で構成を行う。

・飛行機、船、すべり台、鉄棒のところのブロックを使って２つの四角を作りましょう。
・車、シーソー、噴水、星、ブランコのところのブロックを使って２つの四角を作りましょう。
・全部の絵のブロックを使って１つの大きな四角を作りましょう。

集団テスト

歌・模倣体操・ダンス

・テスターのピアノの伴奏に合わせて「アルプスいちまんじゃく」を歌う。
・「さんぽ」のピアノ伴奏に合わせて、１番はテスターのまねをして体を動かす。２番は自分の好きなように体を動かす。

運動テスト

体育館に全員で移動して運動テストを行う。

かけっこ

在校生がお手本として走り方を見せる。4人のグループでかけっこをする。スタート地点とゴール地点には青、黄色、赤、緑のコーンが2つずつ置いてあり、その間を走り抜ける。テスターが旗を振ったらスタートとし、同時に別のテスターが笛で合図をする。走り抜けたらゴールの向こう側の床に、青いテープが貼られているので指示通りに座って待つ。なお、スタート地点のコーンの手前に次に走る人用のラインがあり、そこで待つ。

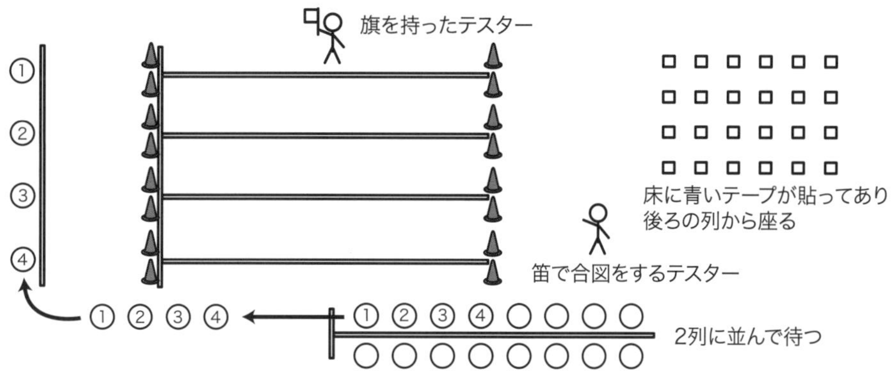

保護者面接

アンケートを記入し終わった順に呼ばれる。所要時間は約10分。2グループに分かれて行う。

父親

・お仕事について教えてください（仕事の内容・所在地・従業員数など）。
・出身校について教えてください。
・出身地について教えてください。
・（卒業生の場合）小学校のときの担任の名前を教えてください。
・大学ではどのようなことをしていたか教えてください。
・ご家庭ではお子さんとどのようにかかわっていますか。
・志望理由を教えてください。
・ご家庭でのご両親の役割分担について教えてください。
・本校への希望やお子さんのことで何かあればお話ししてください。
・学校への協力はどのように考えていますか。

母親

・お仕事について教えてください。
・出身校について教えてください。
・出身地について教えてください。
・ゴールデンウイークまでは送迎が必要ですが大丈夫ですか。
・大学ではどのようなことをしていたか教えてください。
・大学を卒業されてからどのようなお仕事をされていましたか。
・ご自身の趣味について教えてください。
・自宅から学校までの経路、所要時間について教えてください。
・ご家庭の教育方針について教えてください。
・平日、お子さんとどのように過ごしているか教えてください。
・志望理由をお聞かせください。
・お子さんの入学準備は順調に進んでいますか。
・お子さんの長所と短所を教えてください。
・幼稚園（保育園）の運動会での様子について教えてください。
・本校への希望やお子さんのことで何かお話ししたいことがあればお話ししてください。
・キリスト教に抵抗はありますか。

面接資料／アンケート

面接の待ち時間にアンケート（下記項目）を記入し提出する。

・本人の名前、幼稚園（保育園）名、住所。
・保護者について（父、母それぞれの欄がある）。
・本人と保護者以外の同居家族について。
・自宅から学校までの交通機関と所要時間。
・立教小学校に期待すること。
・家庭での育児で気をつけていること。

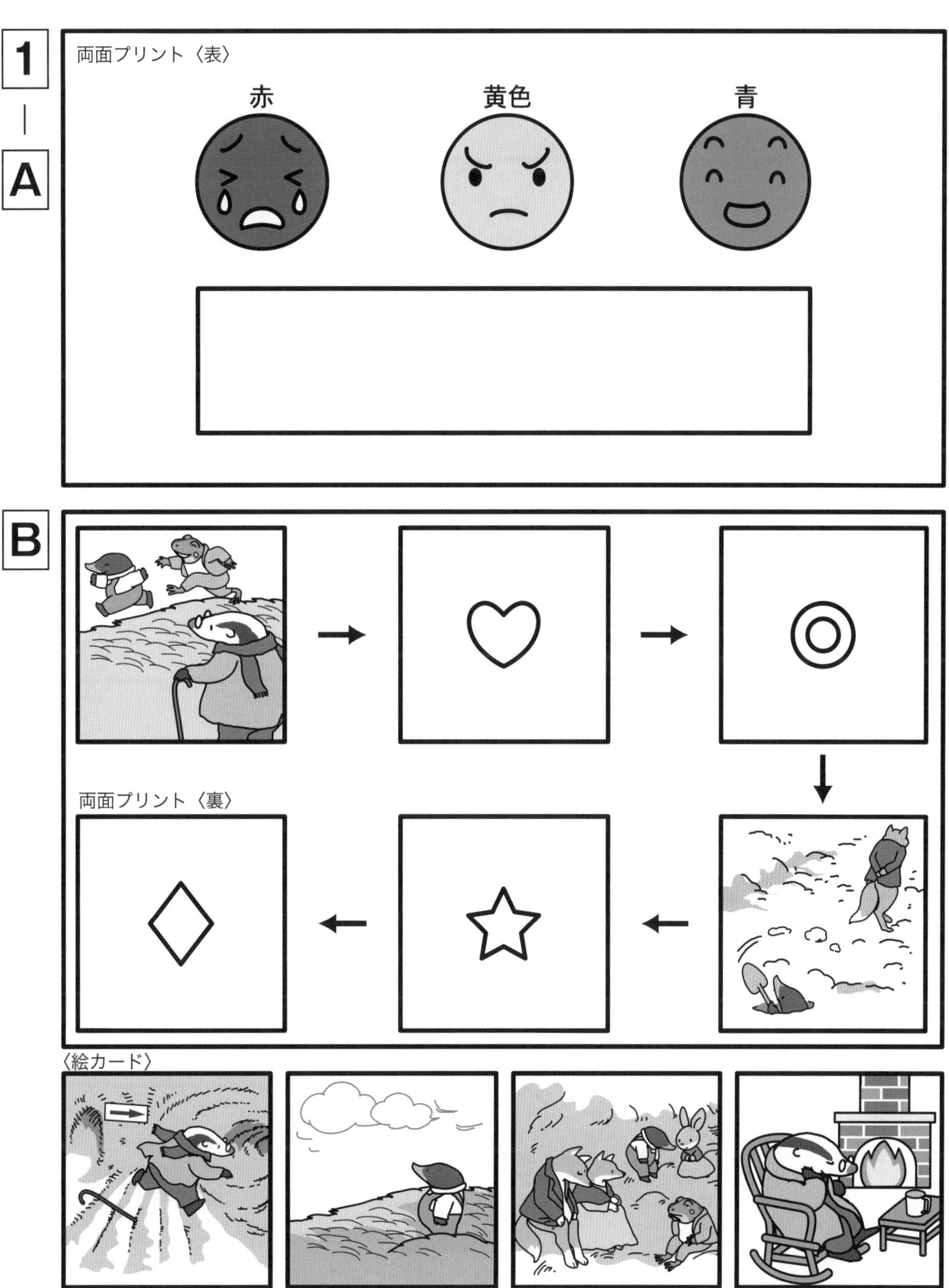
1
A
両面プリント〈表〉
赤
黄色
青
B
両面プリント〈裏〉
〈絵カード〉

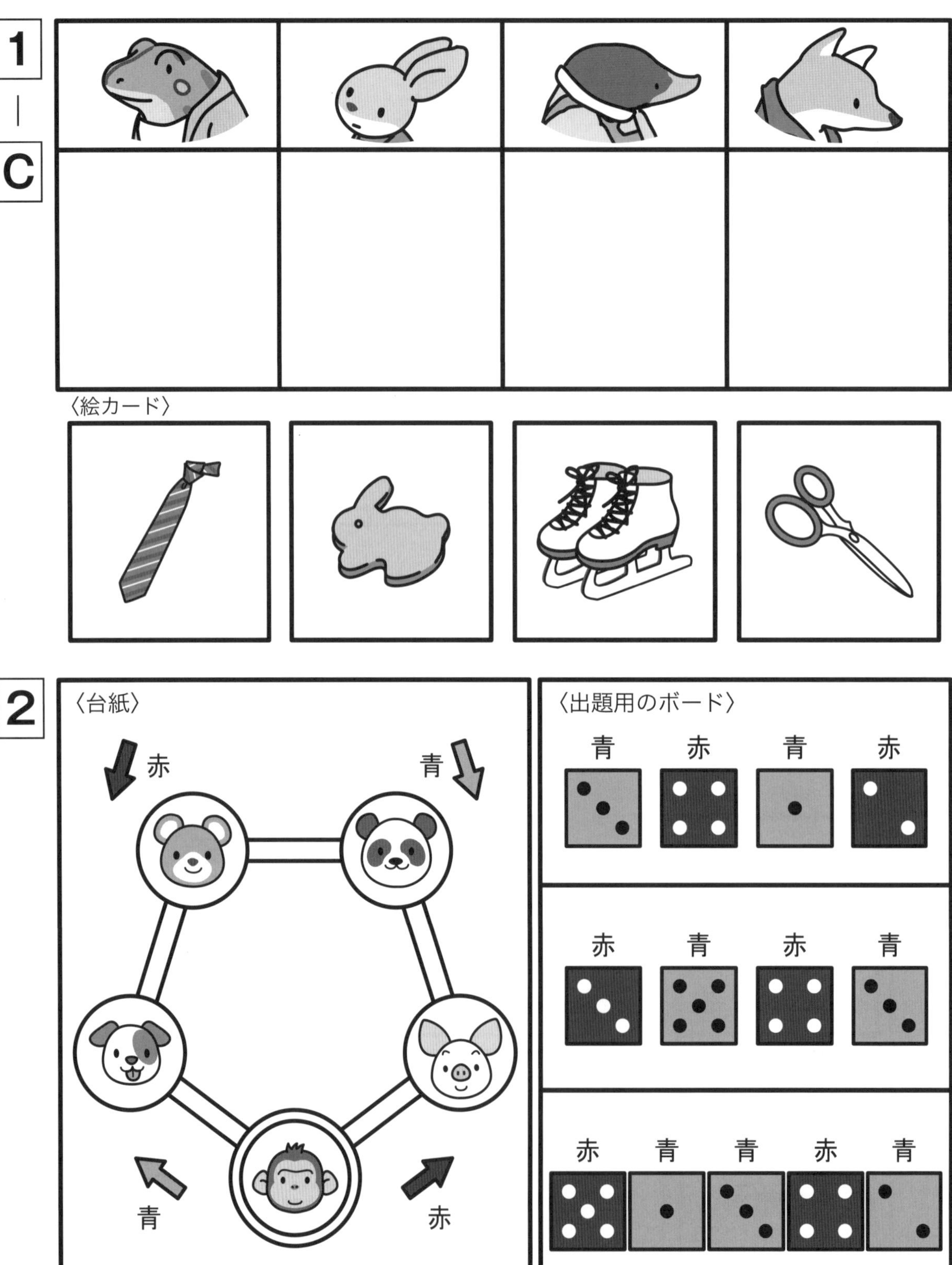
1
C
〈絵カード〉
2
〈台紙〉
赤
青
青
赤
〈出題用のボード〉
青 赤 青 赤
赤 青 赤 青
赤 青 青 赤 青

3

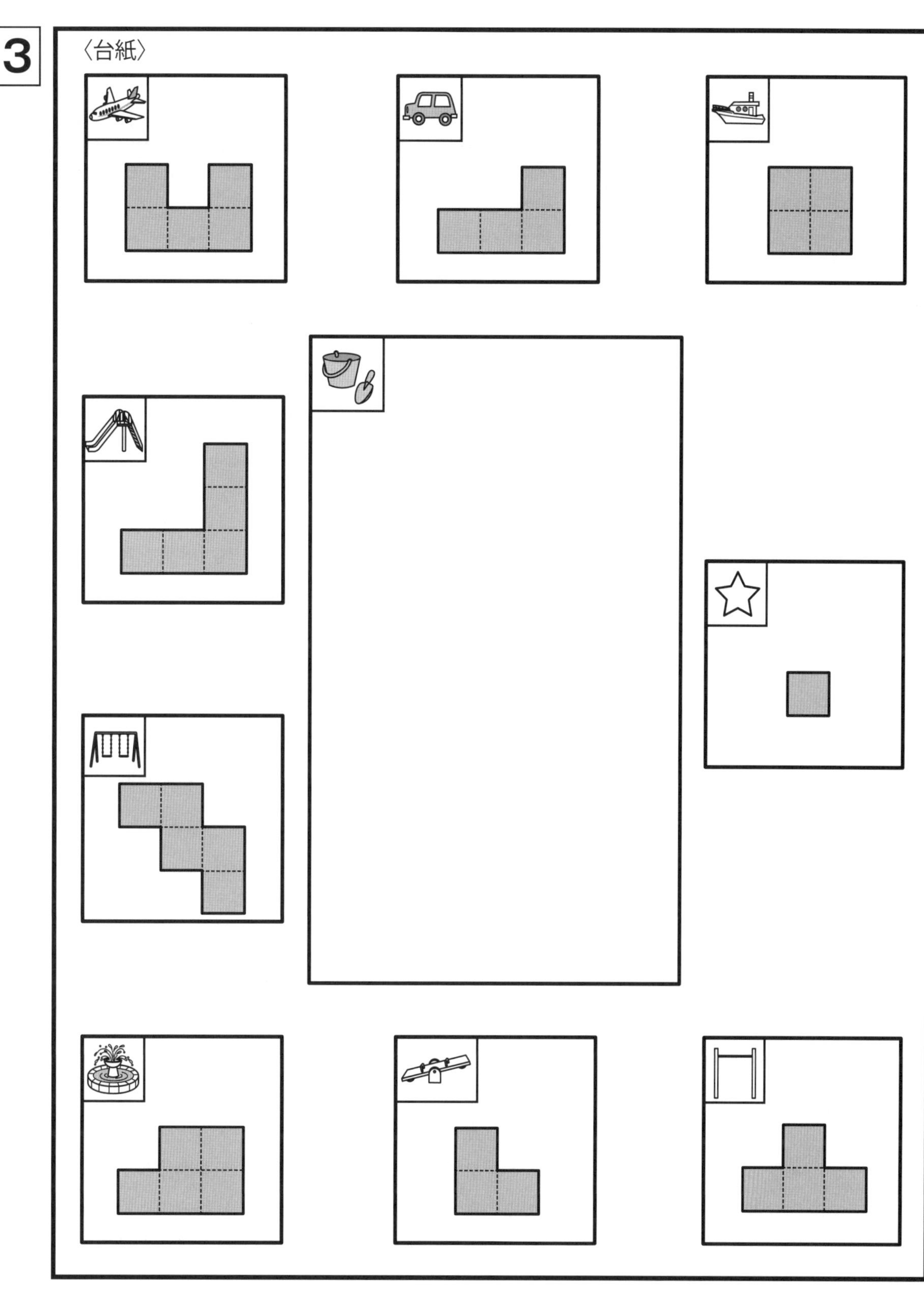

section
2014 立教小学校入試問題

選抜方法

考査は２日間で、生年月日の年長者からの受験番号順に、１日目は２人ずつの個別テストと、約20人単位で集団テストを行う。２日目は３人１組の個別テストと約20人で集団テスト、運動テストを行う。所要時間は１日目が約90分、２日目が約60分とのアナウンスがあった。考査日前の指定日時に保護者面接がある。

考査：１日目

個別テスト

机がなく、いすのみが並べられている部屋で集団で話を聞いた後、別室に２人１組で誘導され、パーティションで仕切られた机の上で課題を行う。

1 話の記憶Ⅰ

「おちゃのじかんにきたとら」（ジュディス・カー作・絵　晴海耕平訳　童話館出版刊）、「ライオンをかくすには」（ヘレン・スティーヴンズ作・絵　さくまゆみこ訳　ブロンズ新社刊）の２冊をプロジェクターを使い、集団で子どもたちに読み聞かせる。

机の上には、両面プリント１枚、片面プリント１枚と３枚１組の絵カード、碁石が１個入ったお皿が置いてある。

（両面プリントの表面はⒶⒷ両方の解答に使用。星印の下に左から青、黄色、赤の色の丸がかいてある。正しい答えだと思う色の丸に碁石を置き、解答後は星印に碁石を戻す）

Ⓐ
「おちゃのじかんにきたとら」からの出題。

片面プリント（お話の２つの場面の絵と、その間に３つの四角がかいてある）、３枚の絵カードを使用。碁石は両面プリントの表面に置く。

・３枚の絵カードを今のお話に合うように、３つの四角に順番に並べましょう。

・（先ほどの３枚の絵カードを使用）お話の中で面白かったと思う場面の絵カードを星の印の上に置きましょう。

・ソフィーのお家に来たのは、どの動物でしたか。ライオンだと思ったら青、トラだと思ったら黄色、パンダだと思ったら赤の丸に碁石を置きましょう。

・トラが帰った後で困ったのはどんなことでしたか。碁石をもう１個渡します。答えは２つあるので、正しいと思った色の丸に碁石を置きましょう。お家のごはんが全部なくなったことだと思う人は青、お家のお皿が全部なくなったことだと思う人は黄色、お家の水が全部なくなったことだと思う人は赤の丸に碁石を置きましょう。

・ソフィーとお母さんのお話を聞いた後、お父さんが思いついた、いい考えとはどんなことでしたか。みんなで一緒に買い物に行くことだと思ったら青、お風呂に入ることだと思ったら黄色、レストランに行くことだと思ったら赤の丸に碁石を置きましょう。

B
「ライオンをかくすには」からの出題。
両面プリントを使用。碁石は表面に置く。裏面（1－B）には、お話の１場面が印刷され、数ヵ所が四角で白抜きされている。

・町の人たちから追いかけられたライオンが、まず最初に隠れようとした場所はどこでしたか。アイリスがおままごとをする小屋だと思ったら青、お風呂場だと思ったら黄色、ベッドだと思ったら赤の丸に碁石を置きましょう。
・アイリスとライオンがソファの裏にいるときにお父さん、お母さんとお話をしましたね。アイリスは何と言っていましたか。「この間のライオンは、まだ見つかっていないみたいだわ」と思う人は青、「きっと優しいライオンよ」と思う人は黄色、「優しいライオンなんていないわ。ライオンはみんな、人間を食べるのよ」だと思う人は赤の丸に碁石を置きましょう。
・アイリスがライオンに読んであげた絵本はどんな絵本でしたか。「おちゃのじかんにきたとら」だと思ったら青、「童話のどうぶつえん」だと思ったら黄色、「としょかんライオン」だと思ったら赤の丸に碁石を置きましょう。
・（1－Bの絵を見る）アイリスの家から逃げ出したライオンはどこに隠れていましたか。絵の中で隠れていたと思うところに碁石を置きましょう。

集団テスト

別室に移動し、全員でＤＶＤを観る。

話の記憶Ⅱ

ＤＶＤ「ごきげんなライオン」を観た後にテスターからの質問に答える。解答方法は、指示された数だけ指を立てるというもの。そのとき、声は出さないというお約束がある。

・ごきげんなライオンはどこにすんでいましたか。動物園だと思ったら指を１本、サバンナの大草原だと思う人は指を２本、幼稚園だと思う人は指を３本立てましょう。
・どうしてごきげんなライオンは、外に出ることができたのですか。ドアが開いていたからだと思う人は指を１本、フランソワが連れていったからだと思う人は指を２本、柵が壊れていたからだと思う人は指を３本立てましょう。
・ごきげんなライオンのところに２台車が来ましたね。先にやって来た車の色は何色でしたか。青だと思う人は指を１本、黄色だと思う人は指を２本、赤だと思う人は指を３本立てましょう。
・どうしてごきげんなライオンは動物園に帰ることができたのですか。フランソワと一緒に帰ったからだと思う人は指を１本、ドアが開いていたからだと思う人は指を２本、赤い車に運ばれていったからだと思う人は指を３本立てましょう。

・ごきげんなライオンは誰が来たときが一番しあわせでしたか。学校の帰りにフランソワが通るときだと思う人は指を１本、音楽隊が通るときだと思う人は指を２本、ごちそうをもらったときだと思う人は指を３本立てましょう。

考査：2日目

個別テスト

３人１組で別室に移動して、パーティションで仕切られた机で、座って課題を行う。テスターの机上に出題用のボードがある。出題ごとにお手本を見せられる。

2 位置の模倣・数量

各自の机に、オセロの石が10個用意されている（オセロは表が黒、裏返すと白になることの説明があった後、１つのお手本ごとに２問ずつ課題を行う）。

・お手本と同じようにオセロの石を置きましょう。

・今置いたオセロの石の黒と白の数が半分ずつになるようにしましょう。

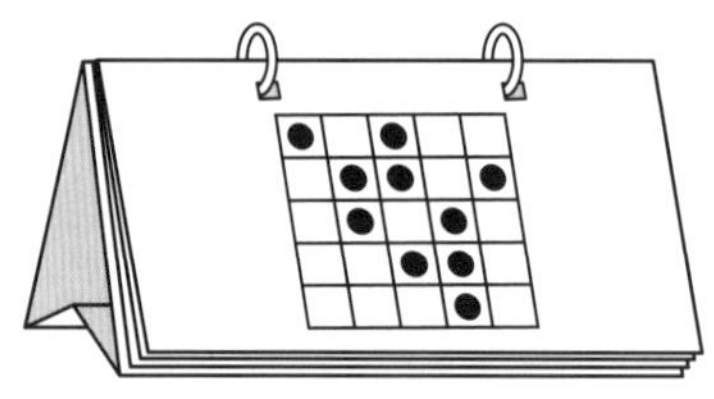

出題のつどめくられる

3 位置の移動・記憶

（オセロの石を使用）

５×７のマス目にお家、山、イチョウ、モミジ、リンゴ、サツマイモ、クリ、ドングリ、マツボックリなどの絵が描いてあり、中心の星印にオセロの石を黒にして置く。プリントの左側にウサギ、シカ、ヒマワリ、ミカンの絵がある。ウサギのときには上に、シカのときには下に、ヒマワリのときには左に、ミカンのときには右に１つ動く、というお約束で指示された通りにオセロの石を動かすことを確認する（ウサギは「ウ」がつくから上、といった覚え方を指示される）。また、わからないときは、クエスチョンマークに置くように指示される。1問行うとそのつど正解を教えてくれ、終えるごとに星にオセロの石を戻す。

・では上を見てください（シカ→ミカン→ミカンの順番で描かれた絵をテスターからボードで見せられる）。星のところからこの３つの絵のお約束通り順番に動いたとき、オセロの石はどの絵のところに動きますか。そのマス目にオセロの石を置きましょう。

・では今度はそのすぐ下です（ウサギ→シカ→ヒマワリ→ヒマワリ→ウサギの順番で描か

れた絵を見せられる)。星のところからこの5つの絵のお約束通り順番に動いたとき、オセロの石はどの絵のところに動きますか。そのマス目にオセロの石を置きましょう。

・星のところからお家のマス目まで行きます。(テスターが今度は星のところから左→左→上→左と動かすところを見せた後) ではこのように動くとすると、星の左の三角(指でマス目を示す) にはどの絵があればよいか、左の4つの絵から選んでオセロの石を置きましょう。

・今度は星のところからクリまで行きます。このように進んだとき(テスターが星のところから上→右→下→右→下→下→左→上→左とクリのところまでオセロの石を動かす様子を見せる)、星の隣の丸にはどの絵があればよいか、左の4つの絵から選んでオセロの石を置きましょう。

4 数 量

(各自の机の上に15個の解答用の積み木が置いてある) 黒と白の碁石でキャラメルを買う。黒い碁石1個でキャラメルを2個、白い碁石1個でキャラメルを4個買うことができるというお約束がある。

・クマは黒い碁石を3個持っています。ではいくつのキャラメルを買うことができますか。その数だけクマの横のマス目に積み木を1個ずつ置きましょう。

・男の子は今、キャラメルを5個持っています。そして黒い碁石1個、白い碁石1個でキャラメルを買うと、全部でキャラメルはいくつになりますか。その数だけ男の子の横のマス目に積み木を1個ずつ置きましょう。

・(積み木を片づけて) 今度はクマと男の子とキツネがキャラメルを買いに行きます。クマは白い碁石を2個、男の子は黒い碁石を1個と白い碁石を2個、キツネは黒い碁石を4個と白い碁石を1個持っています。では、キャラメルを一番多く買えるのは誰ですか。顔のところに積み木を置きましょう。

集団テスト

音楽室に移動して集団テストを行う。

歌・模倣体操・ダンス

・テスターのピアノの伴奏に合わせて「ドレミの歌」を歌う。

・「さんぽ」のピアノ伴奏に合わせて、1番はテスターのまねをして体を動かす。2番は自分の好きなように体を動かす。

運動テスト

体育館に全員で移動して運動テストを行う。

かけっこ

在校生がお手本として走り方を見せる。４人のグループでかけっこをする。スタート地点とゴール地点には青、黄色、赤、緑のコーンが２つずつ置いてあり、その間を走り抜ける。テスターが旗を振ったらスタートとし、同時に笛で合図をするテスターがいる。走り抜けたらゴールの向こう側の床に、青いテープが貼られているので指示通りに座って待つ。なお、スタート地点のコーンの手前に次に走る人用のラインがあり、そこで待つ。

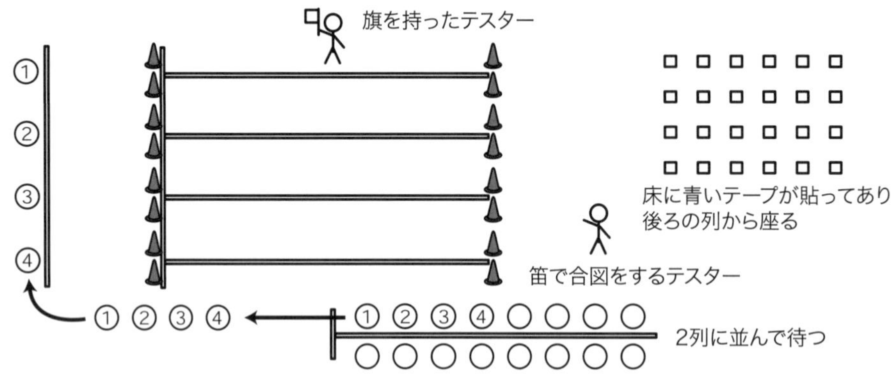

保護者面接

アンケートを記入し終わった順に呼ばれる。所要時間は約10分。２グループに分かれて行う。

父親

・お仕事について教えてください（仕事の内容、所在地、従業員数など）。
・出身校について教えてください。
・出身地について教えてください。
・（卒業生の場合）小学校のときの担任の名前を教えてください。
・大学ではどのようなことをしていたか教えてください。
・ご家庭ではお子さんとどのようにかかわっていますか。
・志望理由をお聞かせください。
・ご家庭でのご両親の役割分担について教えてください。
・本校への希望やお子さんのことで何かあればお話ししてください。
・学校への協力はどのように考えていますか。

母親

・お仕事について教えてください。
・出身校について教えてください。

・出身地について教えてください。
・ゴールデンウイークまでは送迎が必要ですが大丈夫ですか。
・卒業されてからどのようなお仕事をされていましたか。
・大学ではどのようなことをしていたか教えてください。
・ご自身の趣味について教えてください。
・自宅から学校までの経路、所要時間について教えてください。
・ご家庭の教育方針について教えてください。
・平日、お子さんとどのように過ごしているか教えてください。
・志望理由をお聞かせください。
・お子さんの入学準備は順調に進んでいますか。
・お子さんの長所と短所を教えてください。
・幼稚園（保育園）の運動会での様子について教えてください。
・本校への希望やお子さんのことで何かお話ししたいことがあればお話しください。
・キリスト教に抵抗はありますか。

面接資料／アンケート

面接の待ち時間にアンケート（下記項目）を記入し提出する。

・本人の名前、幼稚園（保育園）名、住所。
・保護者について（父、母それぞれの欄がある）。
・本人と保護者以外の同居家族について。
・自宅から学校までの交通機関と所要時間。
・立教小学校に期待すること。
・家庭での育児で気をつけていること。

1 — A

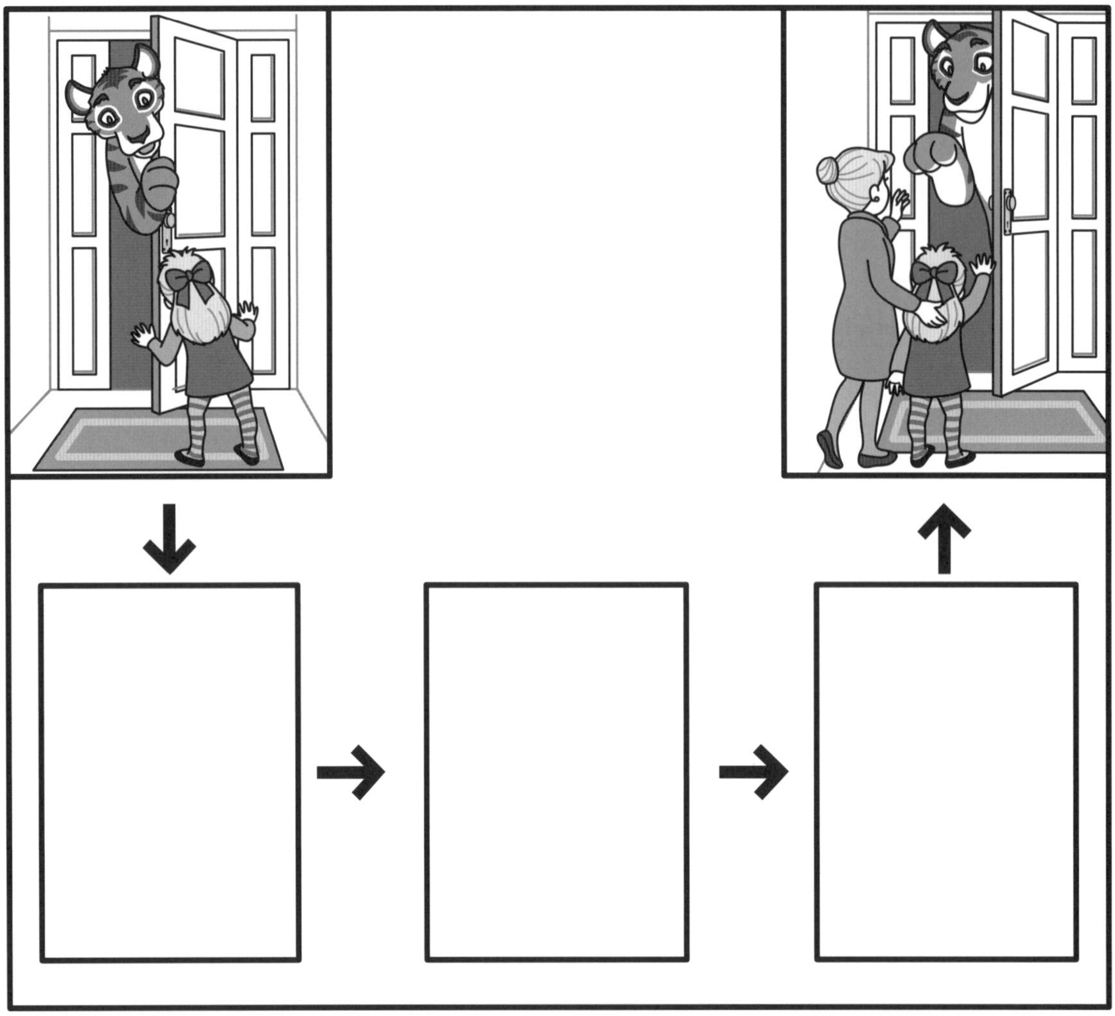

〈絵カード〉

1 — A B

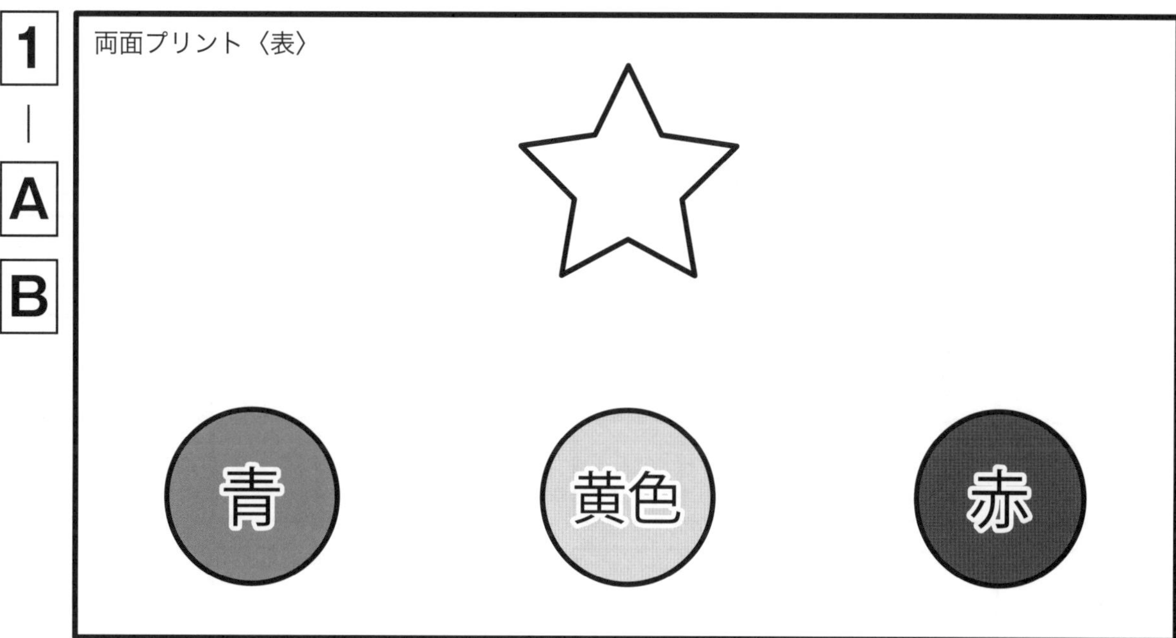

B

2

		●	●	
	●		●	
	●	●		

		●		
●	●	●	●	●
		●		
		●		

●		●		
	●	●		●
	●		●	
		●	●	
			●	

3

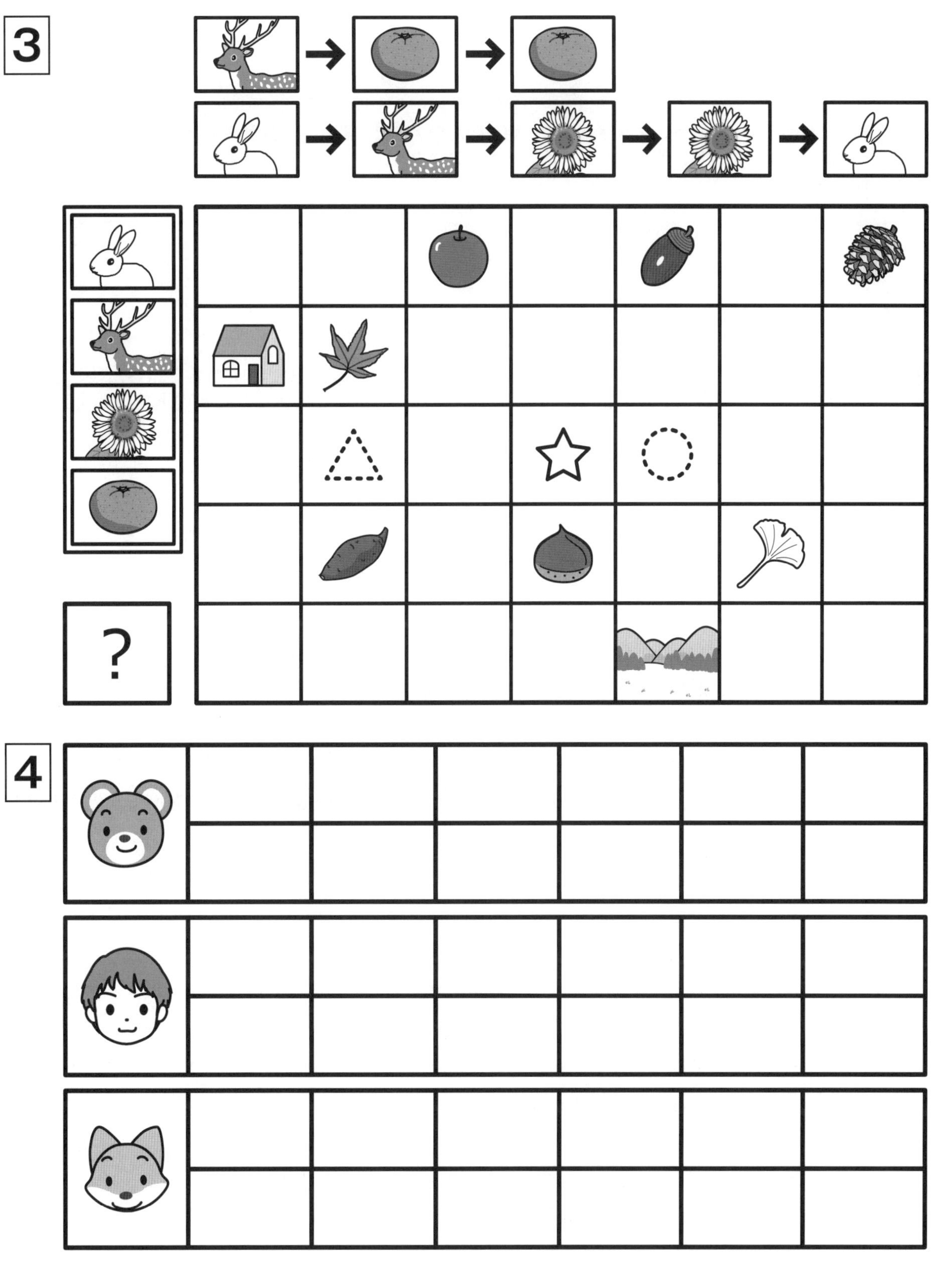

4

section
2013 立教小学校入試問題

選抜方法

考査は２日間で、生年月日の年長者からの受験番号順に、１日目は２人ずつの個別テストと、約20人単位で集団テストを行う。２日目は３人１組の個別テストと、約20人で集団テスト、運動テストを行う。所要時間は１日目は90分、２日目は65分とのアナウンスがあった。考査日前の指定日時に保護者面接がある。

考査：１日目

個別テスト

机がなく、いすのみが並べられている部屋で集団で話を聞いた後、別室に２人１組で誘導され、パーティションで仕切られた机の上で課題を行う。

1 話の記憶Ⅰ

「童話のどうぶつえん」（漆原智良文　いしいつとむ絵　アリス館刊）、「さるかに合戦」の２冊をプロジェクターを使い、集団で子どもたちに読み聞かせる。
机の上には台紙１枚と碁石１個、隣には碁石が１個入ったお皿が置いてある。
（台紙の表には左から青、黄色、赤の色の丸が、手前には碁石を置くスペースが四角でかいてあり、正しい答えだと思う色に碁石を移動させる。解答後、碁石はそのつど元に戻す）

「童話のどうぶつえん」からの出題。
- 動物園の入口には何がありましたか。ウサギ小屋だと思う人は青、花壇だと思う人は黄色、レンガの家だと思う人は赤に碁石を置きましょう。
- （場面の絵を見せられて）どうして子どもたちは入口に立っているのだと思いますか。あいさつをするためだと思う人は青、鳥をなでるためだと思う人は黄色、写真を撮るためだと思う人は赤に碁石を置きましょう。
- オオカミは何でお家を作りましたか。カシの木だと思う人は青、プラスチックだと思う人は黄色、鉄だと思う人は赤に碁石を置きましょう。
- ペンギンの餌は何でしたか。アジだと思う人は青、サンマだと思う人は黄色、イワシだと思う人は赤に碁石を置きましょう。

（台紙を裏返し、一番下の８枚のカードを使って解答をする）
「さるかに合戦」からの出題。
台紙の長四角の中に８枚のカードを並べて置く（順不同）。カードにはそれぞれカニ、クリ、ハチ、臼（うす）、オニ、イヌ、ネコ、カメの絵が描かれている。

・８枚のカードの中から､今のお話に出てきたものを､サルをこらしめた順番に並べましょう。ハートのマークから順番になるように四角の上に置き、余ったカードは輪ゴムでまとめて机の横のお皿の中に置いてください。

カードを置く四角がかいてある家の絵が配付される。

・サルをこらしめようと待ち伏せしていたとき、それぞれが隠れていた場所にカードを置きましょう。

集団テスト

別室に移動し、全員でＤＶＤを観る。

話の記憶Ⅱ

ＤＶＤ「三びきのこぶた」を観た後にテスターからの質問に答える。解答方法は、指示された数だけ指を立てるというもの。そのとき、声は出さないというお約束がある。

・１番目のブタはお家を何で造りましたか。木だと思う人は指を１本、鉄だと思う人は指を２本、わらだと思う人は指を３本立てましょう。

・２番目のブタが持っていた楽器は何でしたか。笛だと思う人は指を１本、ラッパだと思う人は指を２本、太鼓だと思う人は指を３本立てましょう。

・最後、オオカミは煙突から入ってどこに落ちましたか。火にかかった鍋の中だと思ったら指を１本、冷たい水の中だと思ったら指を２本、ベッドの上だと思ったら指を３本立てましょう。

考査：２日目

個別テスト

３人１組で別室に移動して、パーティションで仕切られた机で、座って課題を行う。

机の上には５×５のマス目がかいてある紙とオセロの石がカゴに入っている。オセロの石を使って課題を行う。

2 位　置

（マス目にオセロの石が並べられているお手本を見ながら行う）

・左のお手本と同じようにオセロの石を右のマス目に並べましょう。

3 位置・記憶

（マス目にオセロの石が並べられているお手本を見た後に、お手本は隠される）

・さっき見たお手本の通りにオセロの石を置きましょう。

4 推理・思考

5×5のマス目を使用。4×4でオセロの黒い石が並んでおり、ウサギとカメのカードが用意されている。
〈約束〉
カメはゆっくり歩くので、1マスずつ進んでいく。
ウサギはピョンピョン跳ぶので、1マスとばしに進んでいく。
ウサギとカメが通ったマス目のオセロは裏返す。
ウサギとカメが両方通るマス目のオセロはもう一度裏返す。

・左側です。先生がカードを置いた場所からウサギとカメが矢印のように進むとき、オセロはどうなるかお約束通りにオセロの石を裏返してください。
・右側です。このようにオセロの石が裏返っているときに、ウサギとカメのカードはどこに置けばよいでしょうか、カードを置いてください。

5 話の理解

プリントにウサギとカメ、サルとカニ、オオカミとブタの絵が描いてあり、それぞれにオセロの石が置いてある。
「これからジャンケンゲームをします。負けた方のオセロを裏返してください」
・ウサギとカメでジャンケンをしたら、カメが負けました。
・サルとカニでジャンケンをしたら、サルが勝ちました。
・オオカミとブタでジャンケンをしたら、オオカミはパーを出し、ブタはグーを出しました。
・最後に全員でジャンケンをしたらカメがチョキを出し、ほかの全員がパーを出しました。
※3～4問を連続で行う。そのつど、色を戻さずに続けて行う。

6 数 量

台紙（両面）の下の方に黒丸3つと白丸3つがかいてあり、同じ色のオセロの石を置くように指示される。中央に黄緑色の大きな楕円があり、そこに解答用のオセロを置く。表の面には次のようなお約束が絵で描いてあり、口頭で説明される。
〈約束〉
白1つは黒3つと同じ値段。
ミカン1個は白1つと同じ値段。
リンゴ1個はミカン2個と同じ値段。
※表の面でいくつか練習した後、台紙を裏にする。裏の面には同じような絵が描いてある

が、お約束の絵は描いていない。

・ミカン2個は何色のオセロがいくつで買えますか。その分だけ真ん中の黄緑色の楕円の中に置きましょう。
・リンゴ2個は何色のオセロがいくつで買えますか。その分だけ真ん中の黄緑色の楕円の中に置きましょう。

集団テスト

歌・模倣体操・ダンス

・テスターのピアノの伴奏に合わせて「アイ・アイ」を歌う。
・「線路は続くよどこまでも」のピアノ伴奏に合わせて、1番はテスターのまねをして体を動かす。2番は自分の好きなように体を動かす。

運動テスト

体育館に全員で移動して運動テストを行う。

かけっこ

在校生がお手本として走り方を見せる。4人のグループでかけっこをする。スタート地点とゴール地点に2つずつコーンが置いてあり、その間を走り抜ける。テスターが旗を振ったらスタートとし、同時に笛で合図をするテスターがいる。走り抜けたらゴールの向こう側の床に、白いテープが貼られているので指示通りに座って待つ。なおスタート地点のコーンの手前に次に走る人用のラインがあり、そこで待つ。

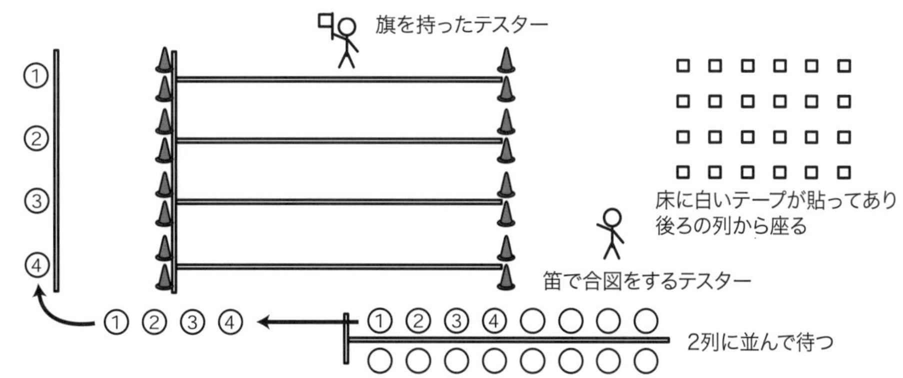

保護者面接

アンケートを記入し終わった順に呼ばれる。所要時間は約10分。2グループに分かれて行う。

父　親

・お仕事について教えてください。
・出身校について教えてください。
・出身地について教えてください。
・学生時代に打ち込んでいたことについて教えてください。
・ご家庭ではお子さんとどのようにかかわっていますか。
・志望理由をお聞かせください。
・本校への希望やお子さんのことで何かあればお話ししてください。

母　親

・お仕事について教えてください。
・出身校について教えてください。
・出身地について教えてください。
・ご自身の趣味について教えてください。
・ご家庭の教育方針について教えてください。
・男子校に対する考えをお聞かせください。
・幼稚園（保育園）でのお子さんの様子はいかがですか。
・本校への希望やお子さんのことで何かあればお話ししてください。

面接資料／アンケート

面接の待ち時間にアンケート（下記項目）を記入し提出する。

・本人の名前、幼稚園（保育園）名、住所。
・保護者について（父、母それぞれの欄がある）。
・本人と保護者以外の同居家族について。
・自宅から学校までの交通機関と所要時間。
・立教小学校に期待すること。
・家庭での育児で気をつけていること。

1

2

	○		●	
		●		
●			○	
○			●	○
		○		

3

○				○
	●		●	
		○		
	●		●	
○				○

			●	●
			○	○
		○		
○	○			
●	●			

4

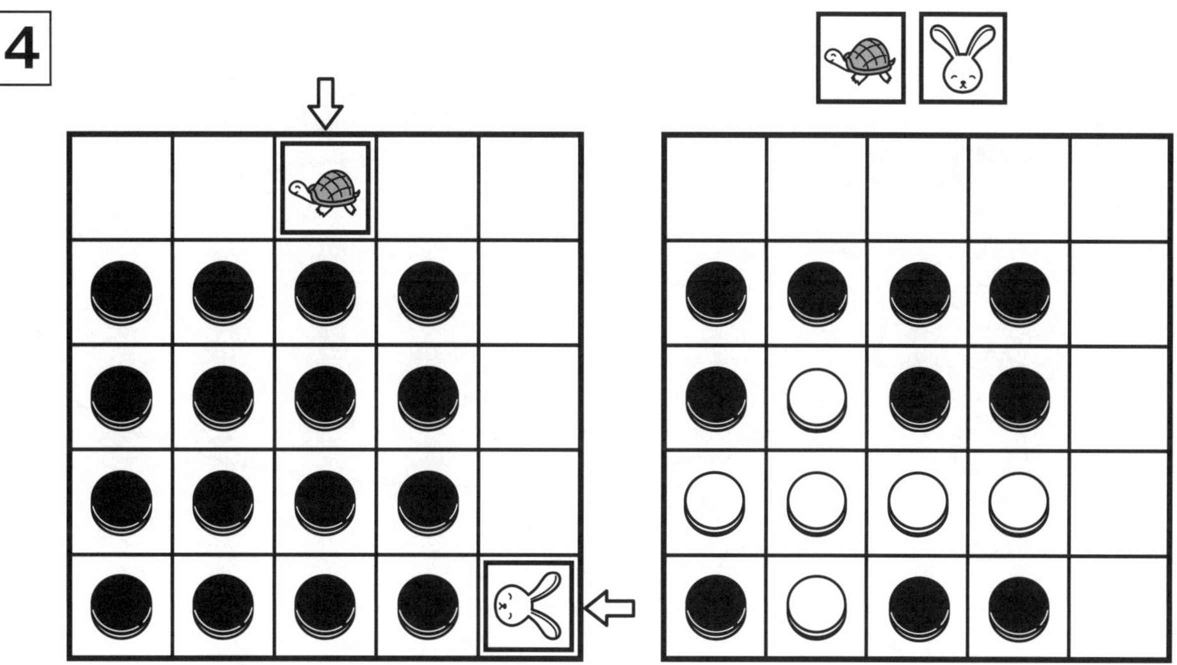

5

6

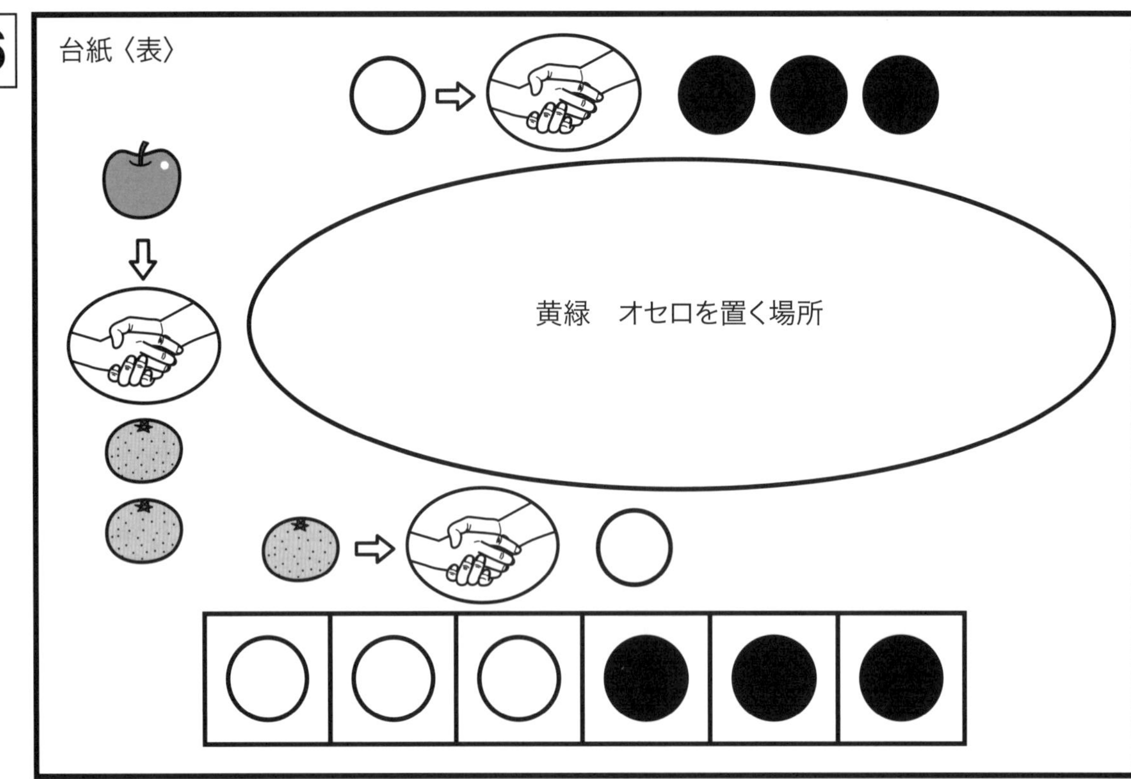

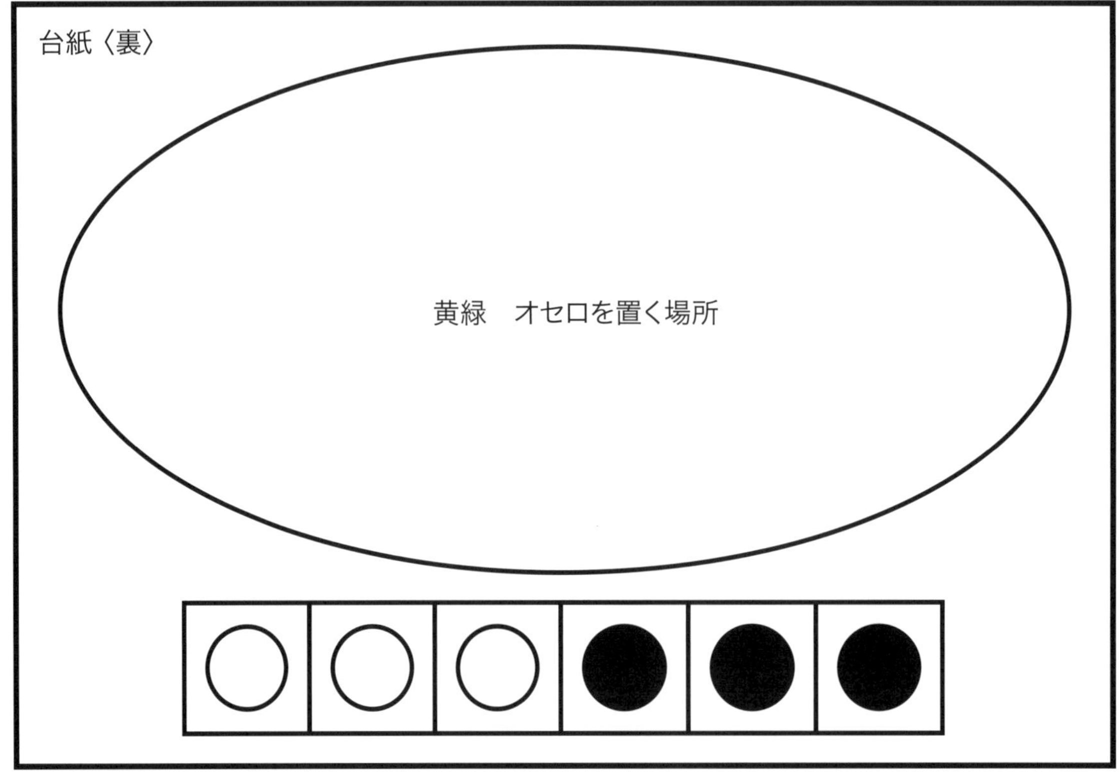

section
2012　立教小学校入試問題

選抜方法

考査は２日間で、生年月日の年長者からの受験番号順に、１日目は約20人単位の集団テストと２人ずつ仕切りのある机で個別テストを行う。２日目は３人１組の個別テストと、約20人で集団テスト、運動テストを行う。所要時間は１日目は約１時間20分、２日目は約１時間。考査日前の指定日時に両親面接がある。

考査：１日目

集団テスト

話の記憶Ⅰ

ＤＶＤブック「にじいろのさかな」（マーカス・フィスター作・絵　谷川俊太郎訳　講談社刊）を静かに観た後にテスターからの質問に答える。解答は、指示に従い手でグーチョキパーを出したり、指を指定された数だけ立てたりして行う。そのとき、声は出さないというお約束がある。

・にじうおがキラキラうろこをあげた生き物は何でしたか。小さい青い魚だと思う人は指を１本、大きくて黒い魚だと思う人は指を２本、かしこいタコだと思う人は指を３本立てて胸の前に出しましょう。
・にじうおのキラキラうろこは何色でしたか。金色だと思う人は指を１本、銀色だと思う人は指を２本、青色だと思う人は指を３本立てて胸の前に出しましょう。
・にじうおのひれの色は何色でしたか。茶色だと思う人は手をグーに、黄色だと思う人は手をチョキに、青色だと思う人は手をパーにして胸の前に出しましょう。
・にじうおがどうして誰にも好きになってもらえないのかと、最初に聞いた生き物は何でしたか。タコだと思う人は指を１本、ヒトデだと思う人は指を２本、イソギンチャクだと思う人は指を３本立てて胸の前に出しましょう。
・にじうおは、最後にはキラキラうろこが１枚だけになりましたが、そのときどんな気持ちでしたか。寂しい気持ちだと思う人は手をグーに、悲しい気持ちだと思う人は手をチョキに、しあわせな気持ちだと思う人は手をパーにして胸の前に出しましょう。

個別テスト

1 話の記憶Ⅱ

お話の前に、静かにしっかりと聞くようにというお約束がある。「ハリネズミと金貨　ロシアのお話」(V.オルロフ原作　田中潔文　V.オリシヴァング絵　偕成社刊）のお話の絵が順番にプロジェクターでスクリーンに映し出され、子どもたちに向けてテスターがお話を読む。子どもたちはお話を聞いた後、別室に２人１組で呼ばれる。机の中に絵カード８枚、解答用の台紙１枚、碁石１個が用意されている。それを机の上に出して質問に答える。

・お話に出てきた靴は何でできていましたか。台紙にかいてある赤、青、黄色の丸のうち、葉っぱだと思う人は赤、ドングリだと思う人は青、木だと思う人は黄色に碁石を置きましょう。
・(台紙を裏返す。あらかじめ下のような絵カードが用意されている）台紙の星の横から、ハリネズミが出会った順番に生き物のカードを並べましょう。そして、その生き物たちがハリネズミに渡したもののカードを、それぞれの生き物のカードの下に置いてください。
・あなたが欲しいもののカードを選び、星の印の上に置きましょう。どうしてそれを選んだのかお話ししてください。

考査：2日目

個別テスト

３人１組で別室に呼ばれ、仕切りのある机で行う。

2 構　成

積み木を使った課題を行う。積み木は木地で（色はなし)、約10個トレーの上に載せられ机の上に用意されている。
・テスターのお手本を見て、同じ形を作りましょう（３種類)。
・好きなものを作り、何を作ったのかお話ししてください。

3 数　量

各面に、自動車、自転車、三輪車、船が描かれたサイコロが２つ（自動車と船は向かい合う２面ずつに描いてあり、残りの１面ずつに、三輪車、自転車が描いてある）と解答用台紙、碁石を使って行う。

・上の段です。台紙に描いてある乗り物のタイヤの数を合わせた数だけ星の横のマス目に碁石を置きましょう。
・下の段です（テスターが星の横の黒丸のように碁石を置く）。この碁石の数と２つのサイコロの乗り物のタイヤの数を合わせた数が同じになるように下のクエスチョンマークの四角にサイコロを置きましょう。サイコロは、答えの乗り物の絵が上になるように置きましょう。

4 推理・思考

向かい合う２面に、それぞれグー、チョキ、パーが描かれたサイコロと解答用プリント、碁石を使って行う。

・グーが描かれた黄色のところからスタートし（グーが上になるように置く）、サイコロをマス目に沿って転がしていきます。縦に転がすときはグーパー、グーパーと進み、パーのところで横に曲がるときはパーチョキ、パーチョキと転がします。縦にグーパーグーパーと進んで、グーのところで横に曲がるときはグーチョキ、グーチョキと転がしていきます。では、黄色い三角のところまでサイコロが進んだときにどの絵が上になりますか。上になると思う絵（グー、チョキ、パー）と同じところに碁石を置きましょう。
・赤い四角のところには、どの絵が上になりますか。その絵の上に碁石を置きましょう。

（プリントを裏返す）
・今と同じお約束でサイコロを黄色のグーから転がします。赤い丸のところで上になる絵の上に碁石を置きましょう。
・緑の三角のところで上になる絵に碁石を置きましょう。
・青のバツのところで上になる絵に碁石を置きましょう。

集団テスト

歌・模倣体操・ダンス

・「ちいさい秋みつけた」のピアノ演奏に合わせて、歌を歌う（１回目はテスターが歌いながらの演奏に合わせて、２回目は演奏のみに合わせて歌う）。
・「にんげんっていいな」のピアノ演奏に合わせて、歌を歌う（１回目はテスターが歌いながらの演奏に合わせて、２回目は演奏のみに合わせて歌う）。
・「にんげんっていいな」のピアノ演奏に合わせて、１番はテスターのまねをして体を動かす。２番は自分の好きなように体を動かす。

運動テスト

かけっこ

４人でかけっこをする。スタート地点とゴール地点に、４色のコーンが同じ色同士、向かい合うように置かれている。そのコーンの間を走る。走った後は、黒い丸のところで座って待つ。

両親面接

アンケートを記入し終わった順に呼ばれる。所要時間は約10分。２グループに分かれて行う。

父親

・お仕事について教えてください（仕事の内容・所在地・従業員数など）。
・出身校について教えてください。
・大学ではどのようなことをしていたか教えてください。
・出身地について教えてください。
・ご家庭ではお子さんとどのようにかかわっていますか。
・志望理由を教えてください。
・ご家庭での両親の役割分担について教えてください。
・本校への希望やお子さんのことで何かあればお話ししてください。

母親

・お仕事について教えてください。
・大学を卒業後、どのようなお仕事をされていたか教えてください。
・出身校について教えてください。
・大学ではどのようなことをしていたか教えてください。
・出身地について教えてください。
・ご自身の趣味について教えてください。
・自宅から学校までの経路、所要時間について教えてください。
・ご家庭の教育方針について教えてください。
・平日、お子さんとどのように過ごしているか教えてください。
・志望理由を教えてください。
・お子さんの入学準備は順調に進んでいますか。
・お子さんの長所と短所を教えてください。
・本校への希望やお子さんのことで何かあればお話ししてください。

面接資料／アンケート　面接の待ち時間にアンケート（下記項目）を記入する。

・本人の名前、幼稚園（保育園）名、住所。
・保護者について（父、母それぞれの欄がある）。
・本人と保護者以外の同居家族について。
・自宅から学校までの交通機関と所要時間。
・立教小学校に期待すること。
・家庭での育児で気をつけていること。

1

台紙〈表〉

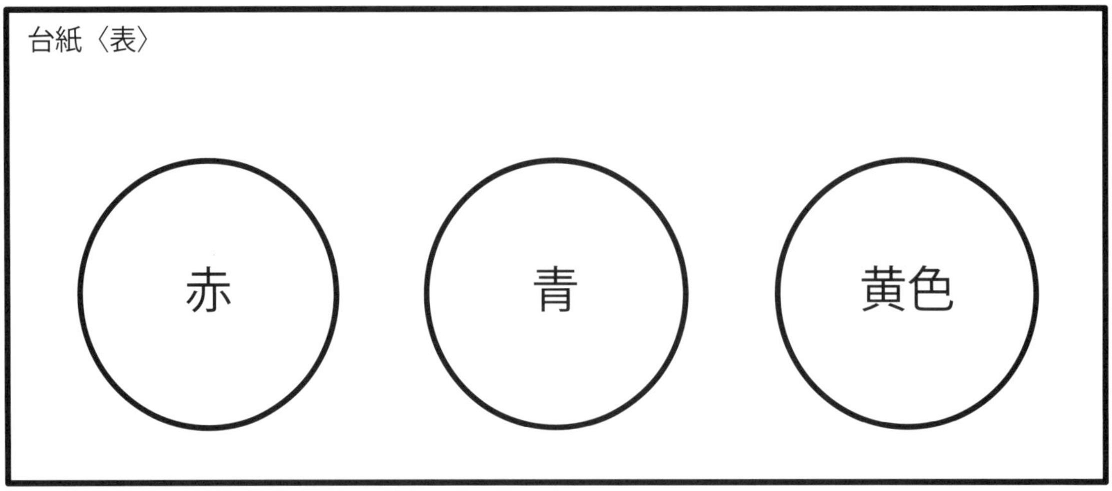

赤	青	黄色

台紙〈裏〉

☆					

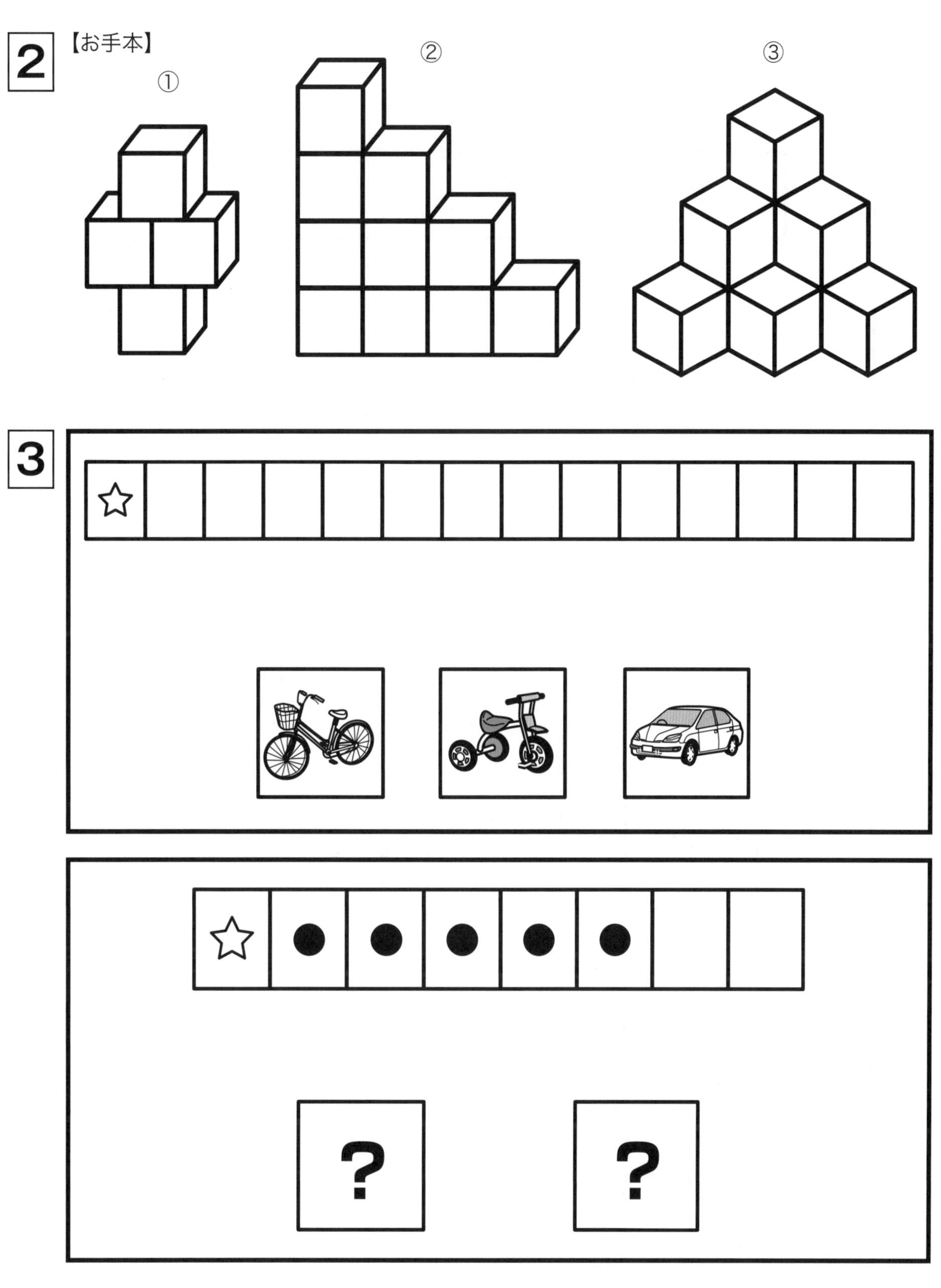
2
【お手本】
①
②
③
3
?
?

4

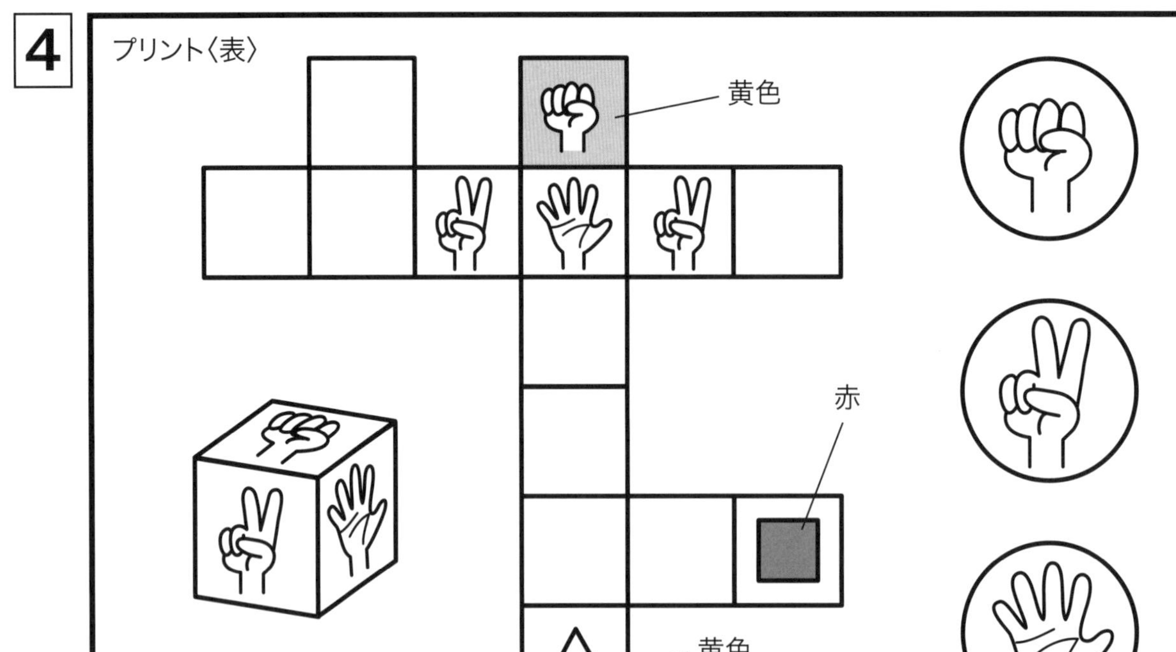

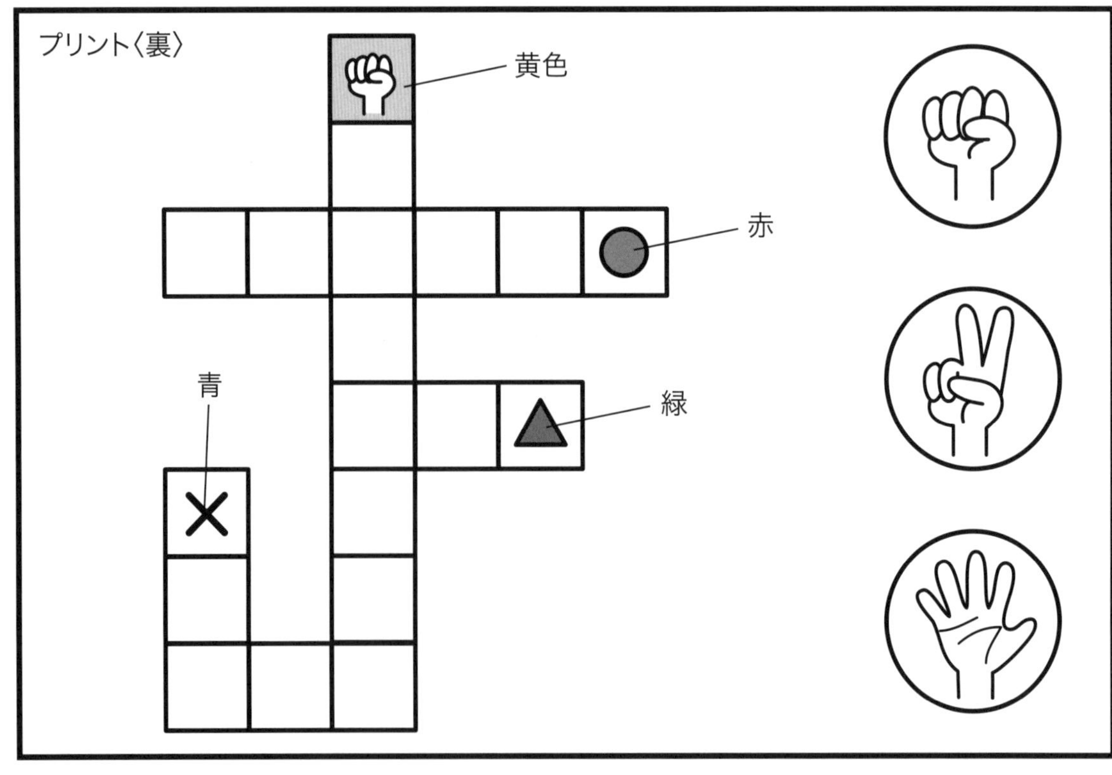

section
2011 立教小学校入試問題

選抜方法

考査は２日間で、生年月日の年長者からの受験番号順に、１日目は２人ずつ仕切りのある机で個別テストと約20人で集団テストを行う。２日目は３人１組の個別テストと、約20人で集団テスト、運動テストを行う。所要時間は１日目は約１時間20分、２日目は約１時間10分。考査日前の指定日時に両親面接がある。

考査：１日目

個別テスト

1 話の記憶Ⅰ

「ぶたぶたくんのおかいもの」（土方久功作・絵　福音館書店刊）のお話が、プロジェクターでスクリーンに映し出されるのを見ながら静かに聞く。お話はテスターが読み聞かせる。お話を聞いた後、在校生（６年生）の誘導により２人１組で別室に呼ばれて仕切りのある机の上で質問に答える。机の上には、碁石１個が入ったお皿と解答用のプリントが１枚置いてある。プリントの上には碁石が２個置いてある。
各自のプリントには４色の丸がかいてあり（左上の絵）、置いてある碁石を使って解答する。テスターが出題に応じた絵を見せ、プリントの対応する場所に碁石を置く。

・（Ⓐを示しながら）最初にお話に出てきた生き物は何でしたか。ブタだと思ったら黒、クマだと思ったら赤、カメだと思ったら黄色、カラスだと思ったら青の丸に碁石を置きましょう。
・八百屋さんで会った生き物は何でしたか。ブタだと思ったら黒、クマだと思ったら赤、カメだと思ったら黄色、カラスだと思ったら青の丸に碁石を置きましょう。
・（Ⓑを示しながら）最初に行ったお店はどこでしたか。お花屋さんだったら黒、パン屋さんだったら赤、八百屋さんだったら黄色、おかし屋さんだったら青の丸に碁石を置きましょう。
・３番目に行ったお店はどこでしたか。お花屋さんだったら黒、パン屋さんだったら赤、八百屋さんだったら黄色、おかし屋さんだったら青の丸に碁石を置きましょう。
・（Ⓒを示しながら）八百屋さんで買ったものは何でしたか。ジャガイモだったら黒、リンゴだったら赤、バナナだったら黄色、トマトだったら青の丸に碁石を置きましょう。

実際はプリントを裏面にすると、地図が描いてある。

・(Ⓓを示しながら) 道に黒い四角がかいてありますね。それぞれの道で生き物たちは何匹で歩きましたか。その数だけ黒い四角の中に碁石を置きましょう。
・ブタ、カラス、クマの3匹が分かれた場所はどこでしたか。その場所に碁石を置きましょう。
・最後にぶたぶたくんが通った道に碁石を置きましょう。
・自分がぶたぶたくんだったら、お家に帰ったときお母さんに何と言いますか。お話ししましょう。
・自分がお母さんだったら、帰ってきたぶたぶたくんに何と言いますか。お話ししましょう。

集団テスト

話の記憶Ⅱ

テレビに映るアニメーション「ベッドのまわりはおばけがいっぱい」(ジェイムズ・スティーブンソン作・絵) を静かに観た後にテスターからの質問に答える。解答は、指示に従いグーパーを出したり、指を立てたりして行う。そのとき、声は出さないというお約束がある。

・お話に出てきたおじいさんにはひげがありましたか。あると思う人はグーを出し、ないと思う人はパーを出しましょう。
・黄色い目玉は何でしたか。車のライトだと思う人は指を1本、ホタルだと思う人は指を2本、月の明かりだと思う人は指を3本にして、出しましょう。
・コウモリの音は何でしたか。カーテンが揺れる音だと思う人は指を1本、本がめくれる音だと思う人は指を2本、風の音だと思う人は指を3本にして、出しましょう。
・大きな鳥は何でしたか。ガだと思う人は指を1本、カラスだと思う人は指を2本、ネコだと思う人は指を3本にして、出しましょう。
・海賊が戦っている音は何でしたか。空き缶を落とした音だと思う人は指を1本、カナヅチで釘を打つ音だと思う人は指を2本、ネコが缶の上を跳んでいる音だと思う人は指を3本にして、出しましょう。
・窓から入ってきた幽霊は何でしたか。カーテンだと思う人は指を1本、風だと思う人は指を2本、ネコだと思う人は指を3本にして、出しましょう。
・窓をよじ登ってくるガイコツの音は何でしたか。木の枝が風できしんでいる音だと思う人は指を1本、窓に風が当たる音だと思う人は指を2本、雨の音だと思う人は指を3本にして、出しましょう。

・お話の最後に食べたデザートは何でしたか。プリンだと思う人は指を１本、アイスクリームだと思う人は指を２本、ケーキだと思う人は指を３本にして、出しましょう。

身体表現

話の記憶Ⅱの後に行う。

・もしあなたならどんなお化けになりたいですか。やってみましょう。

考査：２日目

個別テスト

３人１組で別室に呼ばれ、仕切りのある机で行う。

2 構　成

机の上にパターンブロック（六角形３個、ひし形５個、台形４個、正三角形10個、正方形２個）が用意してある。解答にあたり、ブロックを使ってもよい。

・（黄色の六角形のブロックを見せられる）ここにあるブロックを使って同じ形を２つ作ってください。

・（黄色の六角形のブロックを見せられる）緑の三角形のブロックで何個分ですか。

・（赤の台形のブロックを見せられる）緑の三角形のブロックで何個分ですか。

3 系列完成

・（絵のように置かれたブロックを見せられる）この次は何をどのように置けばよいですか。次に来るブロックを１つ選んで机の上に置きましょう。

ジャンケンゲーム

2のブロックが用意してある。初めに、四角のブロックが「グー」、ひし形のブロックが「チョキ」、六角形のブロックが「パー」であると説明がある。

・テスターがひし形のブロックを出し、「これに勝つブロックを取ってください」と言われる（同様に六角形、四角の順にブロックが出される）。

・テスターが六角形のブロックを出し、「これに負けるブロックを取ってください」と言われる（同様に四角、ひし形の順にブロックが出される）。

4 構　成

2のブロックと絵のような５つのお手本が用意してある。右下の四角の中のお手本は実際はカラー写真で出された。

・お手本の絵と同じように、ブロックでそれぞれの形を１つずつ作っていきましょう。

集団テスト

歌・模倣体操・ダンス

・テスターのピアノ伴奏に合わせて「森のくまさん」を歌う。
・「勇気100%」の曲に合わせてリズム体操を行う。１回目はテスターのまねをして、２回目は自分の好きなように体を動かす。

運動テスト

体育館に移動して行う。

かけっこ

在校生がお手本として実際に競走をして見せる。４、５人のグループでかけっこをする。スタートは２つのコーンの間のバツ印で、その後方に三角、四角などの印があり、そこに立って待つ。旗と笛の合図でスタートし、前方のコーンまで走る。２列目の子は前の子がスタートしたら、バツ印に進み、後ろの子も順に前へ詰めていく。走り終わったら、指示されたところに座って、全員が終了するまで静かに待つ。

両親面接

アンケートを記入し終わった順に呼ばれる。所要時間は約10分。２グループに分かれて行う。

父親

・お仕事について教えてください。
・出身校について教えてください。
・出身地について教えてください。
・お父さまの趣味について教えてください。
・ご家庭ではお子さんとどのようにかかわっていますか。
・志望理由をお聞かせください。
・キリスト教に対する考えをお聞かせください。
・本校への希望やお子さんのことで何かあればお話ししてください。

母親

・お仕事について教えてください。
・出身校について教えてください。
・出身地について教えてください。

・ご自身の趣味について教えてください。
・ご家庭の教育方針について教えてください。
・志望理由をお聞かせください。
・男子校に対する考えをお聞かせください。
・幼稚園（保育園）でのお子さんの様子はいかがですか。
・本校への希望やお子さんのことで何かあればお話ししてください。

面接資料／アンケート

面接の待ち時間にアンケート（下記項目）を記入する。鉛筆が置いてあり、自由に使える。

・本人の名前、幼稚園（保育園）名、住所。
・保護者について（父、母それぞれの欄がある）。
・本人と保護者以外の同居家族について。
・自宅から学校までの交通機関と所要時間。
・立教小学校に期待すること。
・家庭での育児で気をつけていること。

1

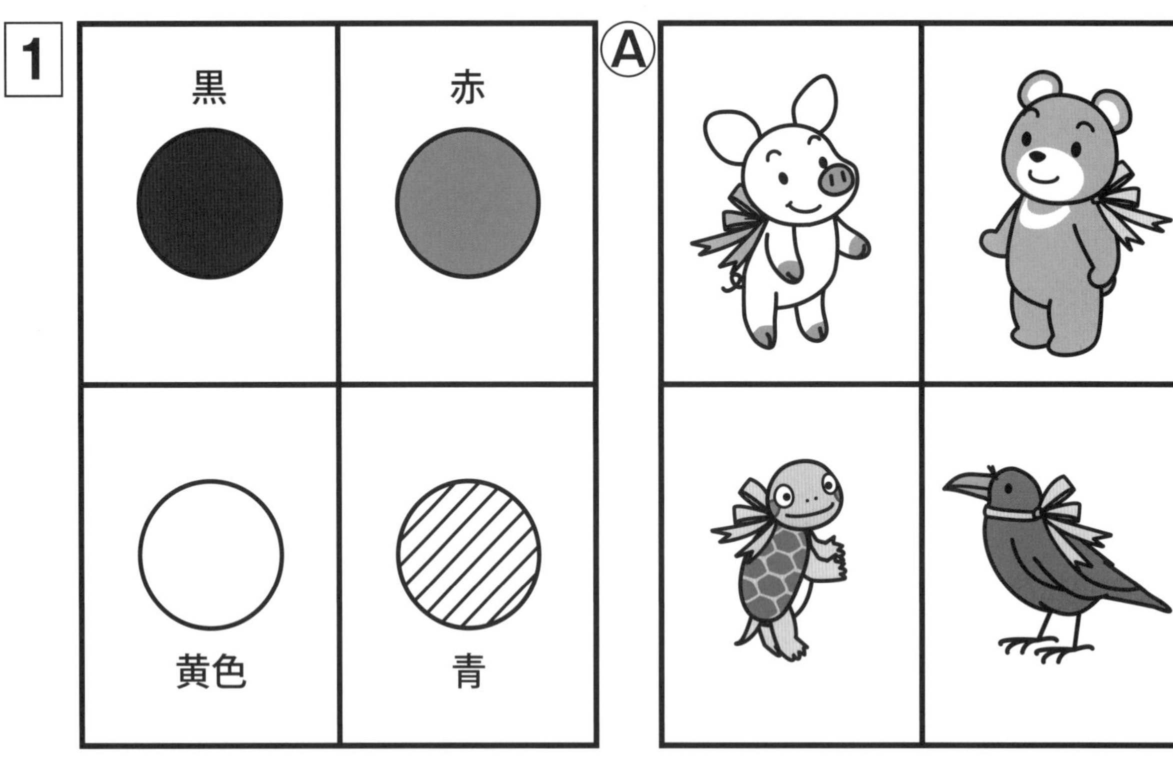

Ⓓ

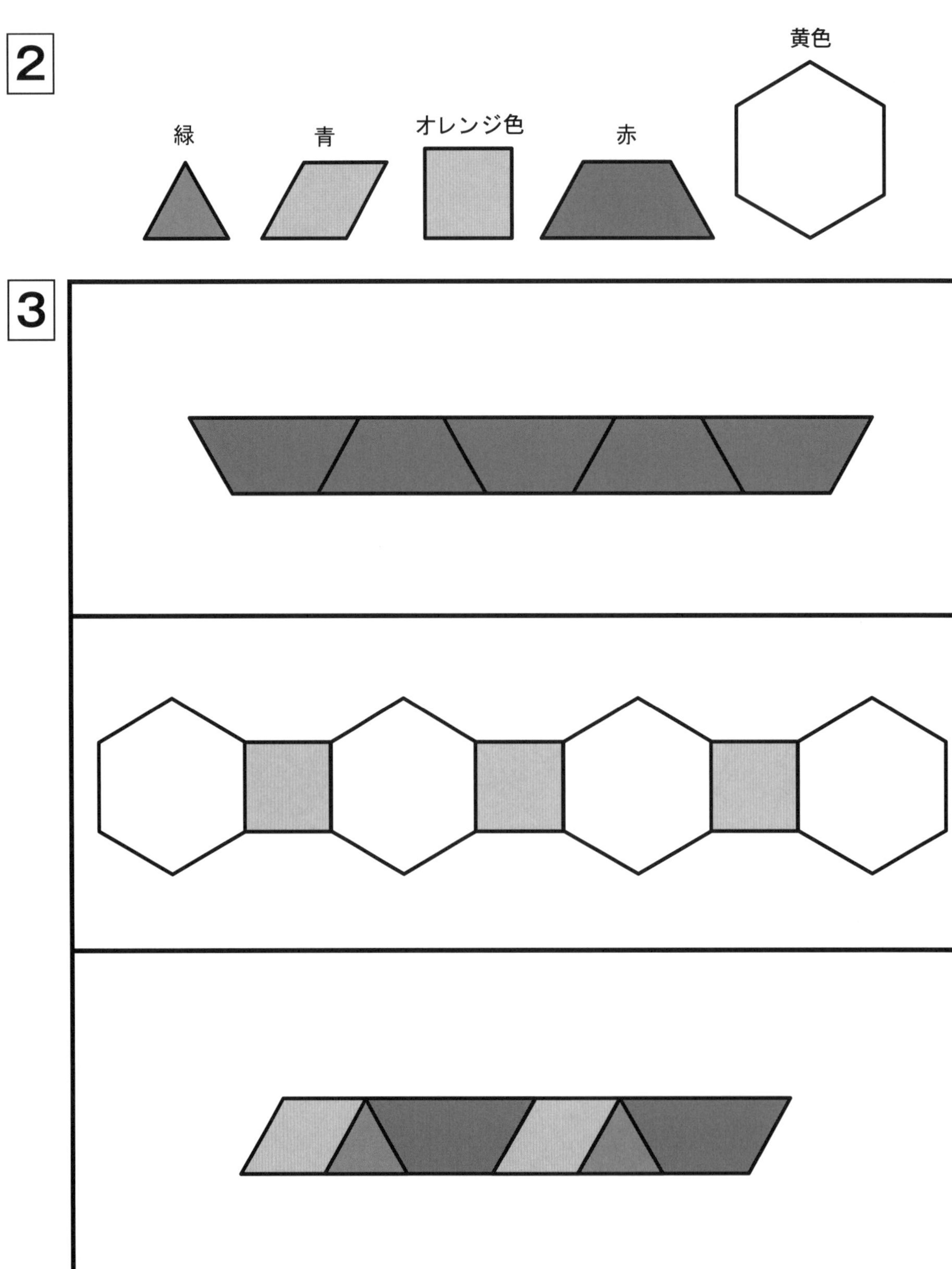
2
黄色
緑
青
オレンジ色
赤
3

4

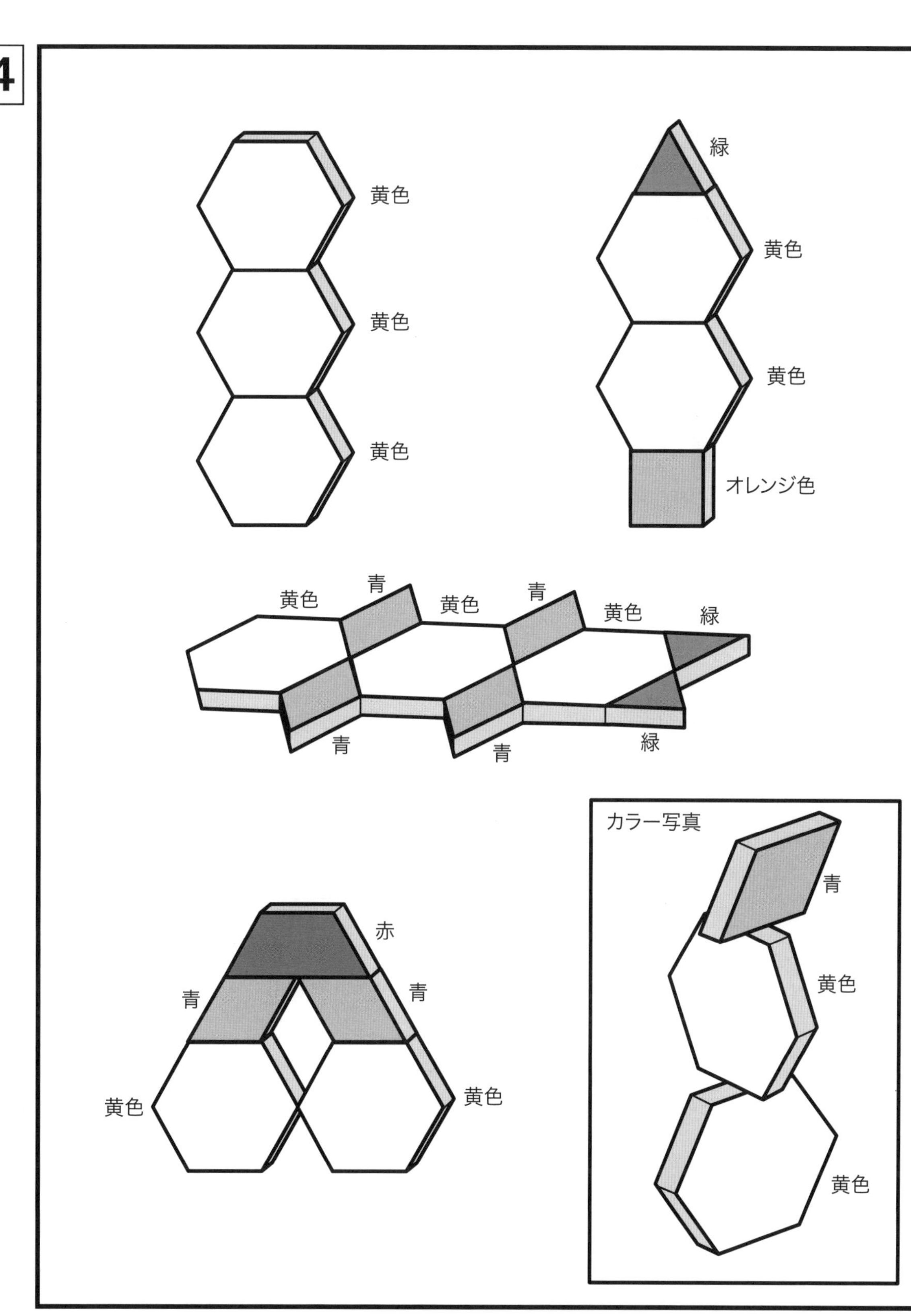

section
2010 立教小学校入試問題

選抜方法

考査は２日間で、生年月日の年長者からの受験番号順に、１日目は２人ずつの個別テストを行う。２日目は３人１組のグループで行う個別テストと、集団テスト、運動テストを行う。所要時間は１日目は約１時間20分、２日目は約１時間10分。考査日前の指定日時に両親面接があり、アンケートに記入してから面接を受ける。

考査：１日目

個別テスト

1 推理・注意力

テスターの鳴らした楽器の音色を聞く。

・今鳴った楽器はどれですか。タンバリンだと思ったら青いところ、太鼓だと思ったら赤いところ、カスタネットだと思ったら黄色いところ、トライアングルだと思ったら黒いところに碁石を置きましょう。

2 話の記憶Ⅰ

お話の前に、トライアングルが鳴ったら静かにするというお約束をする。

「はじめてのおつかい」（筒井頼子作　林明子絵　福音館書店刊）のお話の絵が順にプロジェクターでスクリーンに映し出され、子どもたちに向けてテスターがお話を読む。子どもたちはお話を聞いた後、別室に２人１組で呼ばれて、仕切りのある机の上で質問に答える。絵カード４枚、おもちゃのお金が入ったカゴ、解答用のプリント２枚、黒い碁石２個が机の中に用意されている。

・今のお話の中で、お母さんとお約束をしたことは何だったでしょうか。走らないことだと思ったら青いところ、車に気をつけることだと思ったら赤いところ、お釣りを忘れないことだと思ったら黄色いところ、転ばないことだと思ったら黒いところに碁石を置きましょう。

（カゴに入っているおもちゃのお金100円玉４枚、10円玉４枚を出す）

・お母さんからもらったお金は、いくらでしたか。カゴの中から出しましょう。

（おばさん、黒い眼鏡をかけた人、自転車に乗ったおじさん、お友達のカードを出す）
・お話に出てきた順番にカードを並べましょう。
（パン、ケーキ、牛乳、たばこが描かれた台紙を渡される）
・誰が何を買ったのか、買ったものの上に買った人のカードを置きましょう。
・最後に女の子はどんな気持ちでしたか。お話ししてください。

話の記憶Ⅱ

「つみきのいえ」（平田研也文　加藤久仁生絵　白泉社刊）のお話を、プロジェクターでスクリーンに映し出された絵を見ながら静かに聞く。お話はテープから流れてくる。お話を聞いた後、テスターからの質問に挙手や指示に従って指で数を示して答える。挙手のときには「黙って手を挙げましょう」というお約束がある。

・おじいさんは何人暮らしでしたか。胸の前でその数だけ指を出しましょう。
・おじいさんは何色のシャツを着ていましたか。
・おじいさんが海に落としてしまったものは何ですか。
・あなたならこの家に何という名前をつけますか。「水の家」だと思う人は指を１本、「煙突の家」だと思う人は指を２本、「積み木の家」だと思う人は指を３本、胸の前に出しましょう。

考査：2日目

個別テスト

3 数　量

３人１組で仕切りのある机の上で碁石を使った課題を行う。テスターは「魔法のポケット」がついたエプロンをつけている。「ポケットに碁石を入れて赤い丸のボタンを押すと、入れた数より１つ増えた数が出てきます。青い四角のボタンを押すと、入れた数と同じ数だけ増えて出てきます」と説明がある。
（テスターがポケットに碁石を４つ入れて赤いボタンを押す）
・出てくると思う数と同じ数の碁石を上の星のマス目に並べましょう。
（テスターがポケットに碁石を３つ入れて青いボタンを押す）
・出てくると思う数と同じ数の碁石を下の星のマス目に並べましょう。

4 構　成

ブロックで作られたお手本と下の絵のようなブロックのパーツ（２種類）が置いてある。

・この形①〜③を作るためには、どのブロックが何枚いりますか。机の上に必要な数だけ並べましょう。
・お手本と同じ形をブロックで作りましょう。

集団テスト

歌・模倣体操・ダンス

・「ぞうさん」のピアノ伴奏に合わせて、歌を歌う。
・「線路は続くよどこまでも」のピアノ伴奏に合わせて、テスターのまねをして体を動かす。2番は自分の好きなように体を動かす。

運動テスト

かけっこ

5人でかけっこをする。

両親面接

2部屋を使い同時進行で行われる。

父親

・どんなお仕事をされているのですか。
・出身校はどこですか。
・ご自身の趣味は何ですか。
・お子さんの名前の由来を教えてください。
・ご家庭の教育方針を教えてください。
・キリスト教についてどのようにお考えですか。
・志望理由をお聞かせください。
・本校への希望やお子さんのことで何かお話ししたいことがあればお話しください。

母親

・どんなお仕事をされているのですか。
・出身校はどこですか。
・ご自身の趣味は何ですか。
・子育てで特に気をつけている点は何ですか。

・お子さんが今、夢中になっていることは何ですか。
・お子さんの幼稚園（保育園）での様子はいかがですか。
・キリスト教についてどのようにお考えですか。
・志望理由をお聞かせください。
・立教小学校に期待することは何ですか。
・本校への希望やお子さんのことで何かお話ししたいことがあればお話しください。

面接資料／アンケート

面接の待ち時間にアンケート（下記項目）を記入する。

・本人の名前、幼稚園（保育園）名、住所。
・保護者について（父、母それぞれの欄がある）。
・本人と保護者以外の同居家族について。
・自宅から学校までの交通機関と所要時間。
・立教小学校に期待すること。
・家庭での育児で気をつけていること。

1
2
青
赤
黄色
黒
2
100
100
10
10
100
100
10
10
MILK
MILK
CIGARETTES

3

4

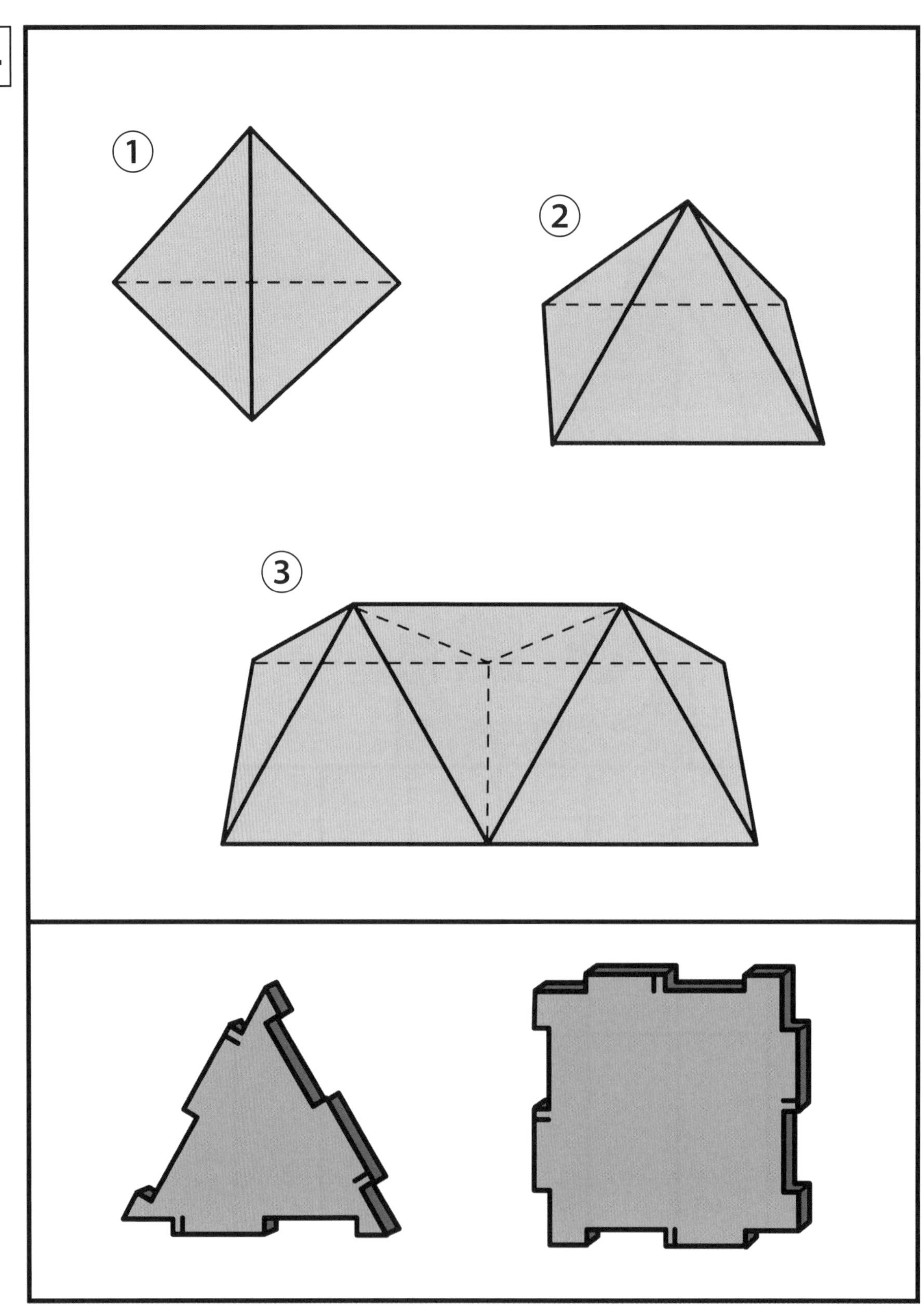

section
2009 立教小学校入試問題

選抜方法

考査は２日間で、生年月日の年長者からの受験番号順に１日目は個別テストと集団テストと運動テスト、２日目は個別テストを行う。所要時間は１日目は約１時間、２日目は約１時間30分。考査日前の指定日時に両親面接があり、アンケートに記入してから面接を受ける。

考査：１日目

個別テスト

1 構成・思考

３人１組で仕切りのある机の上で、ブロックを使った課題を行う。

Ａ机の上にあるブロックでお手本と同じ形を作りましょう。

Ｂお手本の影と同じ形になるようにブロックを全部使って組み立てましょう。

Ｃお手本の階段が倒れないようにするにはどうすればよいですか。大きなブロックを１つだけ使って支えましょう。

2 推理・思考

・小さなブロックを１つ使って、大きなブロックの飛び出ている丸いところを４つ隠しましょう。

・小さなブロックを２つ使って、大きなブロックの飛び出ている丸いところを４つ隠しましょう。

・小さなブロックを３つ使って、大きなブロックの飛び出ている丸いところを５つ隠しましょう。

集団テスト

模倣体操・ダンス

・「さんぽ」のピアノ演奏に合わせて、テスターのまねをして体を動かす。

・「崖の上のポニョ」のピアノ演奏に合わせて、好きなように体を動かす。

・「ミッキーマウス・マーチ」のピアノ演奏に合わせて、好きなように体を動かす。

運動テスト

かけっこ

5人でかけっこをする。

考査：2日目

個別テスト

3 話の記憶Ⅰ

「ふゆじたくのおみせ　おおきなクマさんとちいさなヤマネくん」（ふくざわゆみこ作・絵　福音館書店刊）のお話を、プロジェクターでスクリーンに映された絵を見ながら静かに聞く。お話を聞いた後、1人ずつ呼ばれて質問に答える。

・左上です。お話に出てこなかった動物は、どの動物ですか。その動物についている印を一番下の四角から選び、その印のところに碁石を置きましょう。碁石は真ん中の小さな四角の中に置いてください。
・右上です。クマさんがジャンケンに負けたときヤマネくんはどうしましたか。正しい絵が描いてあるところと同じ印のところに碁石を置きましょう。碁石は一番下のその印の四角の中に置きましょう。
・左下です。今のお話の季節はいつですか。正しい絵が描いてあるところと同じ印のところに碁石を置きましょう。
・右下です。プレゼントをあげたのは、誰と誰でしたか。正しい絵が描いてあるところと同じ印のところに碁石を置きましょう。
・最後のドングリは、どうして木から落ちてきたのですか。風で落ちてきたと思うなら丸、クマさんが落としたと思うなら三角、ヤマネくんが落としたと思うなら四角、葉っぱが落としたと思うならひし形に碁石を置きましょう。
（実際の考査では、印ではなく丸－黒、三角－赤、四角－黄色、ひし形－青の色のついた用紙が使用された）

言語・表現力

・ヤマネくんはクマさんに何をあげましたか。お話ししてください。
・クマさんはヤマネくんに何をあげましたか。お話ししてください。

・自分が欲しかったものが売り切れていたときのヤマネくんはどんな気持ちでしたか。お話ししてください。
・プレゼントをもらったときのクマさんはどんな気持ちでしたか。お話ししてください。

話の記憶Ⅱ

プロジェクターでスクリーンに映された絵を見ながら、テープから流れてくる「としょかんライオン」(ミシェル・ヌードセン作　ケビン・ホークス絵　福本友美子訳　岩崎書店刊)のお話を静かに聞く。お話を聞いた後で、テスターからの質問に手を挙げて答える。手を挙げるときには「黙って手を挙げましょう」というお約束がある。

・どんな動物が出てきましたか。
・どこに行きましたか。
・メリウェザーさんは右手と左手のどちらにけがをしましたか。
・図書館の決まりは何でしたか。
・ライオンはどんなほえ方をしていましたか。

両親面接

２部屋を使い同時進行で行われる。面接官は校長と庶務課長、教頭と事務長の２人１組。

父親

・どんなお仕事をされていますか。
・出身校はどこですか。
・お父さまの趣味は何ですか。
・お子さんの名前の由来を教えてください。
・ご家庭の教育方針を教えてください。
・ご自身と奥さまの共通の趣味は何ですか。
・本校への希望やお子さんのことで、何かお話ししたいことがあればお話しください。

母親

・どんなお仕事をされていますか。
・出身校はどこですか。
・子育てで特に気をつけている点は何ですか。
・お子さんが今、夢中になっていることは何ですか。
・お子さんの幼稚園（保育園）での様子はいかがですか。
・立教小学校に期待することは何ですか。
・ご自身とご主人の共通の趣味は何ですか。

・本校への希望やお子さんのことで、何かお話ししたいことがあればお話しください。

面接資料/アンケート 面接の待ち時間にアンケート（下記項目）を記入する。

・本人の名前、幼稚園（保育園）名、住所。
・保護者について（父、母それぞれの欄がある）。
・本人と保護者以外の同居家族について。
・自宅から学校までの交通機関と所要時間。
・立教小学校に期待すること。
・家庭での育児で気をつけていること。

1
|
A

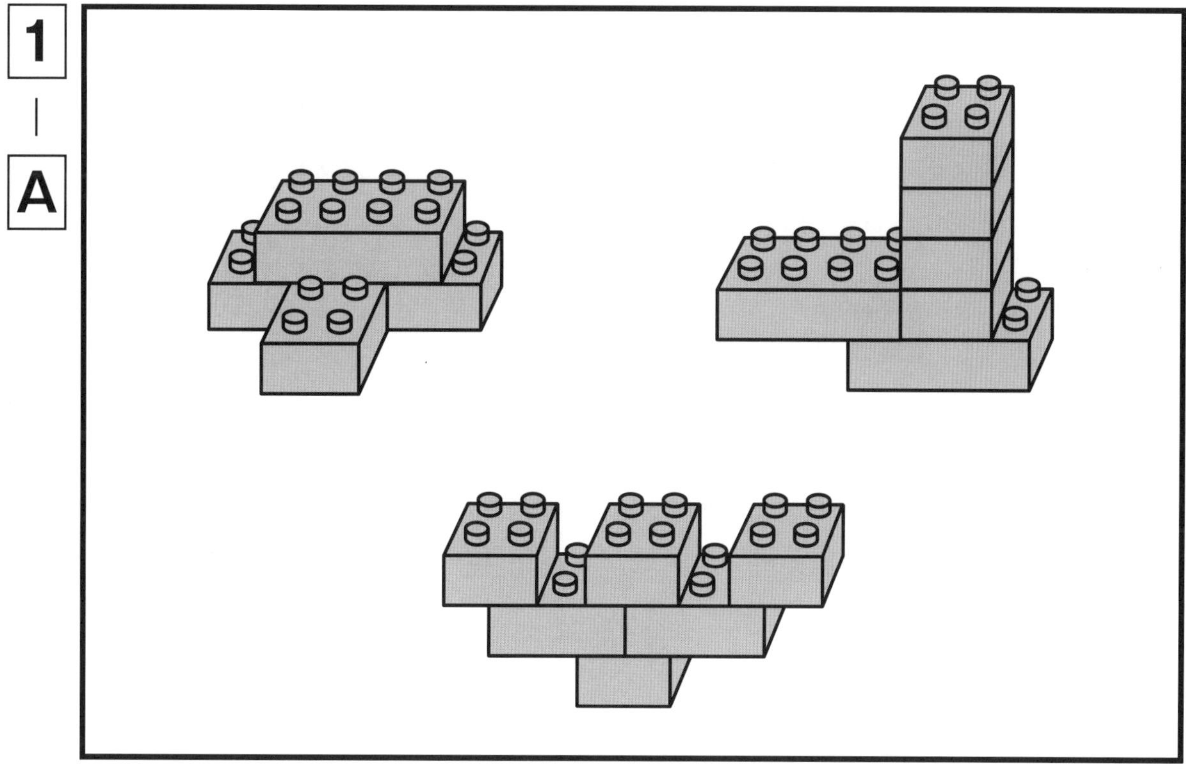

B

1
—
C

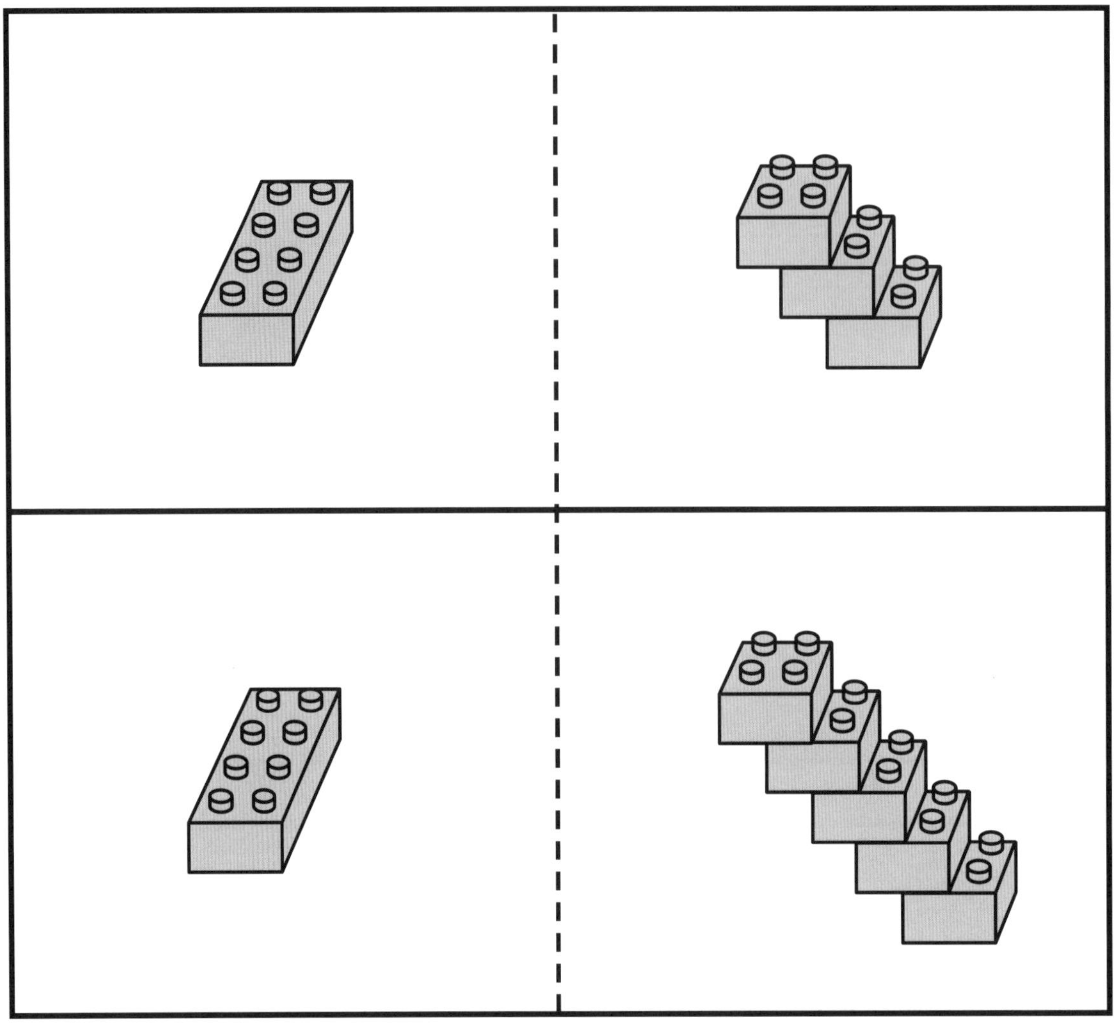

2

3

Next challenge

立教小学校
入試シミュレーション

立教小学校入試シミュレーション

1 お話作り

・クマさんの４枚の絵を見てお話を作りましょう。

2 絵画（想像画）

・上と下の絵を見てよく考え、間に入る絵を描きましょう。

3 絵画（想像画）

・一番下に入る絵を考えて描きましょう。

4 推理・思考（重ね図形）

・上の２つの絵は透明な紙にかかれています。これをそのまま横にずらして重ねたときの絵を下にかきましょう。

5 推理・思考

パターンブロック（赤、黄色、緑）、碁石を使用する。

・パターンブロックを使ってジャンケンをし、ブロックをできるだけ高くなるように積んでいきます。グーは緑、チョキは赤、パーは黄色です。ジャンケンに勝ったら、出したパターンブロックを１個積み、あいこのときはお互いに積みます。では、星のところです。ジャンケンのそれぞれの手は、どのパターンブロックになりますか。それぞれの手の下の四角に、パターンブロックを立てて置いてみましょう。

・同じところです。それぞれの手に勝つ（負ける）には、どのブロックを出せばよいですか。それぞれの手の下の四角にパターンブロックを立てて置きましょう。

・太陽のところです。２組の動物がジャンケンをしました。高く（低く）積んだのは、どちらの動物ですか。その動物の上にそれぞれ碁石を置きましょう。

・月のところです。動物がジャンケンをして、それぞれの出したものが左から順に並ぶようにします。そして、右端の二重四角の中には、最後に積んでできあがったものが描いてあります。では、それぞれの動物は空いている四角では何を出しましたか。そのパターンブロックを空いている四角の中に置きましょう。

6 巧緻性・絵画（創造画）

・矢印の順に作ります。折り紙を４つに折り、クーピーペンでお手本のように線をかき、線の通りにはさみで切って開き、できたものをスケッチブックにのりで貼りましょう。その形を使って楽しい絵を描きましょう。

7 巧緻性

・絵のようにクリップや輪ゴムをつないで、同じ形を作りましょう。
・お家にあるいろいろなひもで、かた結びやチョウ結びをしましょう。

8 位置の移動

マス目の星のところにおはじきを置き、指示された通りに動かして、最後に止まったところに○をかきます。
・上の図です。上に2つ、右に2つ、下に1つ、左に3つ、下に3つ進みましょう。
・下の図です。下に3つ、左に2つ、上に6つ、右に4つ、下に5つ進みましょう。

9 構　成

・上の3つの形を3つとも必ず使って、下の左のお手本の形を作ります。それぞれの形を使う数だけ、右の同じ印の四角に○をかきましょう。

10 構　成

一辺が15cmの折り紙を以下のように切って使用する。
①1／2サイズの赤の三角1枚
②1／4サイズの青の三角2枚
③1／8サイズの緑の三角3枚
④1／4サイズの黄色の正方形4枚
⑤1／2サイズのピンクの長方形1枚
⑥1／4サイズのオレンジ色の正方形3枚
・折り紙を重ねたり、並べたりして、お手本と同じように作りましょう。

11 お話作り・身体表現

・ウサギさんの顔の様子をよく見て、3枚の絵でお話を作りましょう。お話をするときは、ウサギさんの顔のまねをしてください。

12 数　量

・左の四角の果物を、右のお皿に同じ数ずつ分けるとそれぞれいくつずつになりますか。1枚のお皿にのる数だけ、果物の上に碁石を置きましょう。

13 数　量

碁石（白10個、黒5個）を使用する。
・碁石を渡すと、いろいろな乗り物に乗ることができます。上にお約束がかいてあります。

碁石の白２個は黒１個と同じです。バスは白１個、飛行機は白２個、船は白３個で１人乗ることができます。では、星のところです。左側に描いてある乗り物に右の絵の人たちが乗るには、白い碁石は何個いりますか。その数だけ碁石を右の四角の中に置きましょう。

・同じところです。今度は白い碁石をできるだけ黒の碁石に変えて置きましょう。

・太陽のところです。１人が左側の乗り物に乗るときに、碁石はいくつあればよいですか。白と黒の碁石を必ず両方使って、右の四角の中に置きましょう。

・月のところです。いろいろな場所に行くためには、黒い星のところから乗り物に乗ったり、歩いたりしなければなりません。たとえば、公園に行くためにはバスに乗ってから歩くので、碁石は白１個いります。では、図書館（動物園、水族館、遊園地）に行くには碁石はいくつ必要ですか。どうしても片方だけしか使えないときを除いて、白と黒の碁石を両方使って、一番下の長四角の中に置きましょう。

1

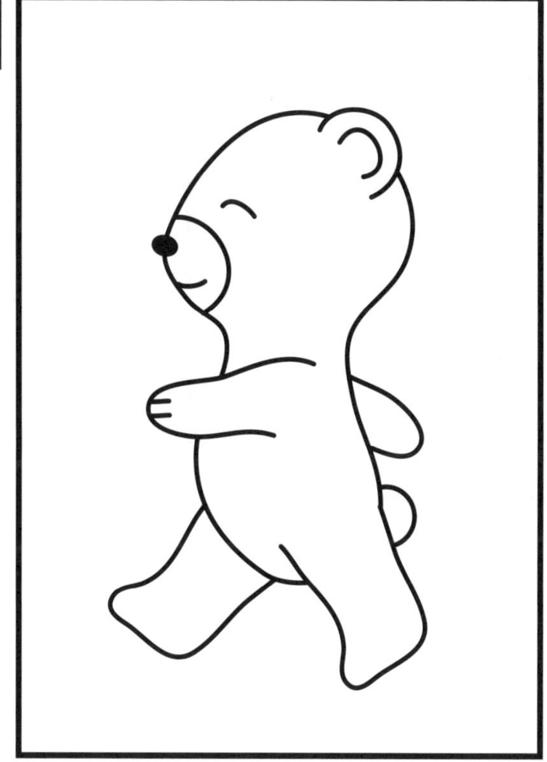

3

4

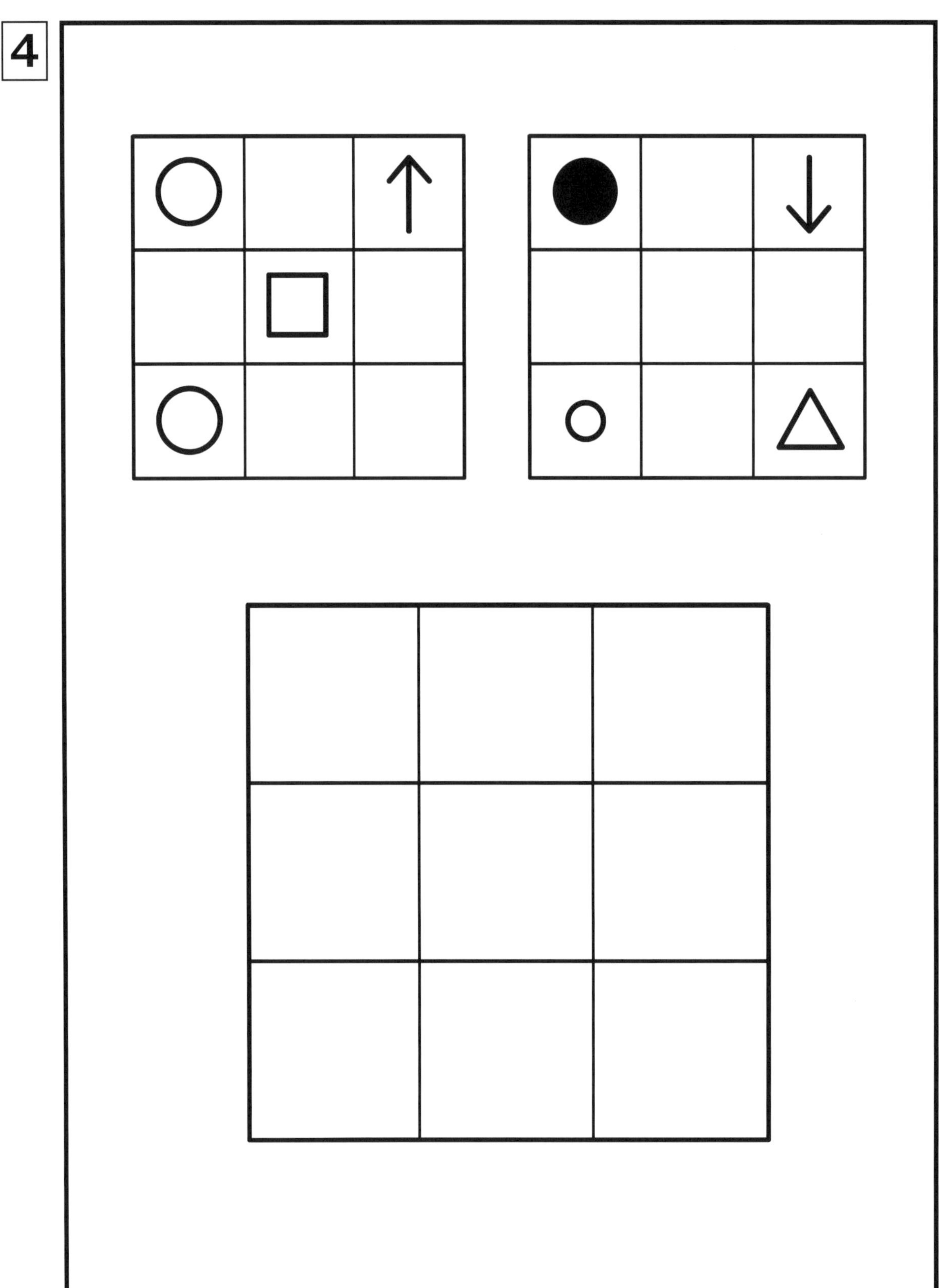

5

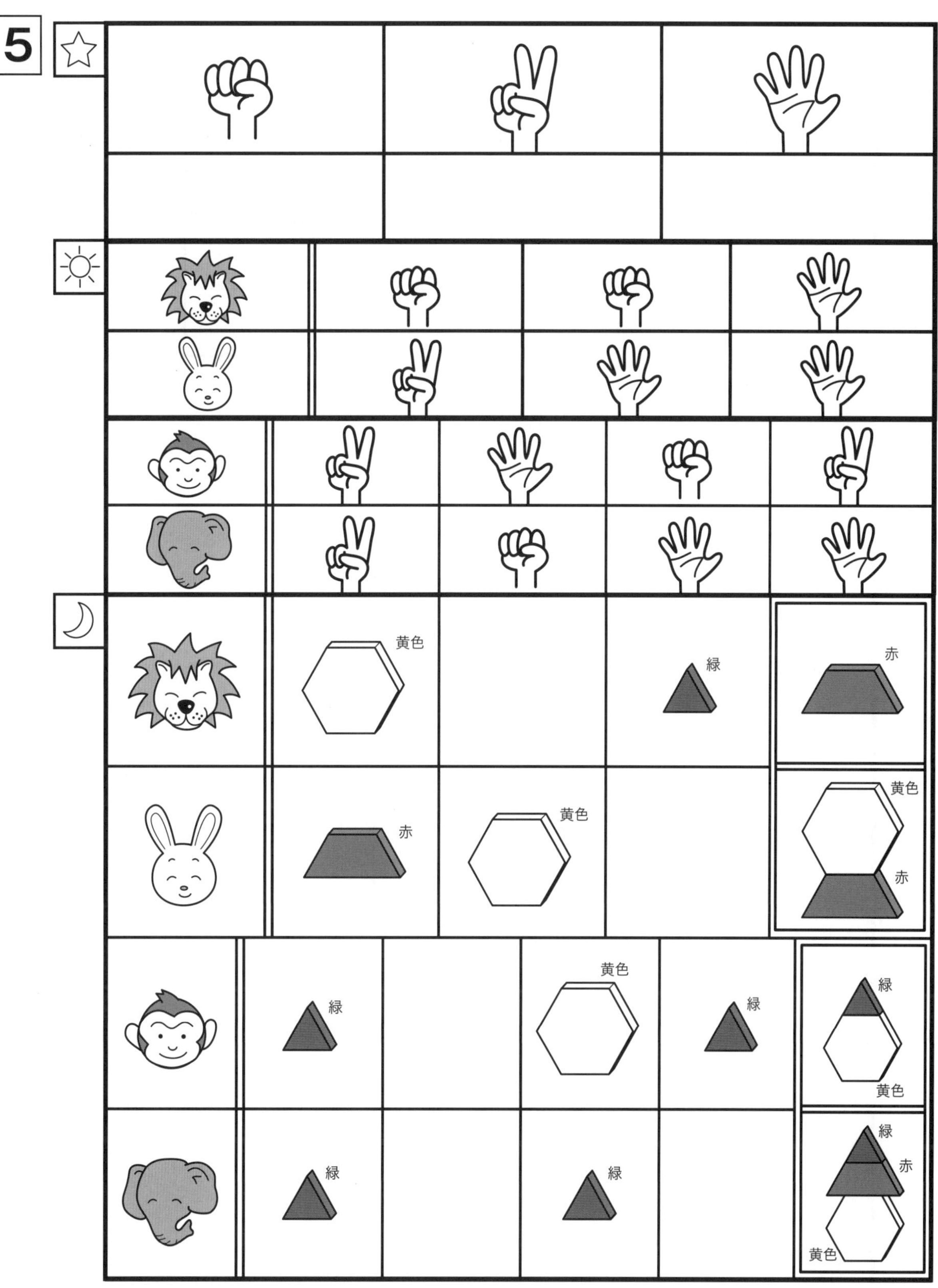

6

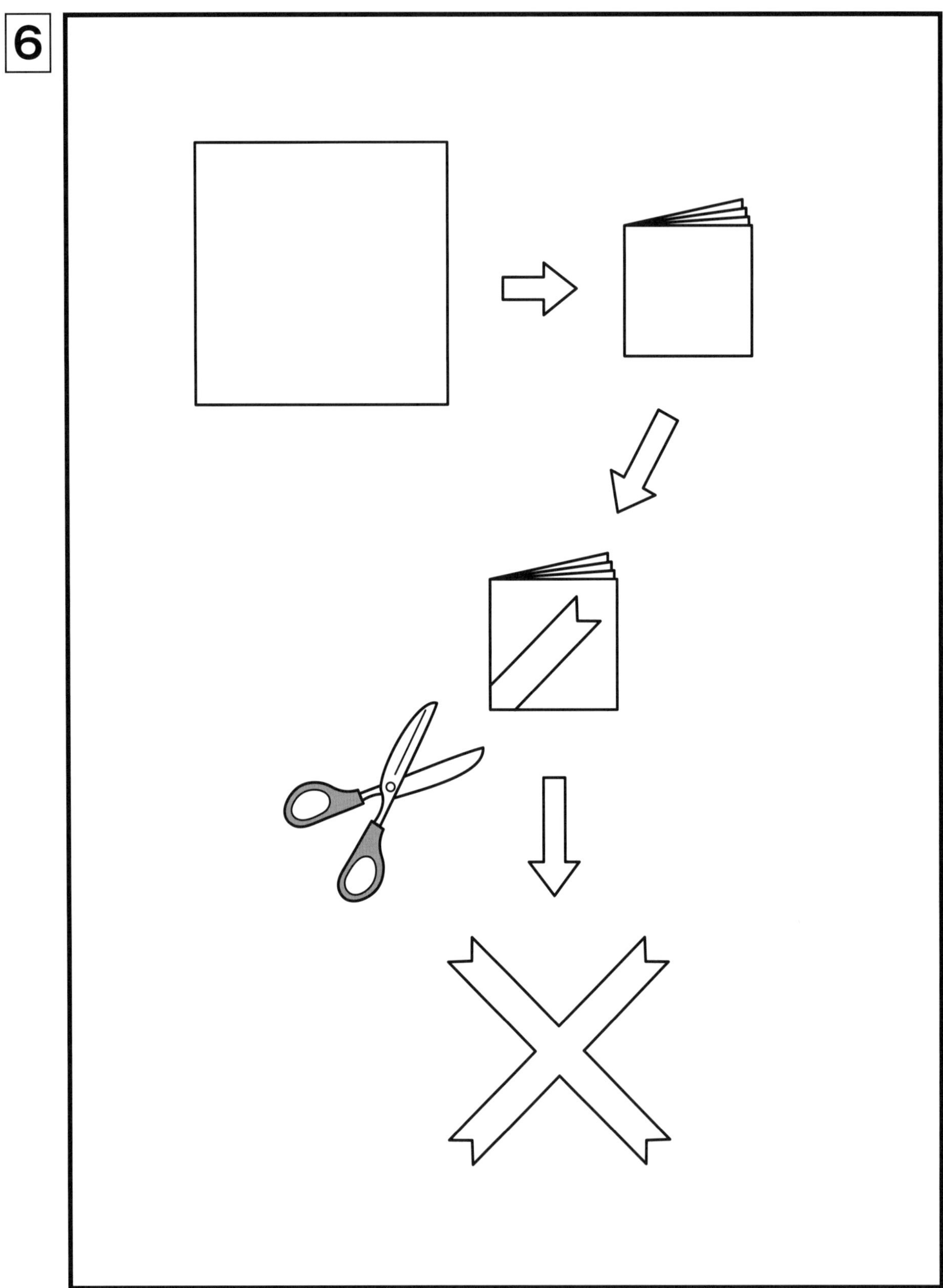

7

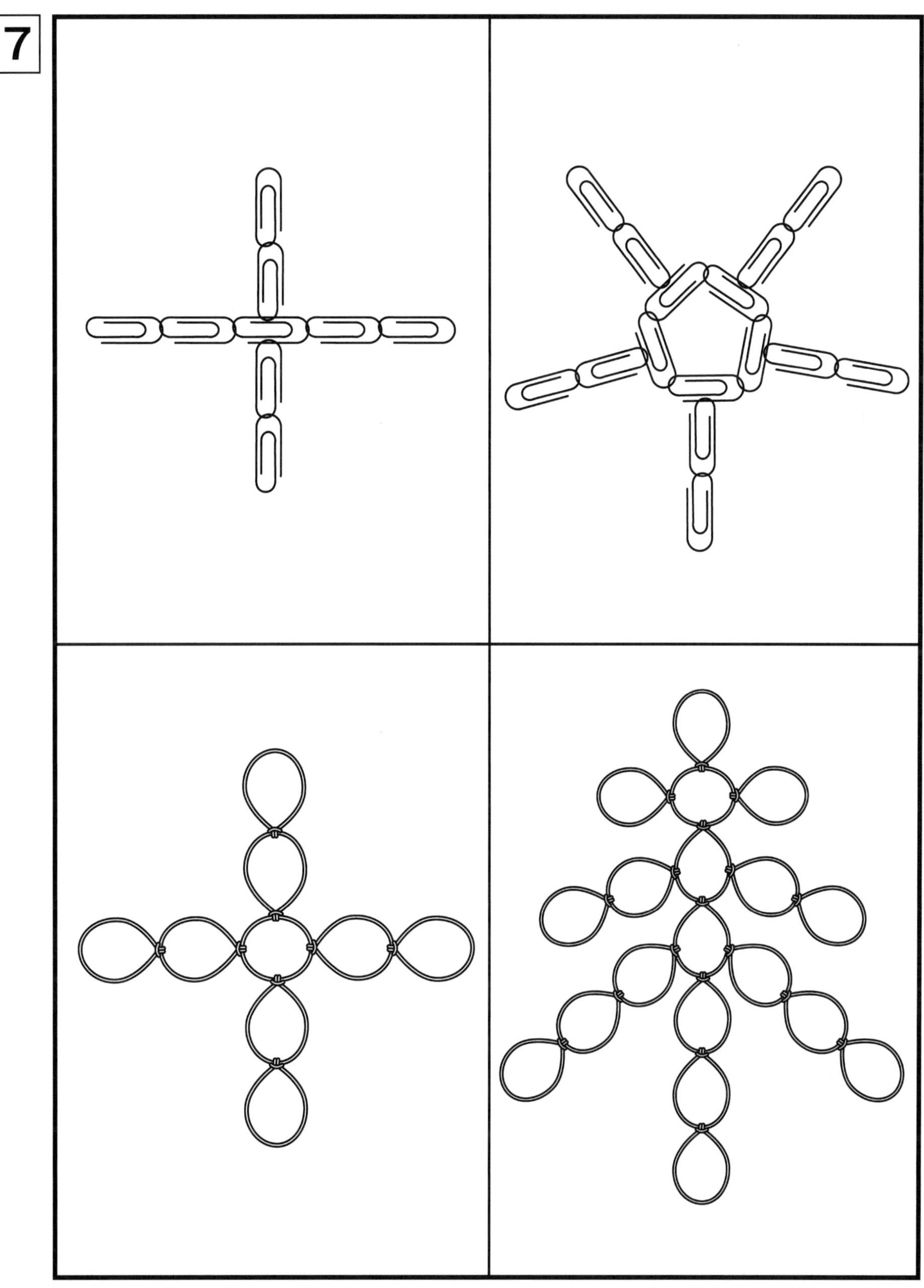

8

9

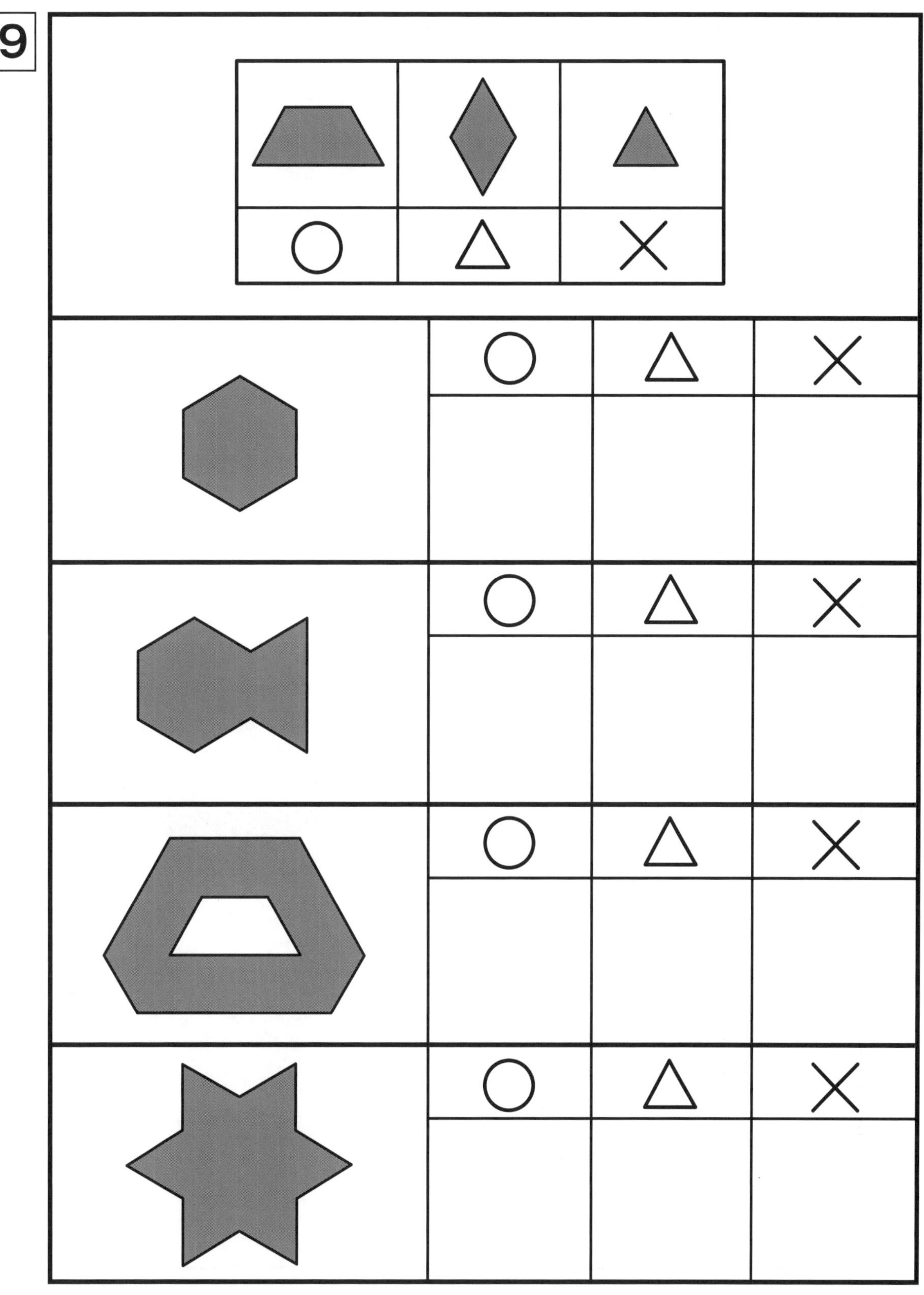

10

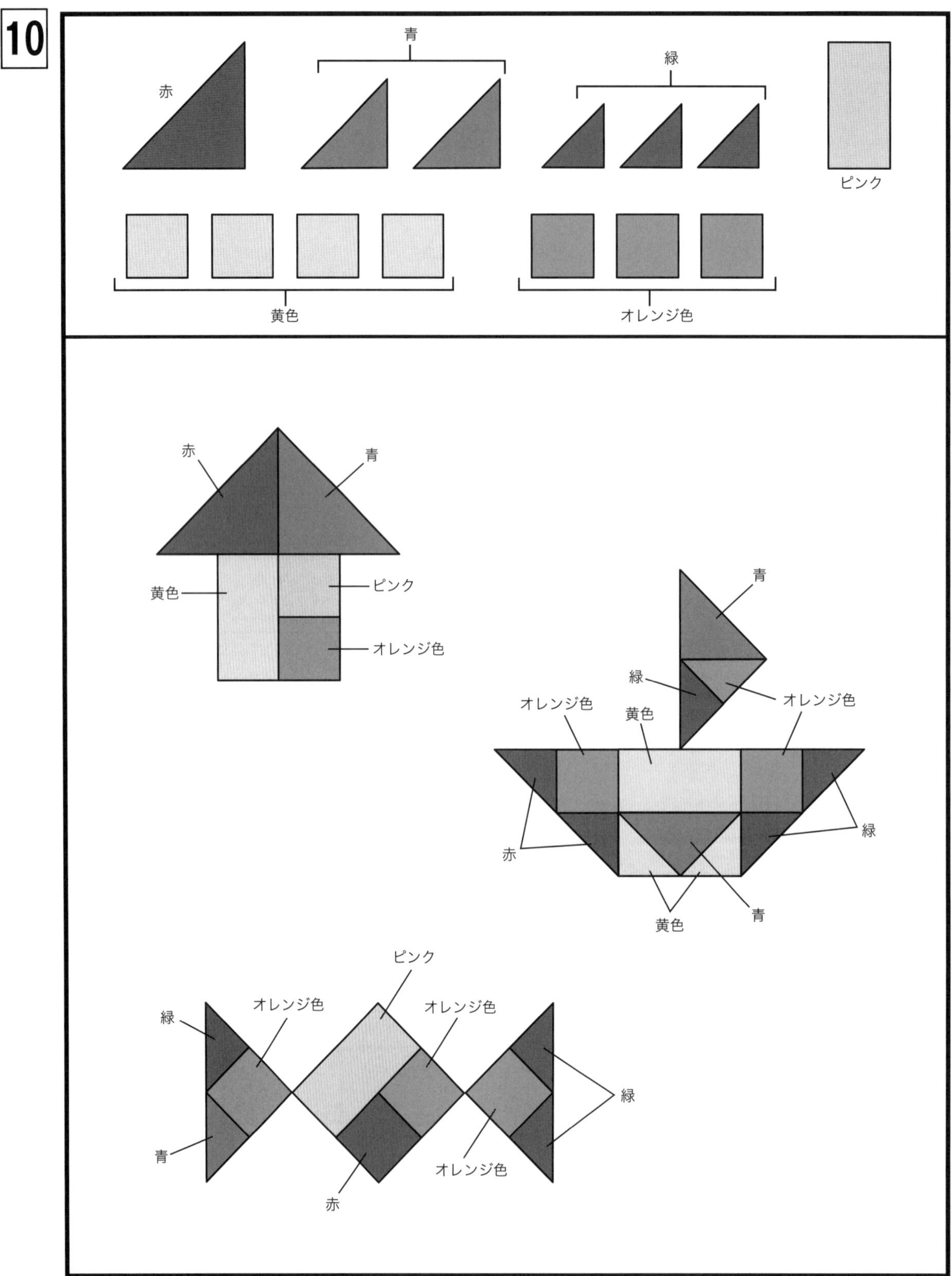

赤
青
緑
ピンク
黄色
オレンジ色
赤
青
黄色
ピンク
オレンジ色
青
緑
オレンジ色
オレンジ色
黄色
赤
緑
黄色
青
ピンク
緑
オレンジ色
オレンジ色
緑
青
オレンジ色
赤

11

12

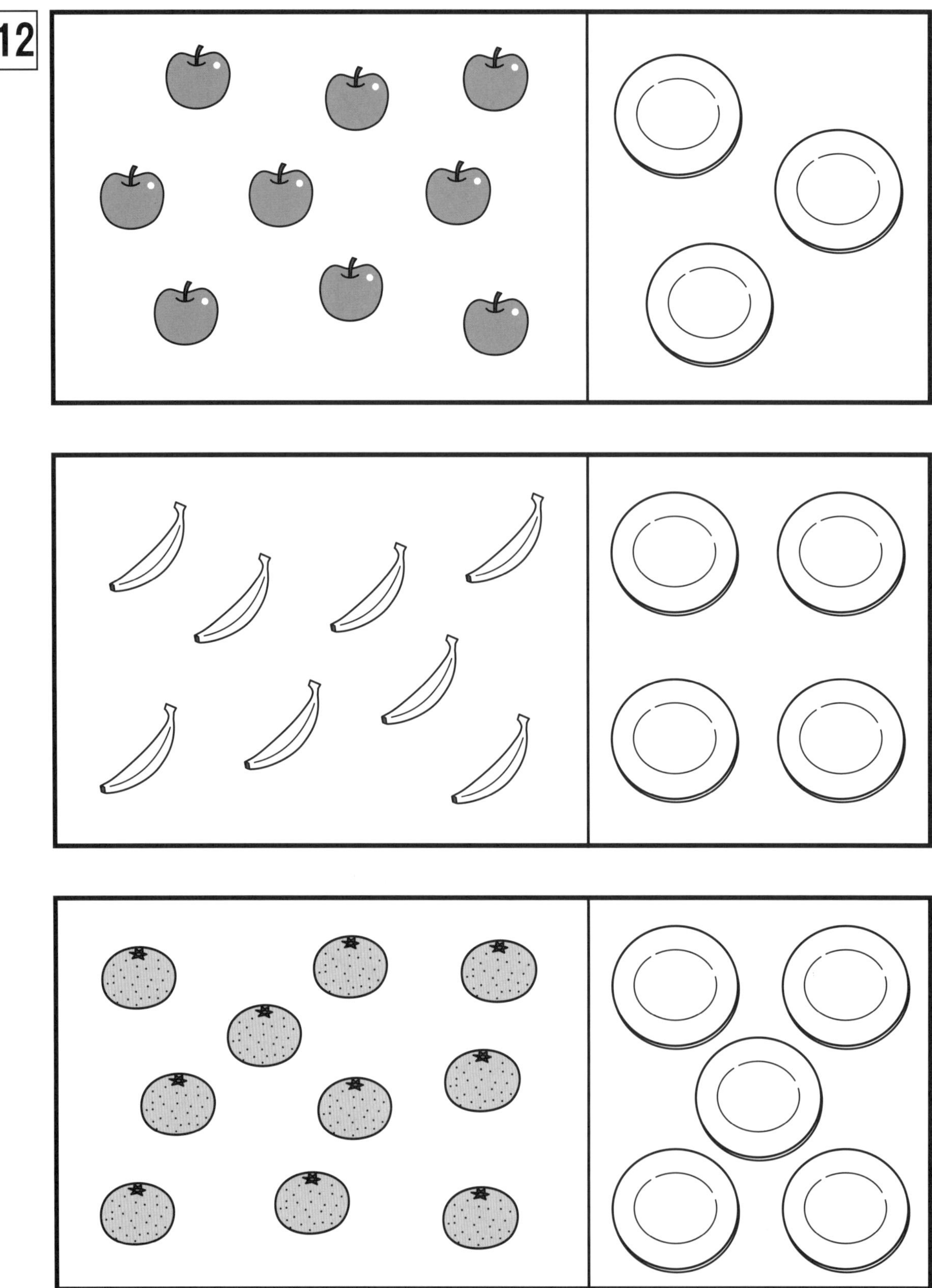

13

○○＝●

○	○○ ‖ ●	○○○ ‖ ○●

☆

☼

13

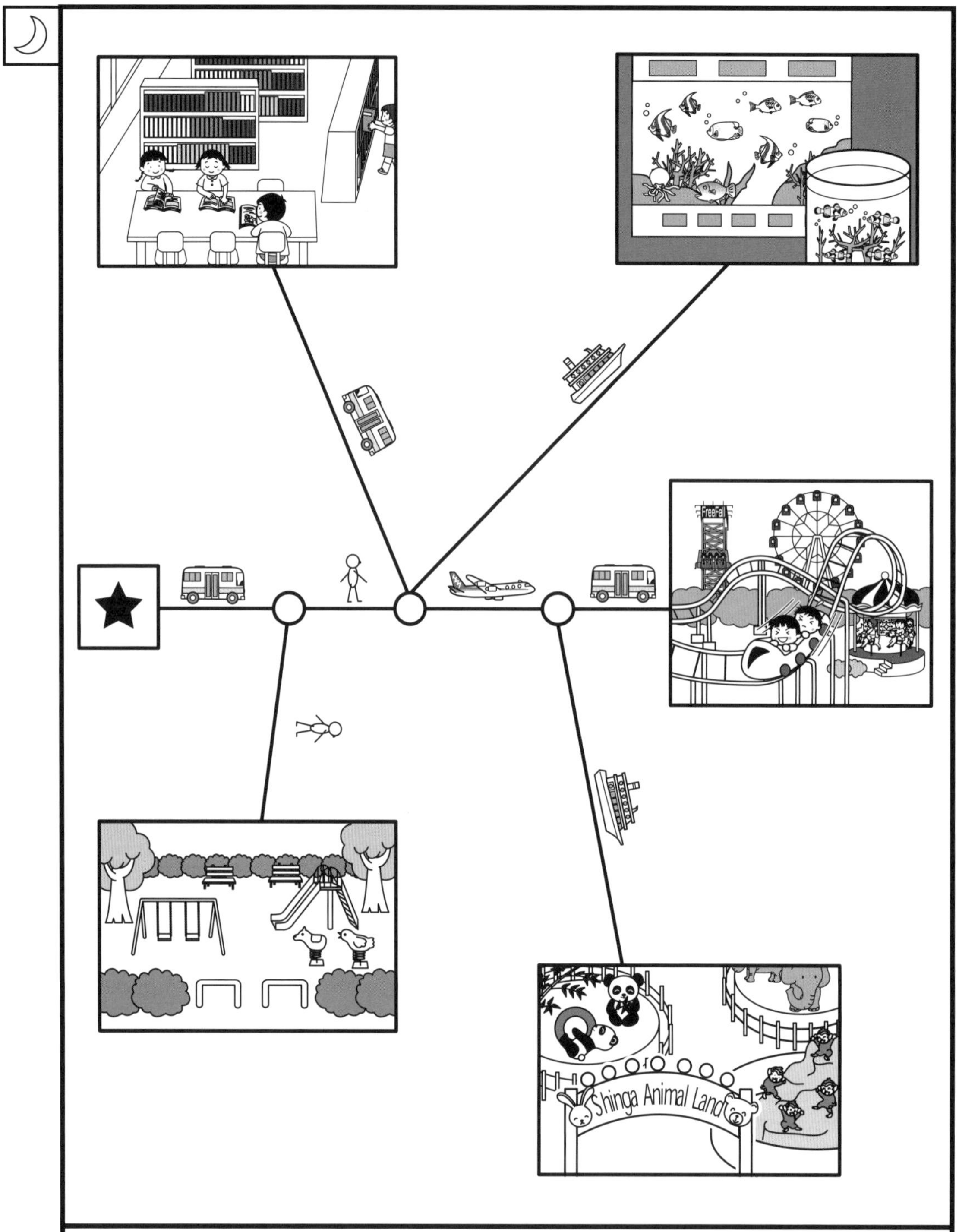

MEMO

2024学校別過去入試問題集

年度別入試問題分析【傾向と対策】   学校別入試シミュレーション問題　解答例集付き

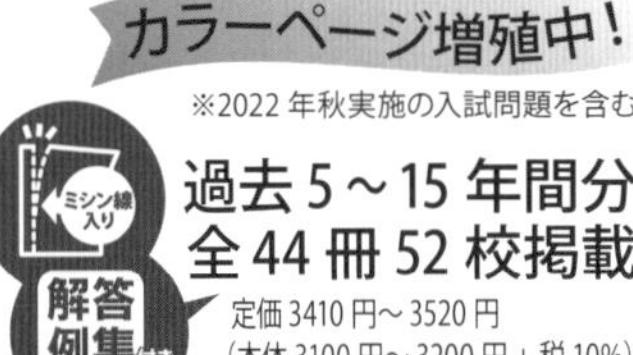

※2022年秋実施の入試問題を含む

過去5～15年間分
全44冊52校掲載

定価3410円～3520円
(本体3100円～3200円＋税10%)

[過去問] 2024
日本女子大学附属豊明小学校
入試問題集
カラーあり

[過去問] 2024
東京農業大学稲花小学校
桐光学園小学校
入試問題集
カラーあり

[過去問] 2024
横浜国立大学教育学部附属
横浜小学校・鎌倉小学校
入試問題集
解答例集

[過去問] 2024
国府台女子学院小学部
昭和学院小学校
入試問題集
カラーあり

[過去問] 2024
千葉大学教育学部附属小学校
入試問題集
カラーあり

全国の書店・伸芽会出版販売部にお問い合わせください。

伸芽会　出版販売部 03-6914-1359 (10:00~18:00 月～金)

〒171-0014 東京都豊島区池袋 2-2-1 7F　https://www.shingakai.co.jp

［過去問］　2024

立教小学校
入試問題集

解答例

✻ **解答例の注意**

この解答例集では、個別テスト、集団テストの中にある□数字がついた問題、入試シミュレーションの解答例を掲載しています。それ以外の問題の解答はすべて省略していますので、それぞれのご家庭でお考えください。（一部□数字がついた問題の解答例の省略もあります）

Shinga-kai

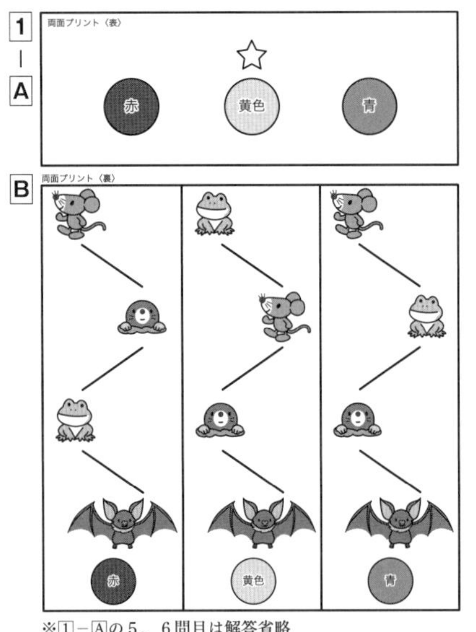

※1－Aの5、6問目は解答省略

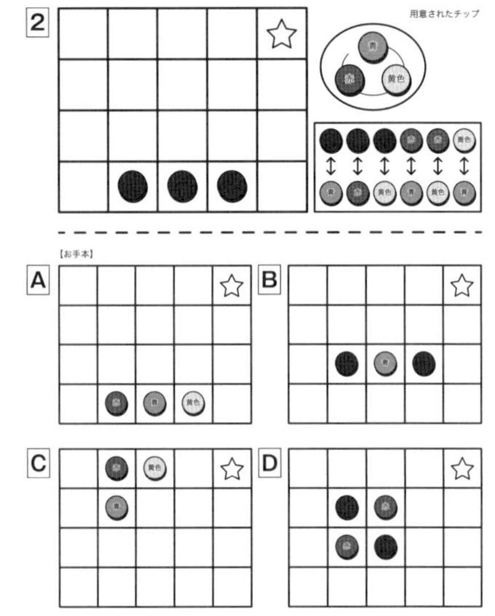

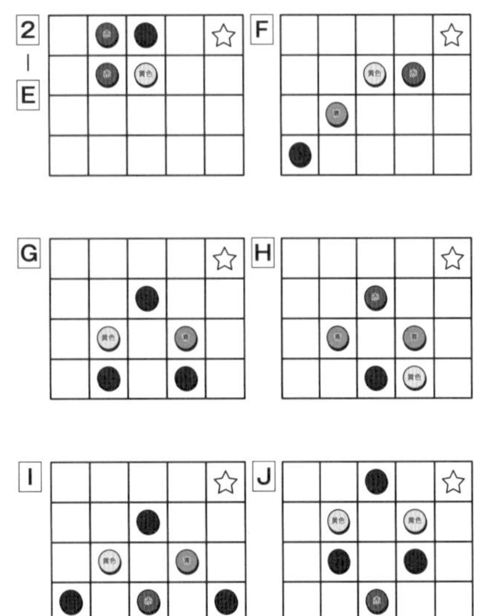

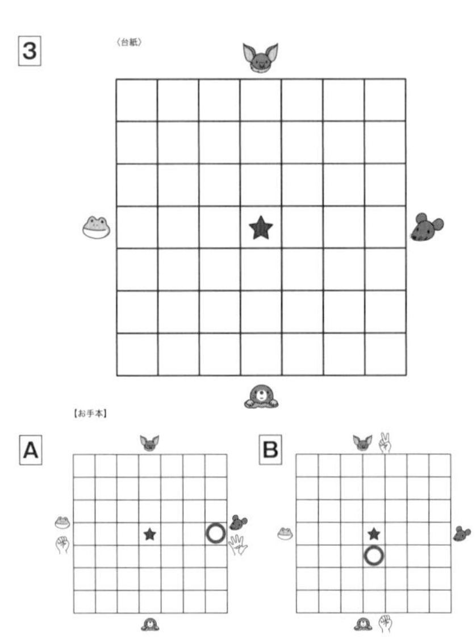

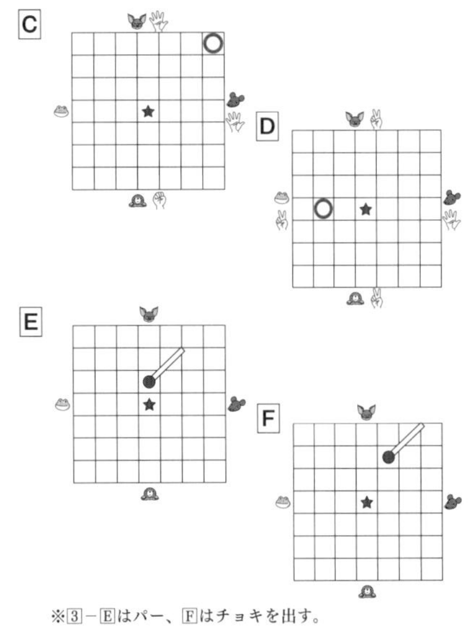

※3－Eはパー、Fはチョキを出す。

※1－Aの解答を下記に示す。

・1問目は赤に碁石を置く。

・2問目は赤と青に碁石を置く。

・3問目は黄色に碁石を置く。

・4問目は青に碁石を置く。

※1－Bの解答を下記に示す。

・青に碁石を置く。

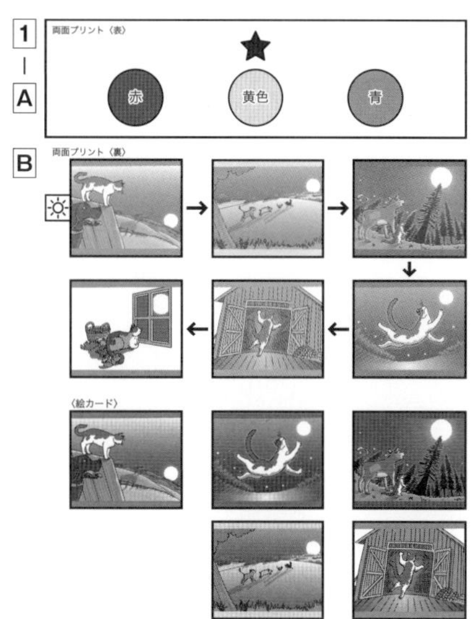

※1－Aの9～12問目は解答省略

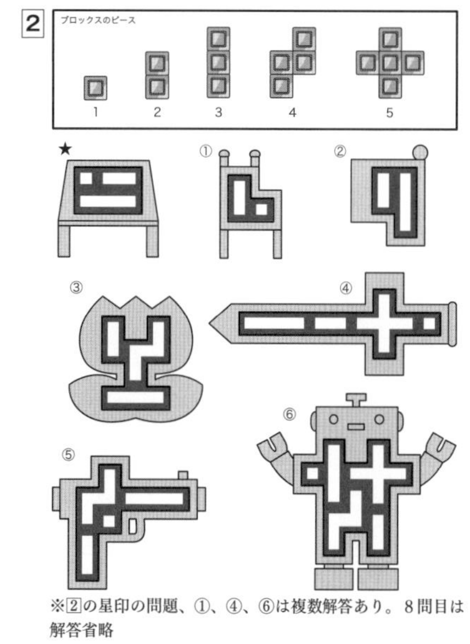

※2の星印の問題、①、④、⑥は複数解答あり。8問目は解答省略

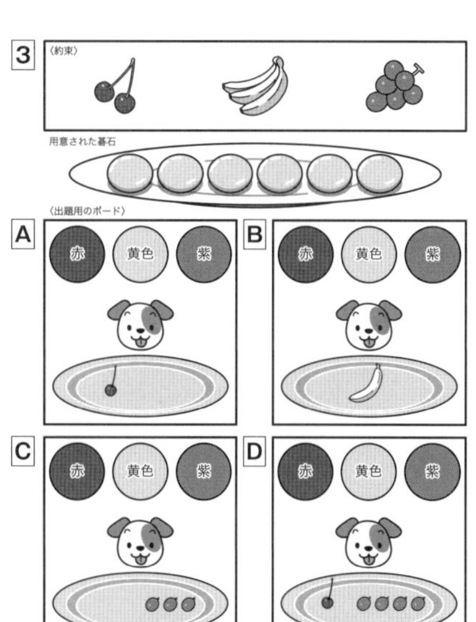

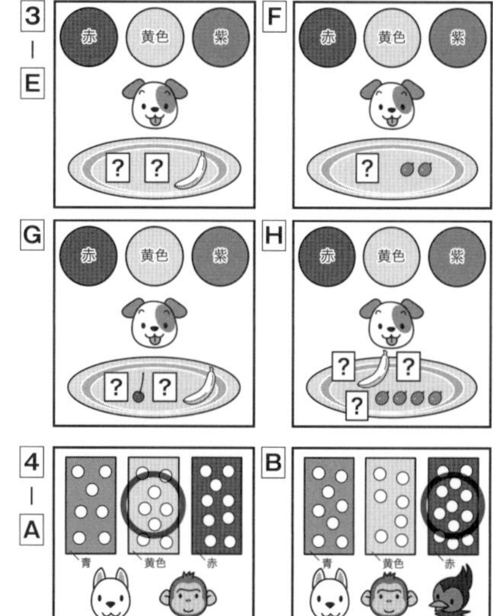

※1-Aの解答を下記に示す。
・１問目は青に碁石を置く。
・２問目は赤に碁石を置く。
・３問目は黄色に碁石を置く。
・４問目は赤に碁石を置く。
・５問目は青に碁石を置く。
・６問目は黄色に碁石を置く。
・７問目は赤に碁石を置く。
・８問目は青と黄色に碁石を置く。

※3の解答を下記に示す。
・Aは赤に１つ碁石を置く。
・Bは黄色に２つ碁石を置く。
・Cは紫に３つ碁石を置く。
・Dは赤に１つ、紫に２つ碁石を置く。
・Eは赤に１つ、黄色に１つ碁石を置く。
・Fは紫に３つ碁石を置く。
・Gは黄色に１つ碁石を置く。
・Hは赤に１つ、黄色に１つ、紫に１つ碁石を置く。

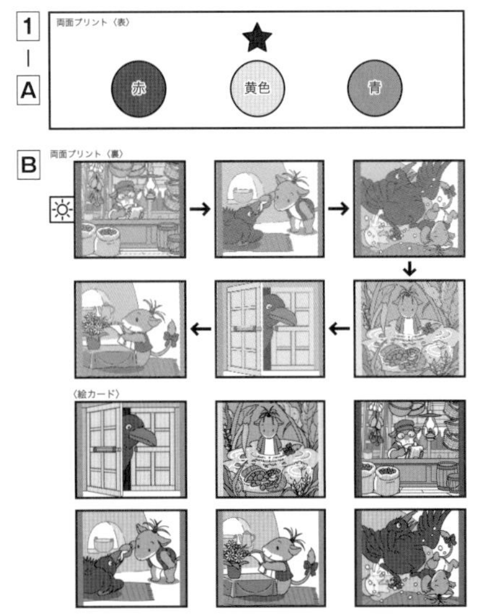

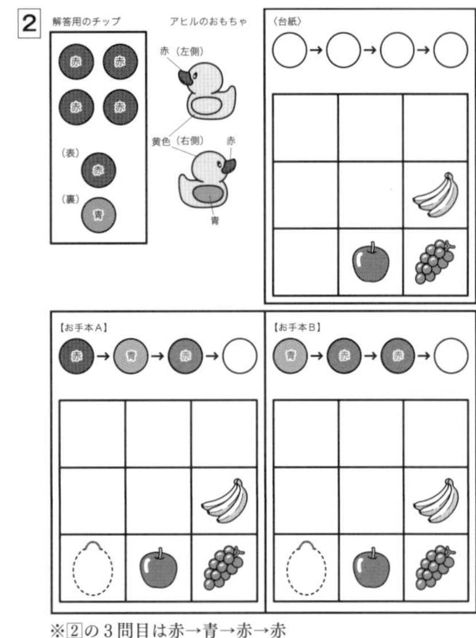

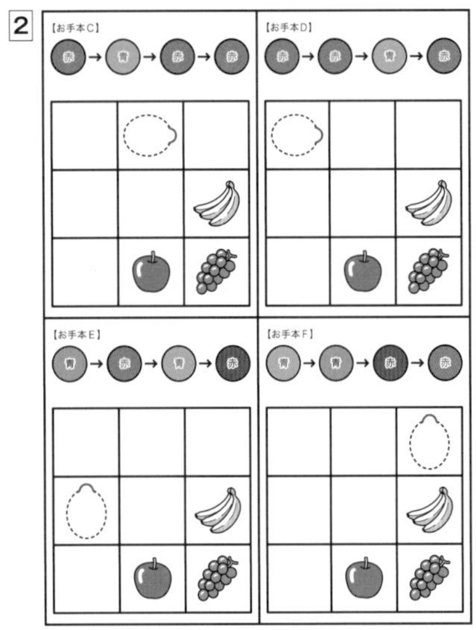

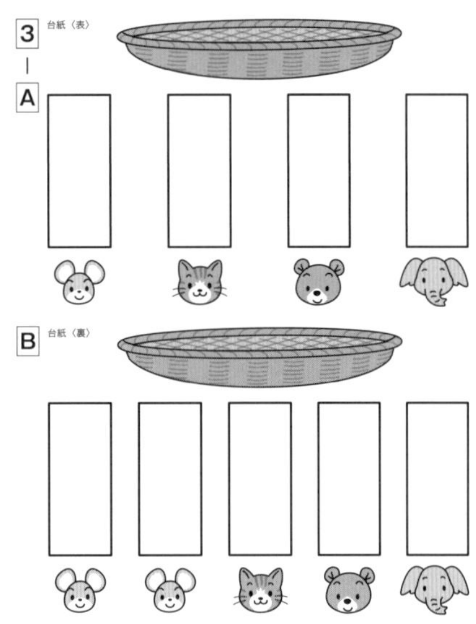

※1-Aの解答を下記に示す。
・1問目は黄色に碁石を置く。
・2問目は青に碁石を置く。
・3問目は青に碁石を置く。
・4問目は赤に碁石を置く。
・5問目は赤に碁石を置く。
・6問目は黄色と青に碁石を置く。
・7問目は赤と青に碁石を置く
・8～11問目は解答省略。

※3-Aの解答を下と右に示す。
・1問目はネズミに2枚、ネコに3枚。またはネズミに1枚、ネコに4枚。
・2問目はネズミに1枚、ネコに5枚。またはネズミに2枚、ネコに4枚。
・3問目はネズミに1枚、ネコに2枚、クマに3枚。
・4問目はネズミに1枚、ネコに2枚、クマに4枚、ゾウに5枚。

※3-Bの解答を下記に示す。
・1問目はネズミに1枚ずつ、ネコに2枚、クマに3枚、ゾウに5枚。
・2問目はネズミに2枚ずつ、ネコに5枚。

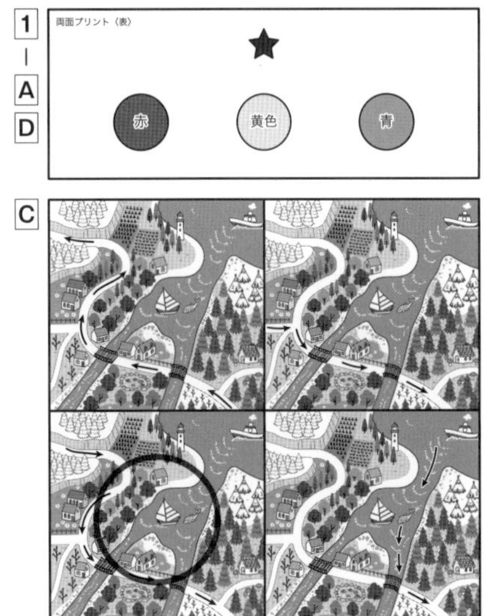

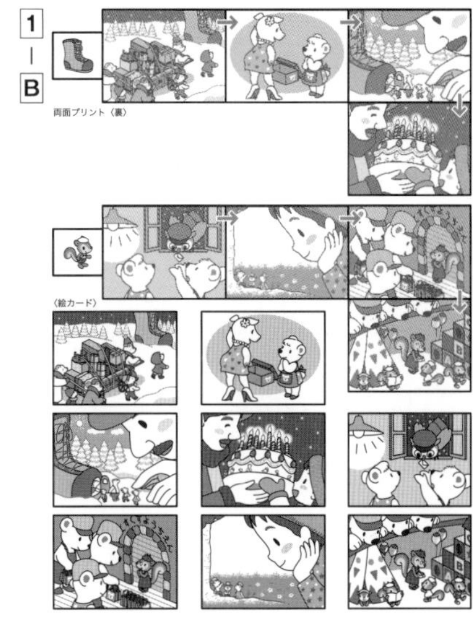

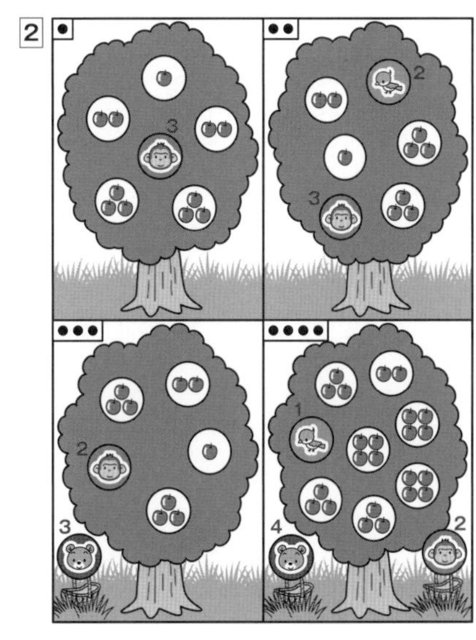

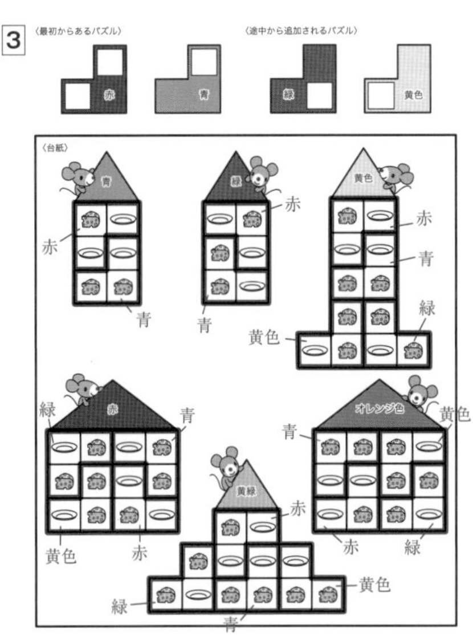

※1-Aの解答を下記に示す。
・1問目は青に碁石を置く。
・2問目は赤に碁石を置く。
・3問目は青に碁石を置く。
・4問目は黄色に碁石を置く。
・5問目は黄色に碁石を置く。

※1-Dの解答を下記に示す。
・1問目は黄色に碁石を置く。
・2問目は青に碁石を置く。
・3問目は赤に碁石を置く。
・4問目は黄色に碁石を置く。
・5問目は解答省略。

1－A

1－B

※1－Bの1問目は、1つ目のお話が①、2つ目のお話が②。3問目以降は解答省略

2－A

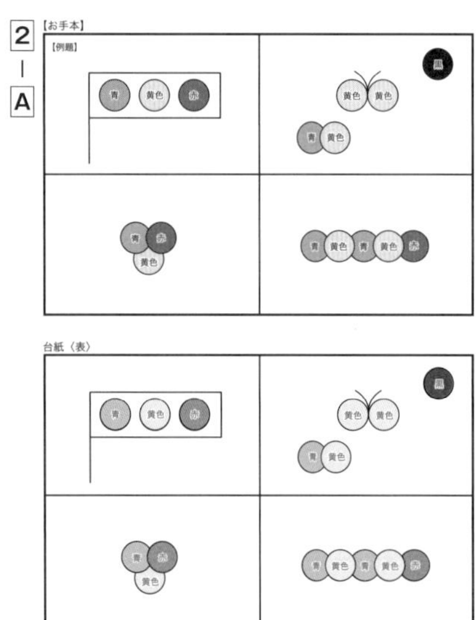

2－B

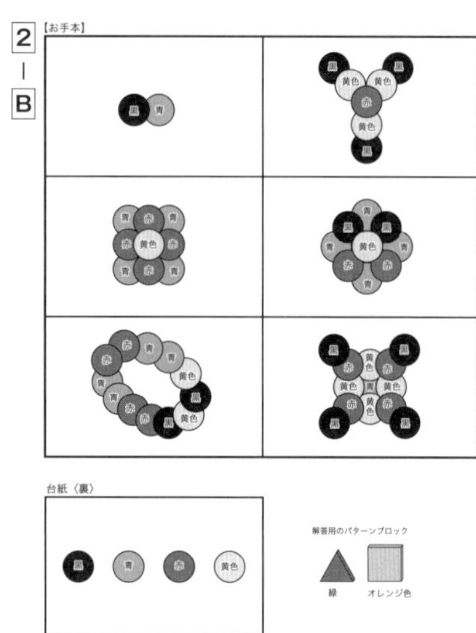

3－A

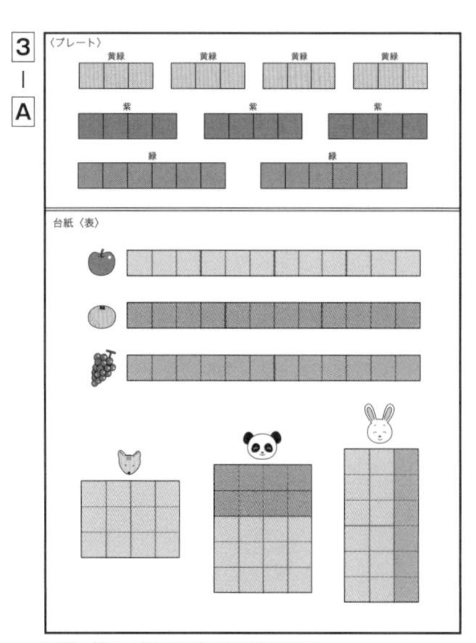

※3－Aの4問目以降は複数解答あり

3－B

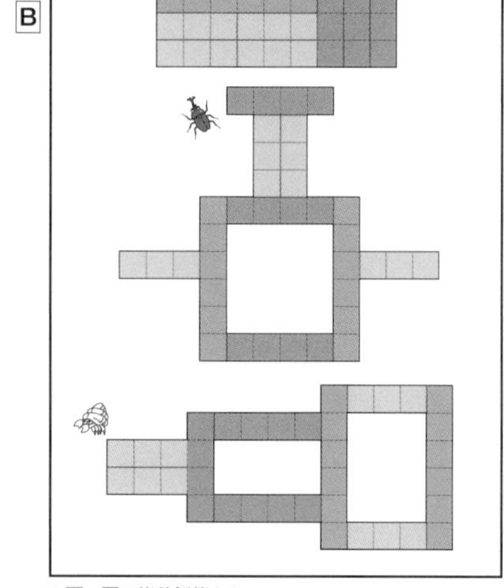

※3－Bは複数解答あり

2019 解答例

※1-Aの解答を下と右に示す。
・１問目は黄色に碁石を置く。
・２問目は赤に碁石を置く。
・３問目は青に碁石を置く。
・４問目は赤に碁石を置く。
・５問目は青に碁石を置く。
・６問目は赤に碁石を置く。
・７問目はサツマイモに碁石を置く。
・８問目はカボチャに碁石を置く。
・９問目はコスモスに碁石を置く。
・10問目は赤に碁石を置く。
・11問目は赤に碁石を置く。
・12問目はアジサイに碁石を置く。
・13問目はクマ、ヤマネ、カエルに碁石を置く。

※2-Bの解答を下記に示す。
・左上は青の上に緑、黒の上にオレンジ色のパターンブロックを置く。
・右上は黒の上に緑、赤の上にオレンジ色のパターンブロックを置く。
・左中は青の上に緑、黄色の上にオレンジ色のパターンブロックを置く。
・右中は青の上に緑、黄色の上にオレンジ色のパターンブロックを置く。
・左下は青の上に緑、赤の上にオレンジ色のパターンブロックを置く。
・右下は青の上に緑、黒の上にオレンジ色のパターンブロックを置く。

2018 解答例

※1の６～８問目は解答省略

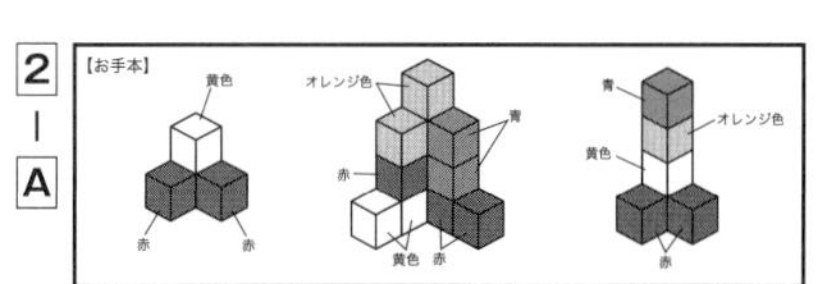

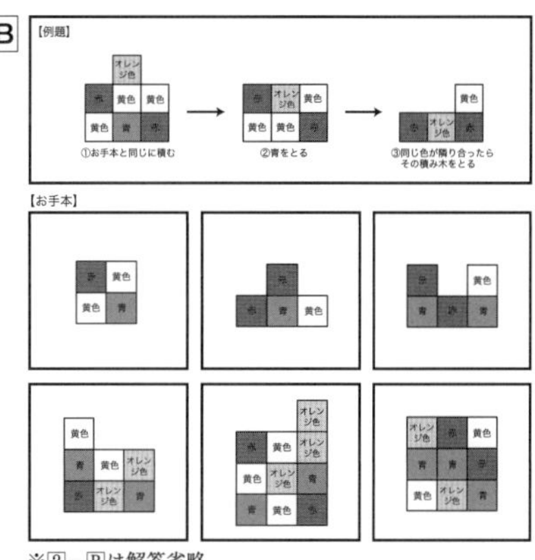

※2－Bは解答省略

2018 解答例

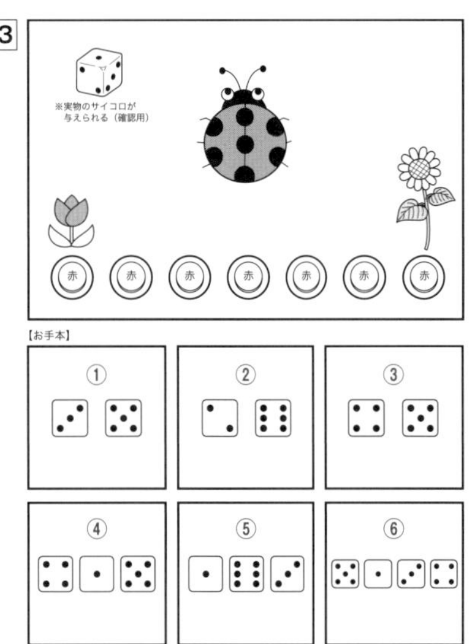

※1の１～５問目の解答を下記に示す。
・１問目は青に碁石を置く。
・２問目は赤に碁石を置く。
・３問目は赤に碁石を置く。
・４問目は黄色に碁石を置く。
・５問目は黄色に碁石を置く。

※3の解答を下記に示す。
・例題の１問目は左から６枚を裏返す。
・例題の２問目は左から２枚を裏返す。
・①は左から６枚を裏返す。
・②は左から６枚を裏返す。
・③は左から５枚を裏返す。
・④は左から４枚が赤、残りが黄色。
・⑤は左から４枚が赤、残りが黄色。
・⑥は左端の１枚が黄色、残りが赤。

2017 解答例

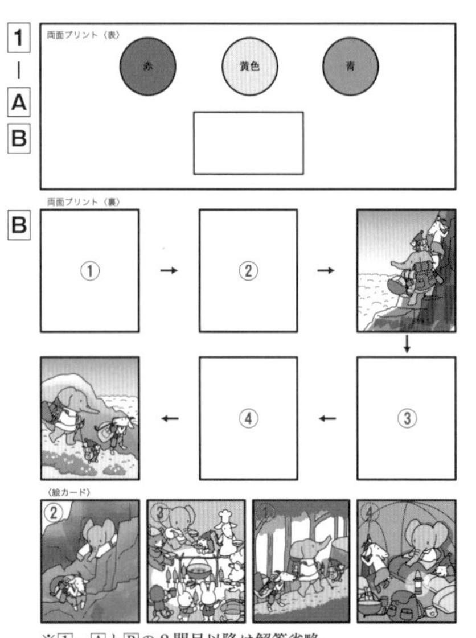

※1－AとBの２問目以降は解答省略

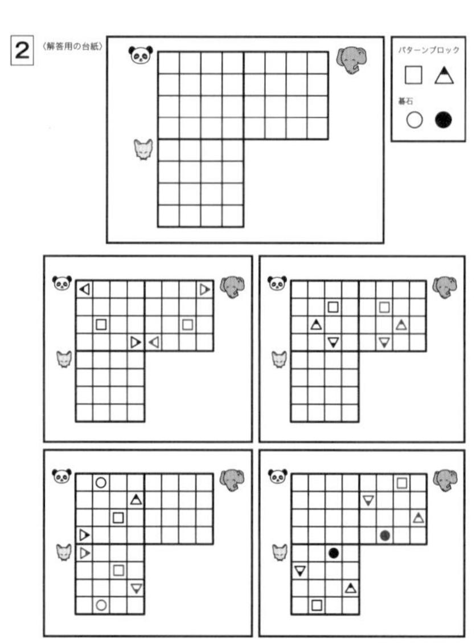

2017 解答例

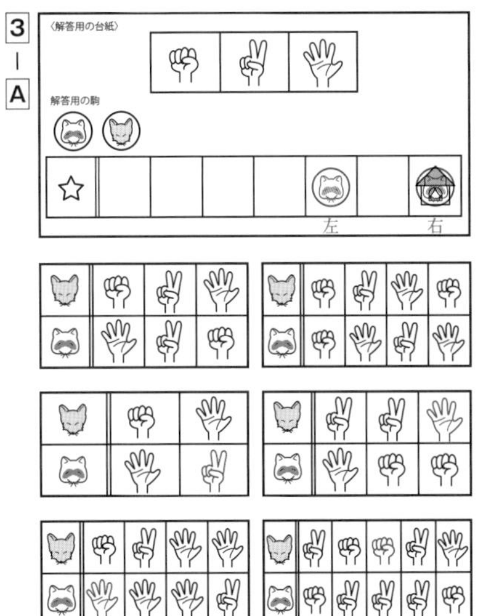

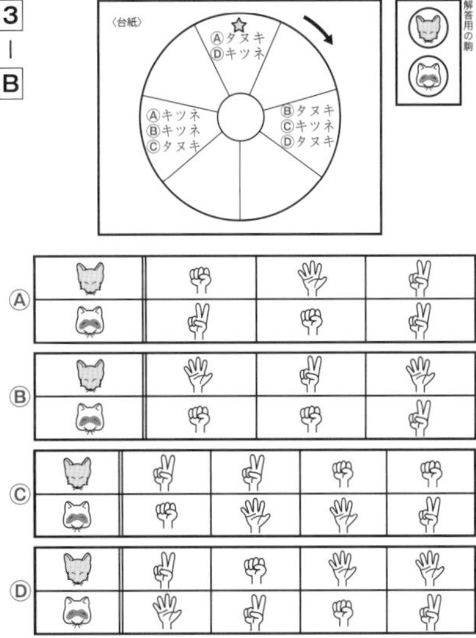

2016 解答例

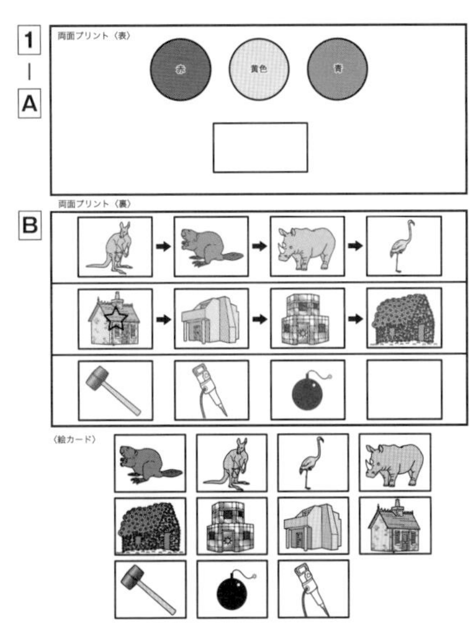

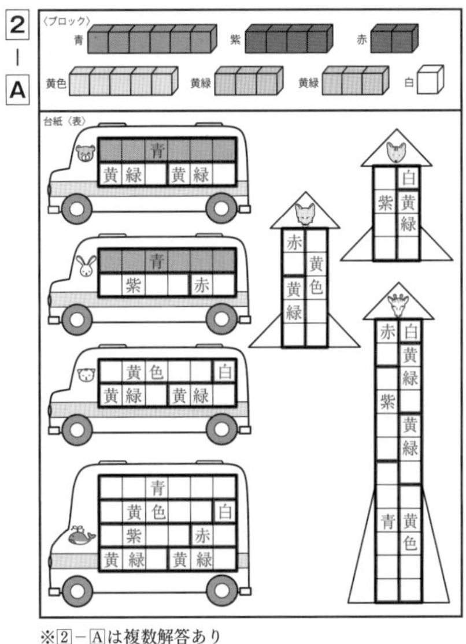

※2－Aは複数解答あり

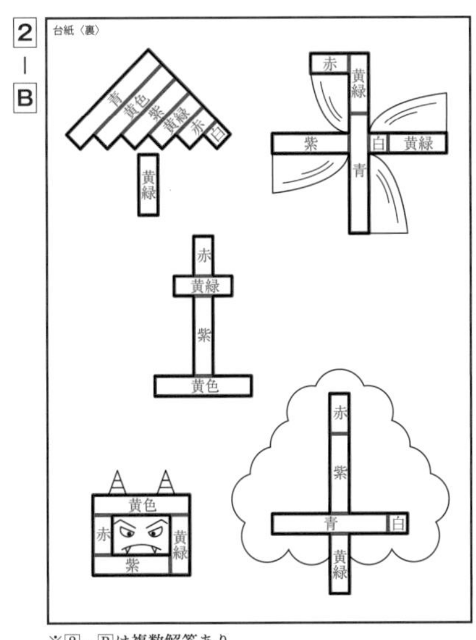

※2－Bは複数解答あり

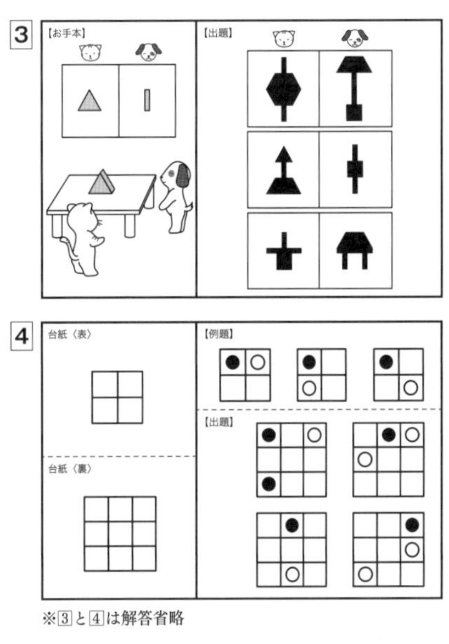

※3と4は解答省略

2016 解答例

※1－Aの解答を下記に示す。
・1問目は青に碁石を置く。
・2問目は黄色に碁石を置く。
・3問目は青に碁石を置く。
・4問目は青に碁石を置く。
・5問目は解答省略。

2015 解答例

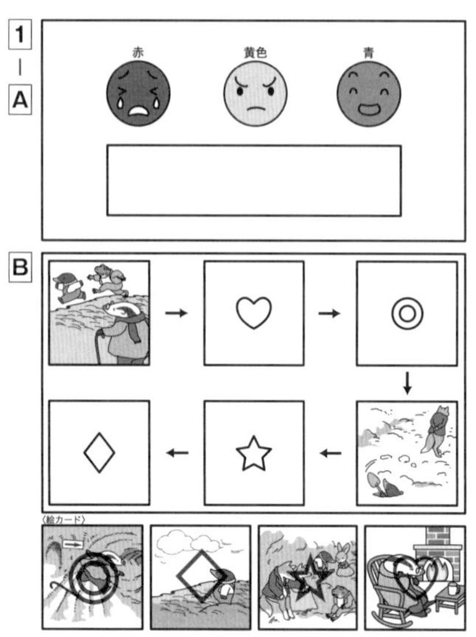

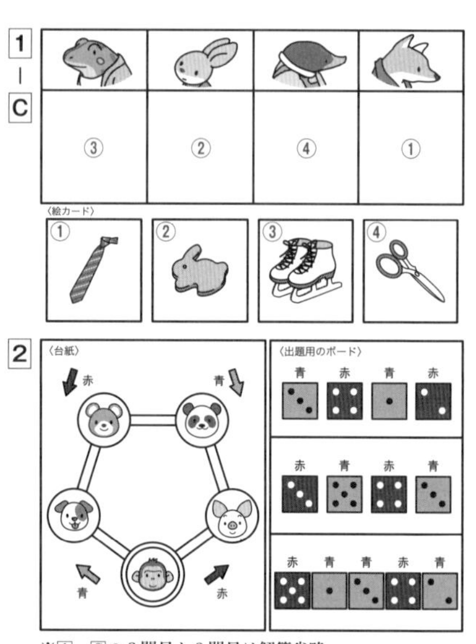

※1－Cの2問目と3問目は解答省略

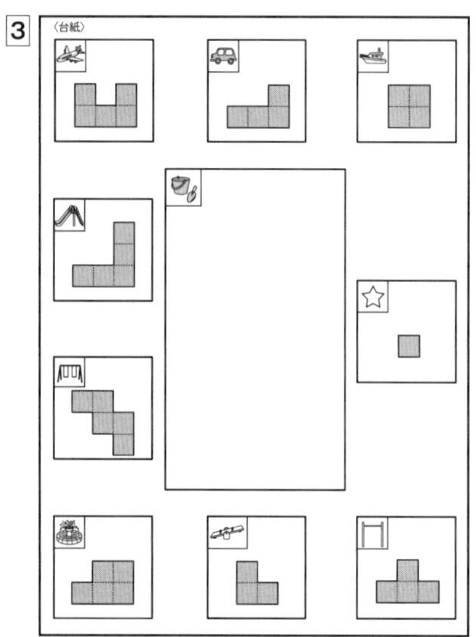

※1－Aの解答を下記に示す。
・1問目は赤に碁石を置く。
・2問目は青に碁石を置く。
・3問目は黄色に碁石を置く。
・4問目は赤に碁石を置く。

※2の解答を下記に示す。
・1問目はパンダに碁石を置く。
・2問目はイヌに碁石を置く。
・3問目はクマに碁石を置く。

2015 解答例

※3の解答を下記に示す。

・1問目

鉄棒 / 飛行機　　船 / すべり台

・2問目

シーソー / ブランコ / 星　　車 / 噴水

・3問目

シーソー / 鉄棒 / ブランコ / 星 / 飛行機 / 車 / 船 / 噴水 / すべり台

※3問目は複数解答あり

2014 解答例

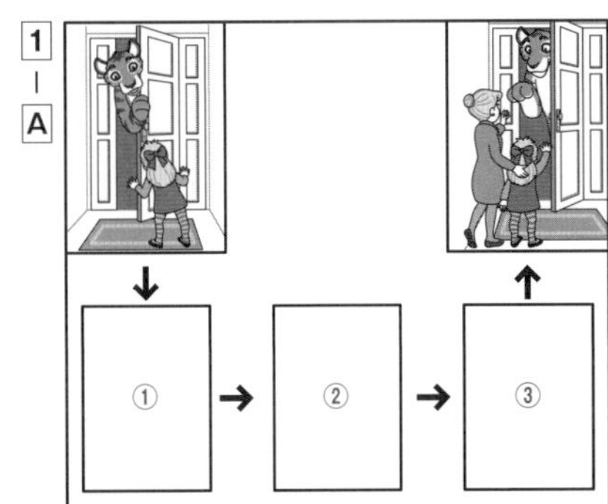

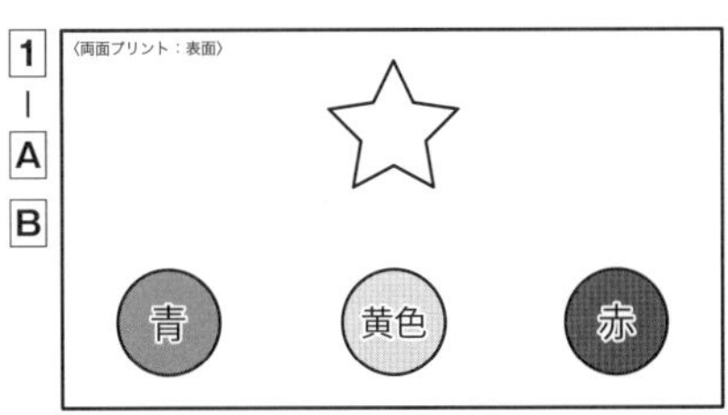

2

		●	●	
	●		●	
	●	●		

		●	●	
	●		●	
	●	●		

		●		
●	●	●	●	●
		●		
		●		

		●		
●	●	●	●	●
		●		
		●		

●		●		
	●	●		●
	●		●	
		●	●	
			●	

●		●		
	●	●		●
	●		●	
		●	●	
			●	

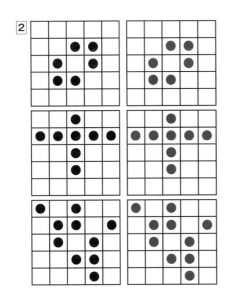

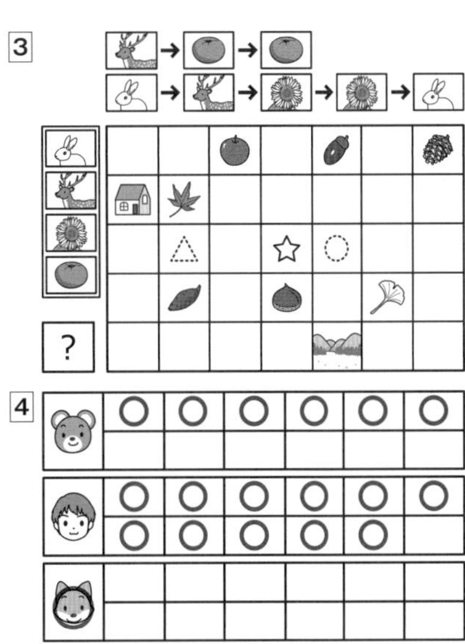

2014 解答例

※1の解答を下記に示す。

A

・3問目は黄色に碁石を置く。

・4問目は青と赤に碁石を置く。

・5問目は赤に碁石を置く。

B

・1問目は青に碁石を置く。

・2問目は黄色に碁石を置く。

・3問目は青に碁石を置く。

※3の解答を下記に示す。

・1問目はイチョウにオセロの石を置く。

・2問目はモミジにオセロの石を置く。

・3問目はウサギにオセロの石を置く。

・4問目はミカンにオセロの石を置く。

2013 解答例

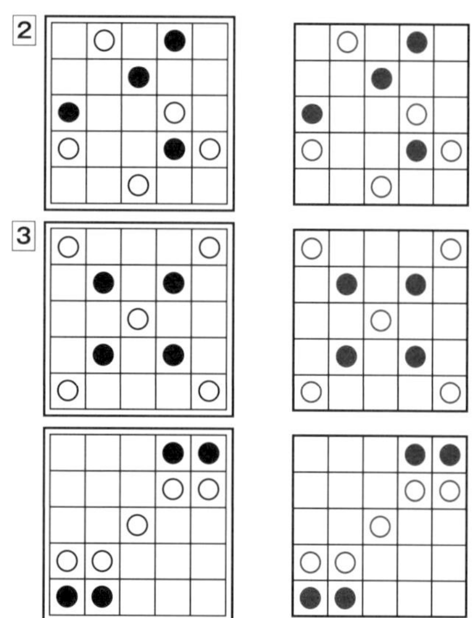

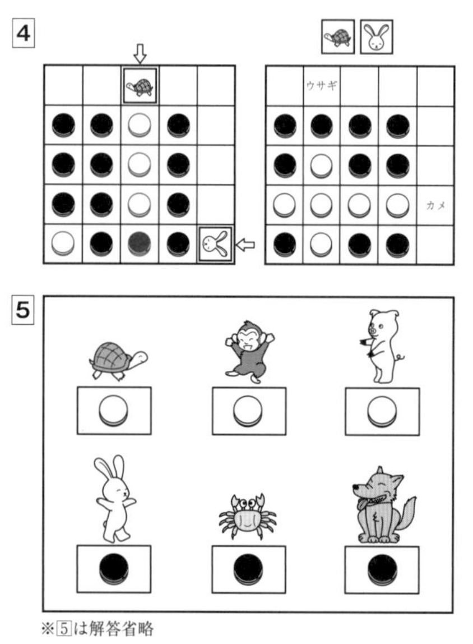

※5は解答省略

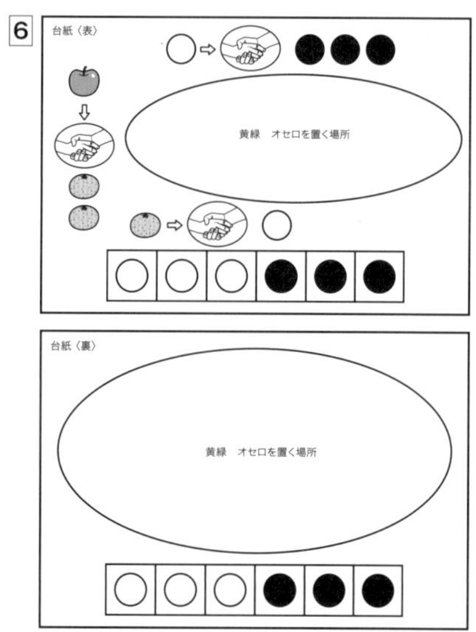

2013 解答例

※1の解答を下記に示す。
「童話のどうぶつえん」
・１問目は黄色に碁石を置く。
・２問目は赤に碁石を置く。
・３問目は青に碁石を置く。
・４問目は青に碁石を置く。
「さるかに合戦」
・１問目は左からクリ、ハチ、臼（うす）、カニのカードを順番に並べる。
・２問目は左から臼（うす）、ハチ、クリ、カニのカードを順番に並べる。

※6の解答を下記に示す。
・１問目は白のオセロを２つ置く。（なお、白のオセロ１つと黒のオセロ３つを置いてもよい）。
・２問目は白のオセロ３つと黒のオセロ３つを置く。

2012 解答例

1

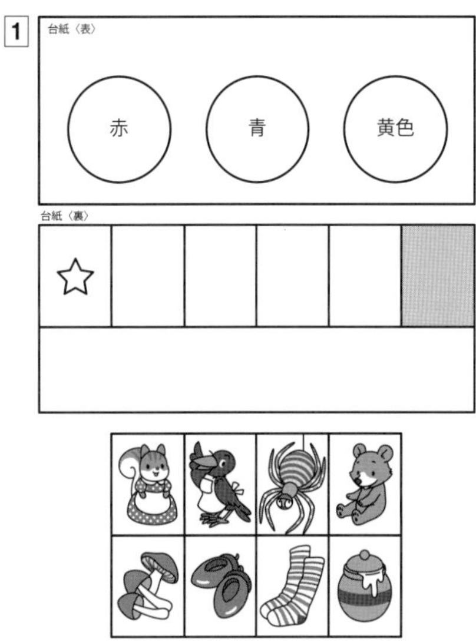

2 3

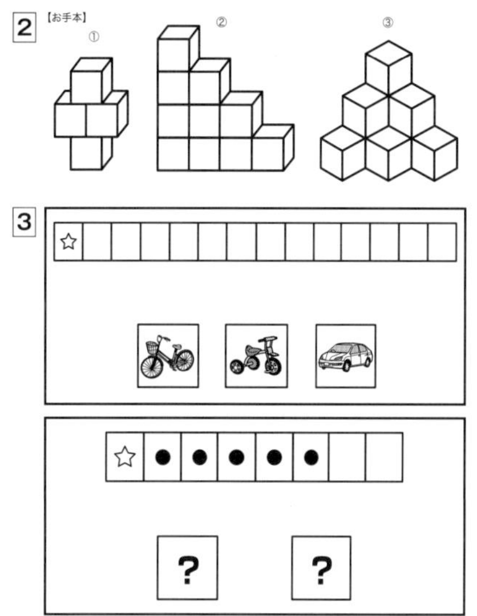

4

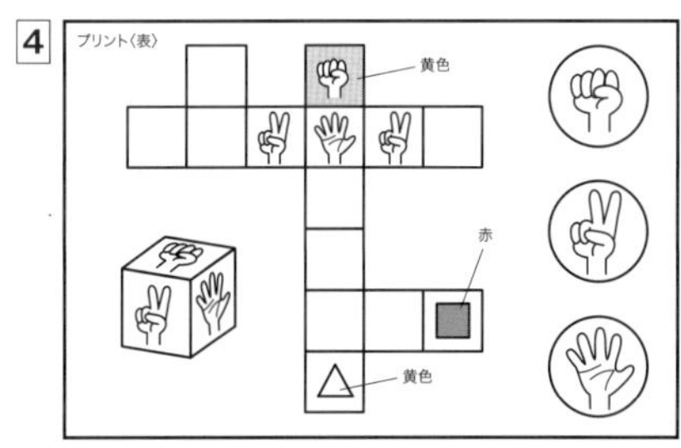

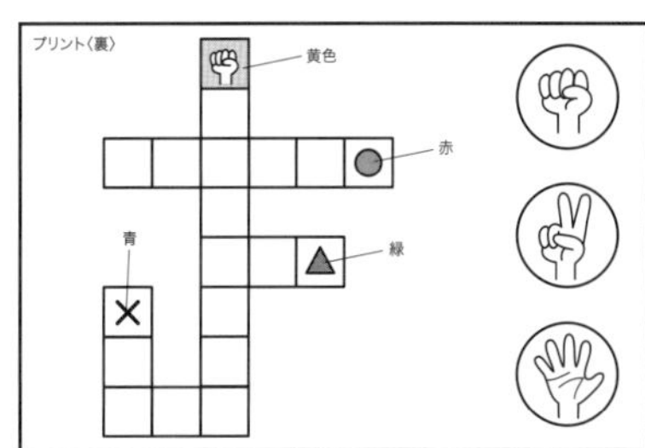

※1、3の解答を下記に示す。
・1の１問目は青に碁石を置く。
２問目は左から、リス、カラス、クモ、クマの順にカードを置き、その下に左から、キノコ、靴、靴下、はちみつの順にカードを置く。

・3の１問目は９個の碁石を置く。
２問目は自転車と三輪車が上になるように左から順にサイコロを置く（置く位置は逆も可）。

2012 解答例

※4の解答を下記に示す。

・4の１問目はパーに碁石を置く。
　２問目はグーに碁石を置く。
　３問目はチョキに碁石を置く。
　４問目はグーに碁石を置く。
　５問目はパーに碁石を置く。

2011 解答例

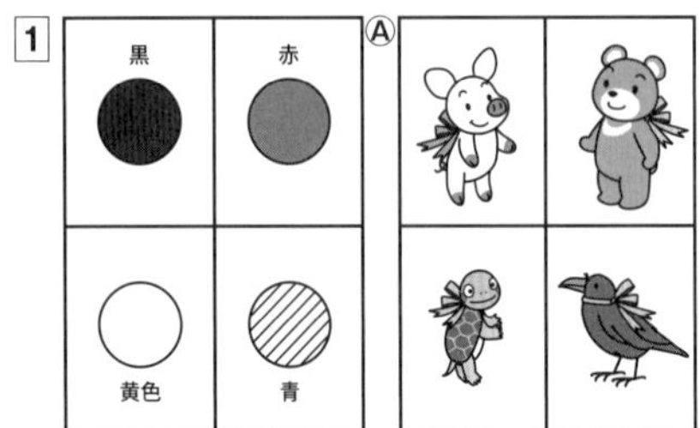

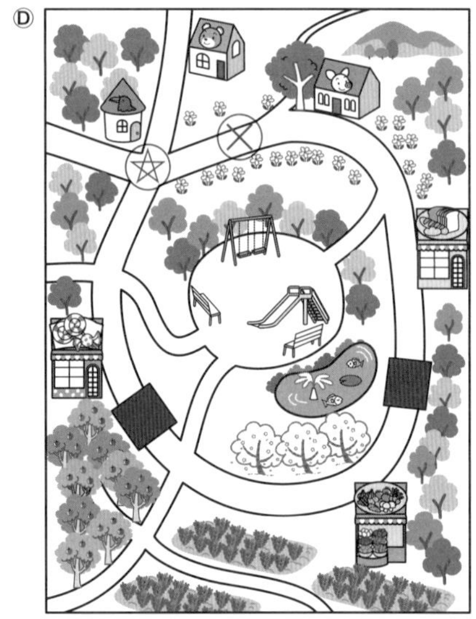

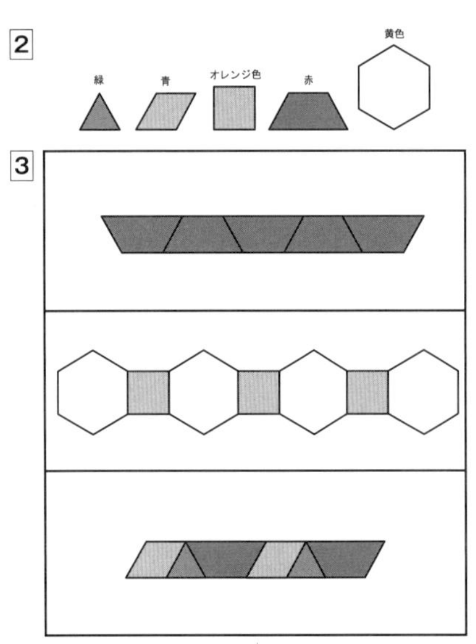

※2と3は解答省略

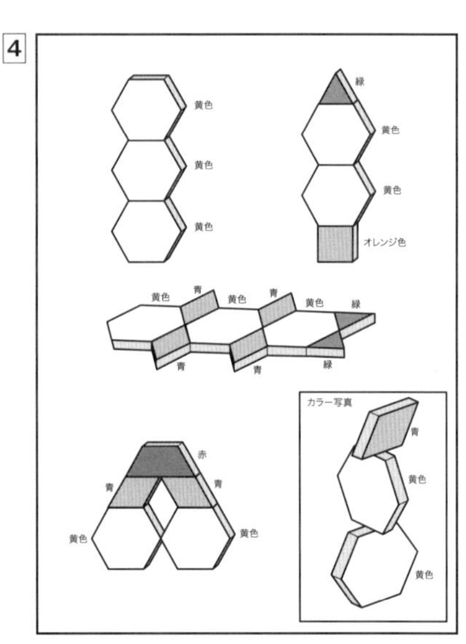

2011 解答例

※1の解答を下記に示す。

・Ⓐの１問目は黒の丸に置く。
・２問目は青の丸に置く。
・Ⓑの１問目は赤の丸に置く。
・２問目は青の丸に置く。
・Ⓒは黒と青の丸に置く。
・Ⓓの１問目は左の四角に２個、右の四角に１個置く。
・２問目は㊎の場所に置く。
・３問目は⊗の場所に置く。
・４問目と５問目は解答省略。

2010 解答例

1
2

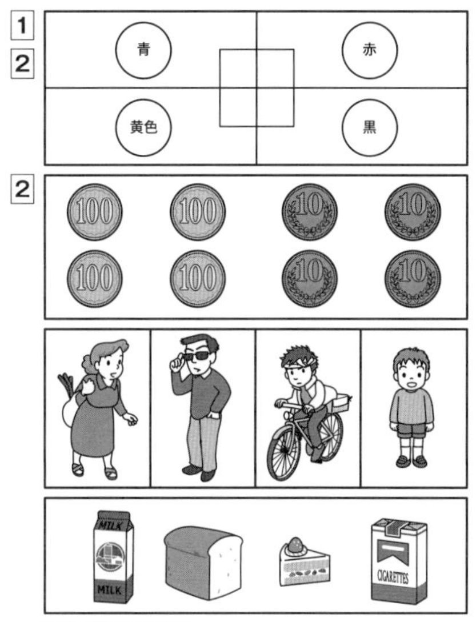

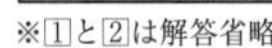
※1と2は解答省略

3

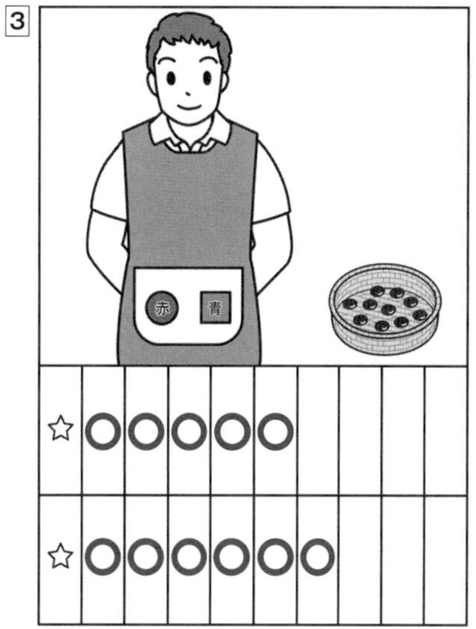

4

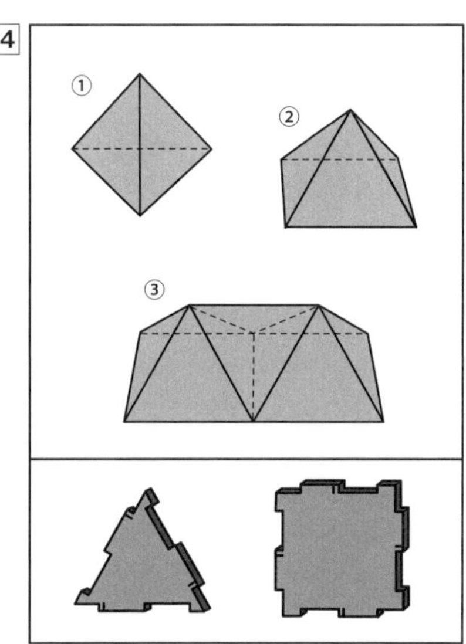

※4は解答省略

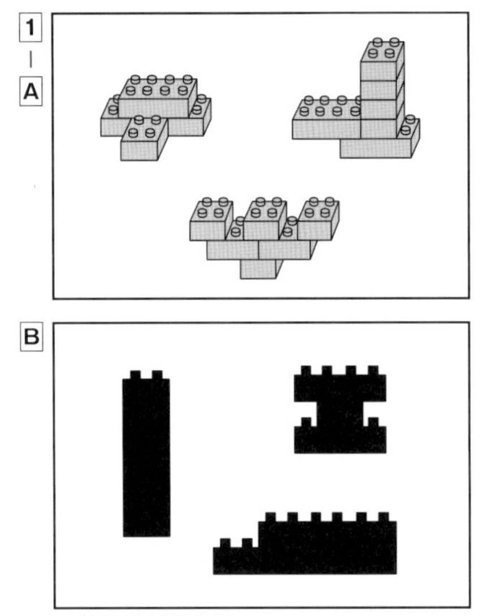

※1-AとBは解答省略

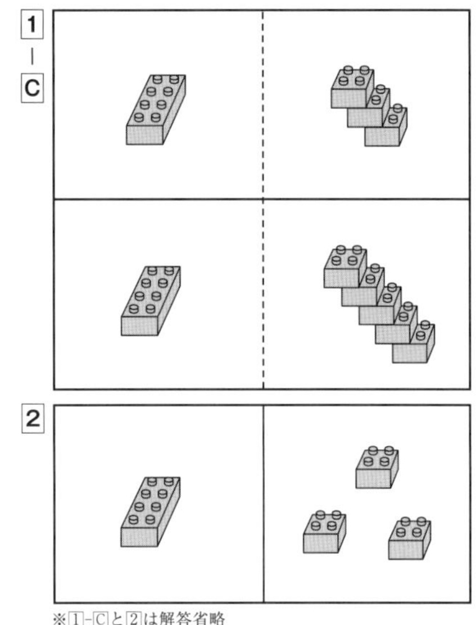

※1-Cと2は解答省略

※1は解答省略

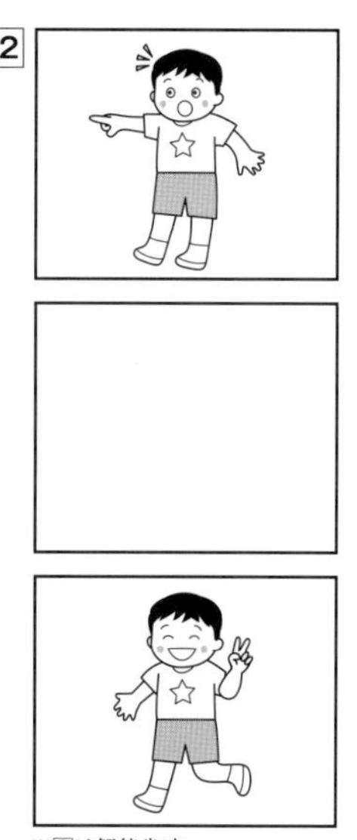

※2は解答省略

※3は解答省略

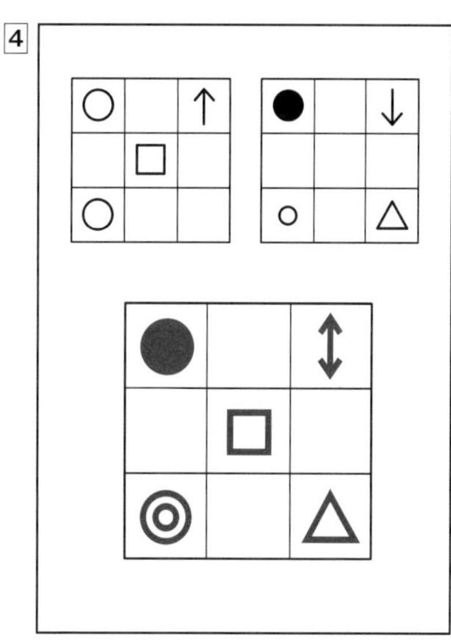

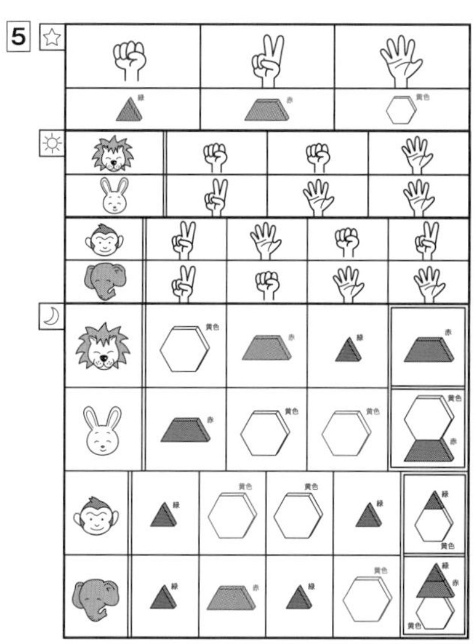

※5の2、3問目は解答省略

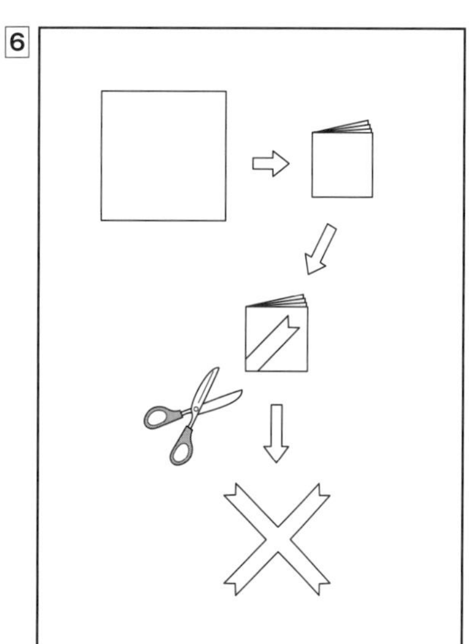

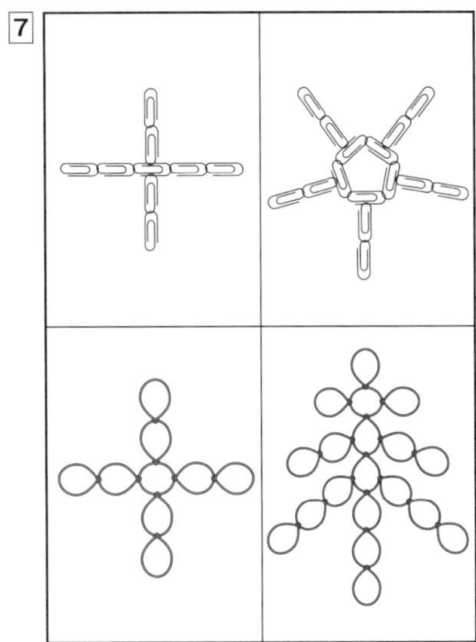

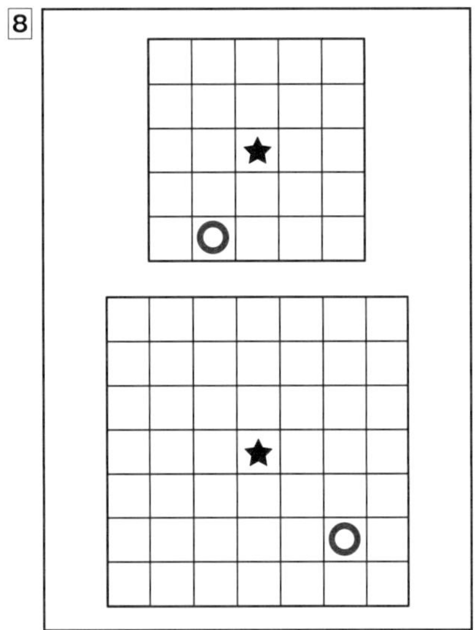

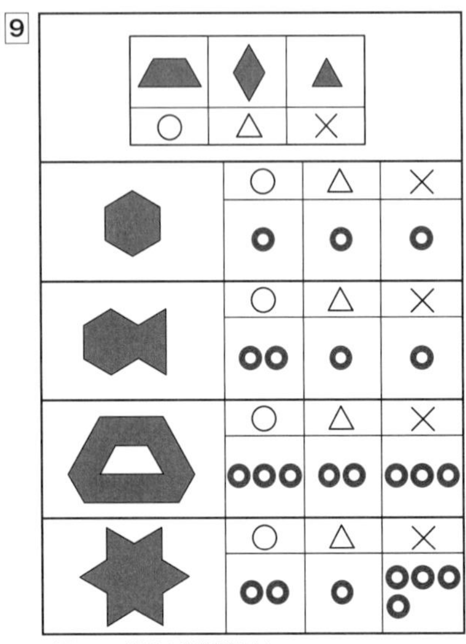

※⑨の2〜4問目は複数解答あり

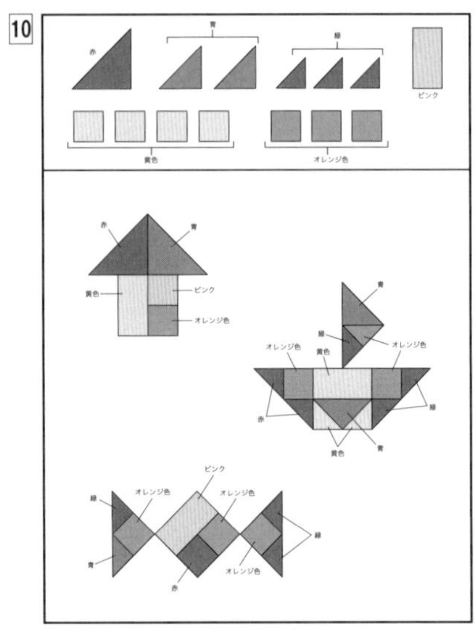

※⑪は解答省略

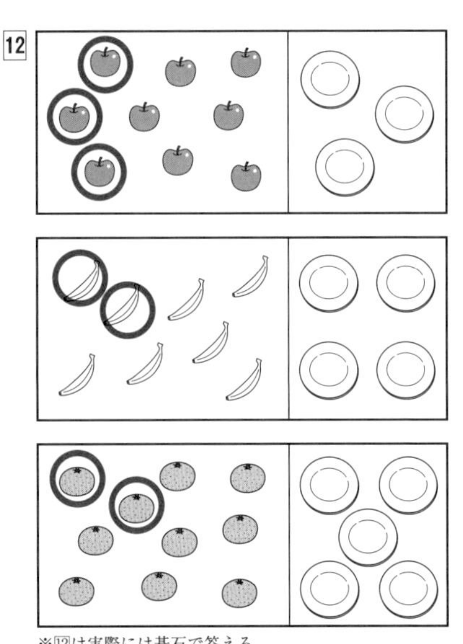

※⑫は実際には碁石で答える

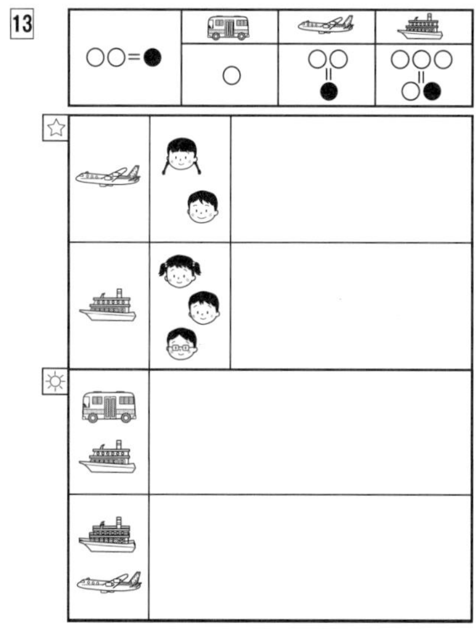

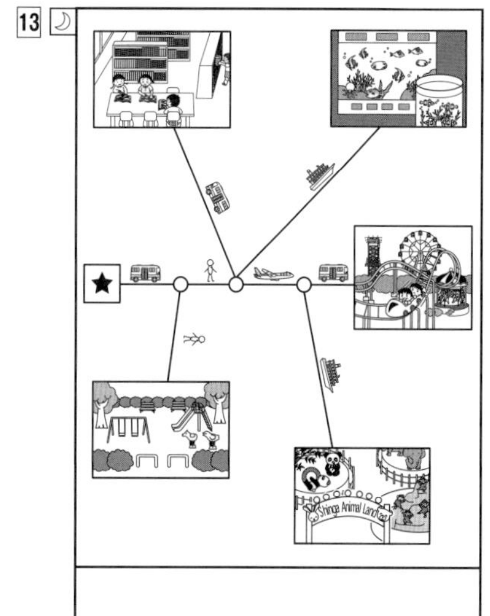

※13の解答を下記に示す。

・１問目は白の碁石を上は４個、下は９個置く。

・２問目は上は黒を２個、下は黒を４個、白を１個置く。

・３問目は上は白を２個、黒を１個、下は黒を２個、白を１個置く。

・４問目は図書館は白を２個、動物園は白と黒を２個ずつ、水族館は白を2個、黒を１個、遊園地は白を２個、黒を１個置く。

※３、４問目は複数解答あり

Shinga-kai